7년 연속  **전체 수석** **합격자 배출**

조경국
경제학원론

1차 | 기본서　#3 국제편

조경국 편저　　　동영상강의 www.pmg.co.kr

브랜드만족
1위
박문각

근거자료
후면표기

제4판

박문각

박문각 감정평가사

감정평가사 등 각종 자격시험 1차 및 7급 공무원 채용시험에서 경제학이 차지하는 비중은 절대적이다. 다양한 시험에서 경제학은 **미시, 거시 및 국제경제학**의 다양한 분야별로 출제가 되고 있기 때문에 다른 과목들과 비교할 때 훨씬 방대한 분량을 학습해야 한다. 또한 경제학은 수험생들이 매우 기피하는 수식 및 그래프와 같은 수학적 기법의 사용이 필수적이기 때문에 난이도 면에서도 다른 과목들을 가히 압도하고도 남음이 있다. 결국 경제학은 각종 시험 준비에 있어서 최대의 걸림돌일 뿐만 아니라 수험생들에게 수험기간 내내 괴로움과 좌절을 안겨 주는 존재가 되고 있다.

그러나 이를 다른 관점에서 바라보자. 만일 경제학을 정복할 수만 있다면 합격으로 가는 길에 있어서 최대 난관을 제거할 수 있게 되고 고통스러운 수험생활을 보다 수월하게 극복해 낼 수 있다는 뜻이 된다. 다양한 시험과목 중에서 무엇보다도 경제학을 잘 마스터해 놓을 경우 그로 인한 긍정적 효과는 타과목 공부 및 전반적인 수험과정으로 파급되어 합격의 가능성을 더욱 높여줄 수 있다. 본서는 수험생들이 경제학에 보다 쉽게 접근하고 이를 통해 목표로 삼고 있는 각종 시험에서 원하는 성과를 얻을 수 있도록 도움을 주기 위해 집필되었다.

저자는 과거 舊 행정고등고시(現 5급공채시험) 재경직에 합격하여 미시경제정책의 핵심부서라고 할 수 있는 경쟁당국(공정거래위원회)에서 다양한 경험을 쌓았으며, 이후에는 숭실대학교 경제학과에서 교수로 근무하며 경제학을 강의해 왔다. 이를 통해 경제관료로서 경제정책 집행과 대학교수로서 경제이론 연구 및 강의라는 귀중한 경험을 쌓게 되었다. 본서는 그러한 과정에서 축적된 경제이론 및 정책에 대한 치열한 문제의식과 최선의 해법을 반영한 결과물임과 동시에 각종 시험을 준비하는 수험생들에게 합격으로 가는 길을 보여주는 가이드라인이다.

본서의 특징은 다음과 같다.

첫째, 구성에 있어서 논리적 완결성을 지향하였다. 제시되는 Theme, 목차 및 본문의 내용이 마치 하나의 보고서나 논문과 같이 정연한 체계하에 어우러져서 논리의 전개에 전혀 비약이 없도록 하였다. 아울러 서술에 있어서 평이한 문장, 간결한 문장을 사용하였다. 많은 수험생들에게 있어서 경제학 교과서를 읽어내는 것 자체가 쉽지 않다는 것을 잘 알고 있다. 따라서 현학적이고 어려운 설명을 배제하고 이해하기 쉬운 용어를 사용하여 간결하게 설명하였다.

둘째, 미시경제학의 경우 핵심이론의 직관적·논리적 설명과 동시에 수식과 그래프의 사용을 수험목적 내에서 최소한도로만 병행하였다. 수험 수준을 넘는 불필요한 수식이나 그래프는 철저히 배제하였다. 거시경제학의 경우 수험생들이 그 체계를 제대로 잡지 못해서 헤매는 경우가 많다. 본서에서는 수험의 목적에 가장 적합한 거시이론의 체계를 확립하여 수험생들이 길을 잃지 않고 중심을 잘 잡을 수 있도록 하였다. 국제경제학의 경우 그 중요성에도 불구하고 많은 수험서에서 제대로 다루고 있지 않다는 문제점이 있다. 본서에서는 국제경제 수험 준비에 있어 필요하고도 충분한 내용을 수험 수준에 정확히 맞춰 완벽한 스탠다드로 제시하였다.

셋째, 본서는 이론과 문제가 괴리되지 않도록 이론과 문제를 이어주는 친절한 징검다리 역할을 하는 교재이다. 많은 수험생들이 경제이론을 공부해도 막상 기출문제를 접하면 도대체 어떻게 풀어야 하는지 몰라서 혼란스러워 하곤 한다. 결국 이론을 공부해도 문제를 못 푸는구나 하는 자괴감에 빠져서 급기야는 이론은 소홀히 하고 기출문제만 외우는 식의 최악의 공부법에서 빠져나오지 못하는 경우가 많다. 본 교재는 친절한 이론 설명과 함께 핵심적인 기출예제 풀이를 통해서 이론과 문제의 갭을 줄이고 이론으로부터 문제로 자연스럽게 연착륙하는 방법을 제시하고 있다.

다양한 경제학 교재 집필에 이어 또다시 한정된 짧은 시간 동안 책을 집필한다는 것은 역시 변함없이 고되면서도 희열 넘치는 일이다.

수험생들의 합격을 기원한다.

조경국

CONTENTS
이 책의 차례

CONTENTS
이 책의 차례

CONTENTS
이 책의 차례

Chapter 08 국제통화제도

국제무역이론

산업간 무역이론

국제무역의 미시적 기초

1 폐쇄경제하 균형

1) 선호체계 및 효용함수

사회후생함수와 사회무차별곡선은 개인의 효용함수와 무차별곡선을 바탕으로 도출할 수 있다. 도출과정에서 소득분배의 상태와 가치판단이 개입되는 문제를 제거하기 위하여 분석의 편의상 대표적 개인의 후생함수와 무차별곡선을 사회후생함수와 사회무차별곡선으로 이용하기로 한다.

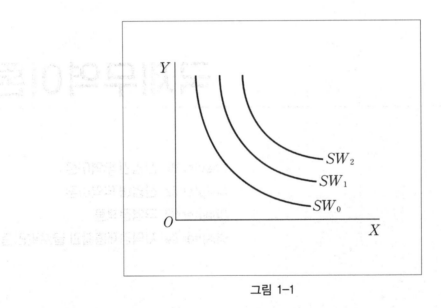

그림 1-1

2) 기술체계 및 생산함수

① 의의

한 나라의 기술체계와 생산함수는 생산가능곡선을 통해서 나타낼 수 있다. 생산가능곡선이란 한 경제에서 최대한 생산해 낼 수 있는 상품의 조합을 연결한 곡선으로서 생산함수와 생산요소의 부존제약에서 도출할 수 있다.

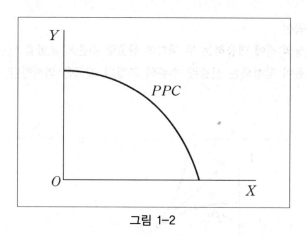

그림 1-2

② 도출

생산가능곡선은 다음과 같이 생산의 파레토효율을 달성시키는 과정에서 생산함수와 요소부
존제약을 이용하여 도출된다.

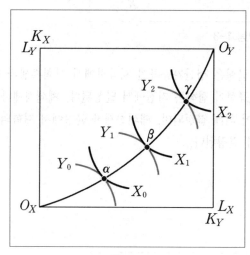

그림 1-2-1

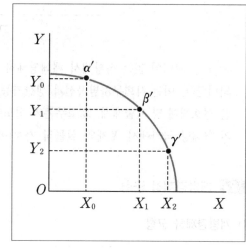

그림 1-2-2

ⅰ) 초기 부존점과 파레토효율

다양한 초기 부존점에 따라서 무수히 많은 파레토효율적 자원배분을 달성할 수 있다.

ⅱ) 계약곡선

생산의 파레토효율이 달성되도록 두 재화의 요소 간 한계기술대체율이 서로 같게 되는
점들을 연결한 곡선을 계약곡선이라고 한다.

iii) 생산가능곡선

계약곡선상의 점에 대응하는 두 재화의 산출량 수준의 조합을 연결한 곡선으로서 생산의
파레토효율이 달성되는 산출량 수준의 조합의 궤적을 의미한다.

3) 균형

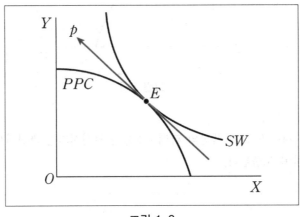

그림 1-3

국가 간 교역이 없는 상황에서 폐쇄경제하 균형은 생산가능곡선 제약하에서 사회후생극대화를
의미한다. 이는 사회무차별곡선과 생산가능곡선이 접하는 지점에서 달성된다. 폐쇄경제하 균형
은 선호체계 및 기술체계, 요소부존의 정도에 의해 결정되며, 폐쇄경제하 균형에서 재화의 상대
가격(해당 국가에서 X재의 실물적 가치)이 결정된다.

2 개방경제하 균형

1) 개방경제하 균형

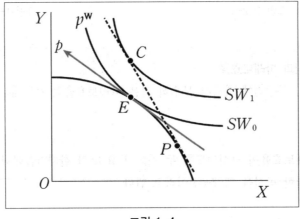

그림 1-4

① 소비

무역 이전에는 사회무차별곡선과 생산가능곡선이 접하는 E에서 균형이 달성되고 그 점에서 소비가 이루어졌으나 무역 이후에는 국제시장 교역조건과 사회무차별곡선이 접하는 C에서 개방경제하 소비의 균형이 달성되고 그 점에서 소비하게 된다.

② 생산

무역 이전에는 사회무차별곡선과 생산가능곡선이 접하는 E에서 균형이 달성되고 그 점에서 생산이 이루어졌으나 무역 이후에는 국제시장 교역조건과 생산가능곡선이 접하는 P에서 개방경제하 생산의 균형이 달성되고 그 점에서 생산하게 된다.

③ 후생

무역 이전에는 폐쇄경제하 균형 E에서 SW_0만큼의 사회후생이 달성되었으나 무역 이후에는 개방경제하 소비균형 C에서 SW_1만큼의 사회후생이 달성된다. 즉, 무역으로 인하여 사회후생이 증진된다.

2) 무역의 원인

개방경제하에서 무역이 발생하게 된 원인은 여러 가지가 있지만 대표적으로 하나를 든다면, 해당 국가의 입장에서 다른 국가에 비하여 X재가 상대적으로 저렴하여 이를 수출할 수 있고, 반대로 Y재는 상대적으로 비싸서 이를 수입하는 것이 낫기 때문이다. 이때 무엇이 상대적으로 싼 가격이나 비싼 가격, 즉 비교우위나 비교열위를 가져다주는지 그 원천에 대하여는 다양한 견해가 제시되고 있다. 리카도 이론에서는 높은 노동생산성이 비교우위의 원천이라고 보는 반면 헥셔-올린 이론에서는 풍부한 요소부존이 그 원천이라고 보고 있다.

3) 무역의 이득

무역 이전 폐쇄경제일 때의 사회후생은 SW_0 수준이었으나 무역 이후에는 SW_1 수준으로 사회후생이 증가하였다. 특히 무역 이전의 생산점 E에서 생산하고 이를 다른 나라와 무역을 통해 교환하기만 해도 이득이 발생할 뿐만 아니라 만일 생산점을 P로 조정할 경우에는 더 큰 교환의 이득이 발생한다.

4) 균형의 변화

① 교역조건의 변화

국제상대가격, 즉 교역조건이 변화하는 경우에 균형이 변화한다. 새로운 교역조건과 생산가능곡선이 접하는 곳에서 새로운 생산의 균형이 달성된다. 또한 새로운 교역조건과 사회무차별곡선이 접하는 곳에서 새로운 소비의 균형이 달성된다.

② 노동생산성 또는 기술의 변화

노동생산성이나 기술이 변화한 경우에는 생산가능곡선이 변화한다. 변화한 생산가능곡선과 교역조건이 접하는 곳에서 새로운 생산의 균형이 달성된다.

③ 요소부존의 변화

요소부존이 변화한 경우에는 이를 반영하여 생산가능곡선이 변화한다. 예를 들어 노동부존이 증가한 경우 노동집약재 생산에 치우치도록 생산가능곡선이 변화한다. 변화한 생산가능곡선과 교역조건이 접하는 곳에서 새로운 생산의 균형이 달성된다.

④ 선호의 변화 → 사회후생함수의 변화

모형에서 가정한 대표적 개인의 선호가 변화한 경우에는 사회후생함수 및 사회무차별곡선이 변화한다. 변화한 사회무차별곡선과 교역조건이 접하는 곳에서 새로운 소비의 균형이 달성된다.

3 자유무역의 효과

1) 무역의 효과와 무역이득

앞에서 폐쇄경제에서 개방경제로 이행하면서 무역을 통해 적절히 수출과 수입을 하게 되면 무역 이전보다 사회후생이 증가함을 살펴보았다. 특히 수출과 수입으로부터 모두 무역이득은 발생한다. 이하에서는 부분균형분석을 통해서 수입할 때의 무역이득과 수출할 때의 무역이득을 나눠서 살펴본다. 특히 해당 분석을 위해 미시경제학에서 이미 학습한 수요-공급모형과 후생분석의 도구를 활용할 것이다.

2) 수입할 때의 무역이득

① 무역 이전의 상황

무역 이전에 국내가격은 P^D 수준이며 X_0 수준에서 생산과 소비가 이루어지고 있다. 이때 소비자잉여는 A, 생산자잉여는 $B+D$, 그리고 사회총잉여는 $A+B+D$가 된다.

② 무역 이후의 상황

무역 이후에 국내가격은 세계가격 수준인 P^W로 하락한다. 이때, 국내생산량은 X_1 수준으로서 무역 이전보다 감소하며, 국내소비량은 X_2 수준으로서 무역 이전보다 증가한다. 국내생산량과 국내소비량의 차이는 수입으로 메워질 것이다. 무역 이후에 소비자잉여는 $A+B+C$, 생산자잉여는 D, 사회총잉여는 $A+B+C+D$가 된다.

③ 무역 전후의 비교

무역 이전과 이후를 후생 관점에서 비교하면 먼저 소비잉여는 $B + C$만큼 증가하지만 생산잉여는 B만큼 감소하며 사회총잉여는 C만큼 증가한다.

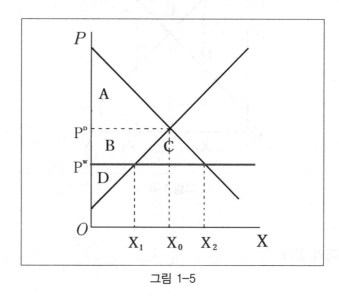

그림 1-5

3) 수출할 때의 무역이득

① 무역 이전의 상황

무역 이전에 국내가격은 P^D 수준이며 X_0 수준에서 생산과 소비가 이루어지고 있다. 이때 소비잉여는 $A + B$, 생산잉여는 D, 그리고 사회총잉여는 $A + B + D$가 된다.

② 무역 이후의 상황

무역 이후에 국내가격은 세계가격 수준인 P^W로 상승한다. 이때 국내생산량은 X_2 수준으로서 무역 이전보다 증가하며, 국내소비량은 X_1 수준으로서 무역 이전보다 감소한다. 국내생산량과 국내소비량의 차이는 수출로 메워질 것이다. 무역 이후에 소비잉여는 A, 생산잉여는 $B + C + D$, 사회총잉여는 $A + B + C + D$가 된다.

③ 무역 전후의 비교

무역 이전과 이후를 후생 관점에서 비교하면 먼저 소비잉여는 B만큼 감소하지만 생산잉여는 $B + C$만큼 증가하며 사회총잉여는 C만큼 증가한다.

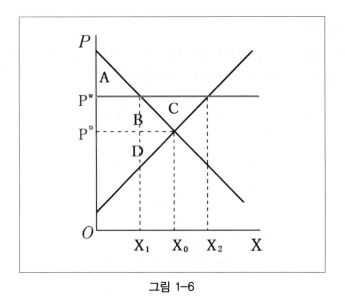

그림 1-6

4 국제시장가격의 결정

1) X재 국제시장

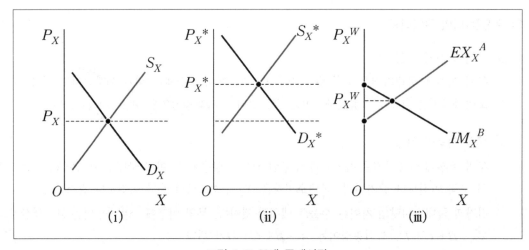

그림 1-7 X재 국제시장

X재 국제가격은 국제시장에서 X재에 대한 수요와 공급에 의해서 결정된다. 국제시장에서 X
재에 대한 수요는 X재를 수입하는 국가의 X재에 대한 초과수요가 된다. 그리고 국제시장에서
X재의 공급은 X재를 수출하는 국가 입장에서 X재의 초과공급이 된다. 따라서 일국의 X재
초과수요와 타국의 X재 초과공급에 의하여 X재 국제가격이 결정된다. 한편 X재에 대한 초과

수요와 초과공급이 균형이 이루는 지점은 바로 X재에 대한 세계 전체수요와 전체공급이 균형을 이루는 지점과 동일하다.

2) Y재 국제시장

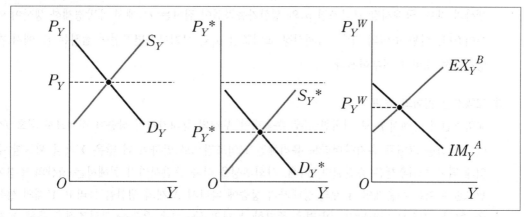

그림 1-8 Y재 국제시장

Y재의 경우도 X재 국제가격결정과 같은 논리가 적용된다. Y재 국제가격은 국제시장에서 Y재에 대한 수요와 공급에 의해서 결정된다. 국제시장에서 Y재에 대한 수요는 Y재를 수입하는 국가의 Y재에 대한 초과수요가 된다. 그리고 국제시장에서 Y재의 공급은 Y재를 수출하는 국가 입장에서 Y재의 초과공급이 된다. 따라서 일국의 Y재 초과수요와 타국의 Y재 초과공급에 의하여 Y재 국제가격이 결정된다. 한편 Y재에 대한 초과수요와 초과공급이 균형을 이루는 지점은 바로 Y재에 대한 세계 전체수요와 전체공급이 균형을 이루는 지점과 동일하다.

5 교역조건

1) 의의

교역조건이란 세계시장에서 결정된 X재 국제가격과 Y재 국제가격의 비율이다. 특히 특정국가에 있어서 교역조건은 수출재의 국제가격과 수입재의 국제가격 간의 비율이며, 이는 수입량과 수출량의 비율을 의미한다. 교역조건은 수출재의 수입재에 대한 상대가격으로서 수출재의 가격을 수입재라는 실물로 표시한 것이다.

2) 교역조건의 변화에 따른 개방경제하 균형의 변화

① 교역조건이 p_1인 경우

먼저 생산의 경우, 국제시장 교역조건 p_1과 생산가능곡선이 접하는 P_1에서 개방경제하 생산이 이루어진다. 한편 소비의 경우, 국제시장 교역조건 p_1과 사회무차별곡선이 접하는 C_1에서 개방경제하 소비가 이루어진다.

② 교역조건이 p_2로 변화한 경우

생산의 경우, 국제시장 교역조건 p_2와 생산가능곡선이 접하는 P_2에서 개방경제하 생산이 이루어진다. 한편 소비의 경우, 국제시장 교역조건 p_2와 사회무차별곡선이 접하는 C_2에서 개방경제하 소비가 이루어진다.

③ 교역조건 변화의 효과

교역조건이 p_1에서 p_2로 변화한 경우 수출재인 X재의 상대가격이 상승한 것이므로 최초 P_1에서 생산을 그대로 유지하더라도 유리해진 교역조건으로 인하여 더 많은 Y재를 획득할 수 있게 되어 사회후생은 증진된다. 이때, 사회후생을 더욱 증진시키기 위해서는 생산의 조정이 필요한데 이는 수출재인 X재의 상대가격 상승에 따라서 X재의 생산을 늘리고 Y재의 생산을 줄이는 것으로 나타난다. 이 경우 증가한 X재의 산출량은 유리한 교역조건을 통해 Y재로 교환가능하며 사회후생은 더욱 증가한다.

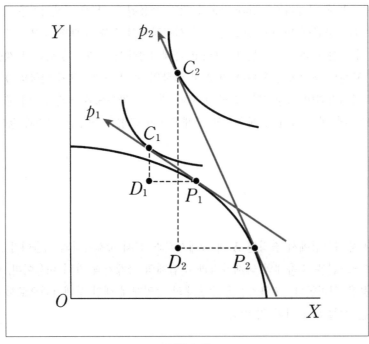

그림 1-9

3) 교역조건의 변화와 오퍼곡선

① 의의

앞에서 교역조건이 개선됨에 따라서 수출재의 국내생산이 증가하고 수입재의 국내생산은 감소함을 살펴보았다. 이에 따라서 수출은 더욱 증가하고 수입도 역시 더욱 증가한다. 즉, 교역조건과 수출량 및 수입량은 정의 관계에 있는데 이를 나타내는 곡선을 오퍼곡선이라고 한다.

② 도출

i) 교역조건이 p_1인 경우

앞의 그림 1-9에서 교역조건이 p_1인 경우 X재 수출량은 D_1P_1이며 Y재 수입량은 D_1C_1이 된다. 이렇게 수출량과 수입량으로 만들어지는 삼각형 $D_1P_1C_1$을 무역삼각형이라고 한다.

ii) 교역조건이 p_2로 변화한 경우

앞의 그림 1-9에서 교역조건이 p_2인 경우 X재 수출량은 D_2P_2이며 Y재 수입량은 D_2C_2가 된다.

iii) 교역조건 변화의 효과

교역조건이 p_1에서 p_2로 변화한 경우 X재 수출량과 Y재 수입량은 모두 증가한다. 이때 변화하는 교역조건에 의한 새로운 무역균형들, 즉 X재 수출량과 Y재 수입량의 자취를 오퍼곡선이라고 한다.

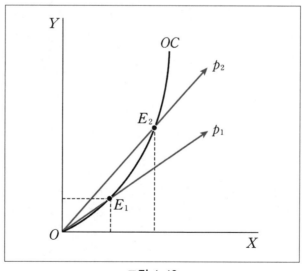

그림 1-10

③ 오퍼곡선에 의한 교역조건의 결정

오퍼곡선은 무역을 하는 두 나라의 입장에서 각각 그려낼 수 있으며 이는 아래 그림에서 A국의 오퍼곡선 OC^A와 B국의 오퍼곡선 OC^B로 나타낸다. 이때, 교역조건은 양국의 수출량과 수입량이 일치하는 무역균형에서 결정되는데 기하적으로 보면 A국의 오퍼곡선 OC^A와 B국의 오퍼곡선 OC^B가 교차하는 E점에서 p^W로 결정된다.

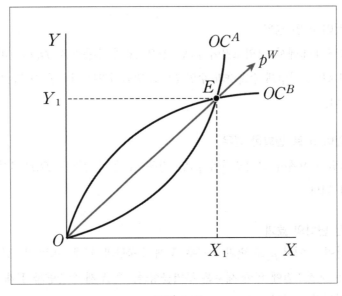

그림 1-11

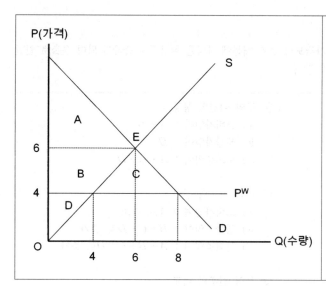

🗇 **필수예제**

소국인 A국에서 X재의 국내 수요함수와 공급함수는 각각 $P = 12 - Q$, $P = Q$(P : 가격, Q
: 수량)이며, 세계시장에서의 X재 가격은 4이다. A국이 X재 시장을 전면 개방한 직후 국내 수요
함수와 공급함수에 변화가 없다면, 개방 후 A국의 후생 변화는? (단, 후생은 소비자잉여와 생산자
잉여의 합이다.)

▸ 2021년 국가직 7급

① 4만큼 증가   ② 6만큼 증가   ③ 8만큼 증가

④ 10만큼 증가   ⑤ 12만큼 증가

출제이슈 국제무역의 효과
핵심해설 정답 ①

설문에서 주어진 정보를 이용하여 현재 시장상황을 묘사하면 다음의 그래프와 같다.

① 무역 이전의 상황
  ⅰ) 소비자잉여 : $A = 18$
  ⅱ) 생산자잉여 : $B + D = 18$
  ⅲ) 사회총잉여 : $A + B + D = 36$

② 무역 이후의 상황
  ⅰ) 소비자잉여 : $A + B + C = 32$
  ⅱ) 생산자잉여 : $D = 8$
  ⅲ) 사회총잉여 : $A + B + C + D = 40$

③ 무역 전후의 비교
  ⅰ) 소비자잉여 : $B + C = 14$만큼 증가
  ⅱ) 생산자잉여 : $B = 10$만큼 감소
  ⅲ) 사회총잉여 : $C = 4$만큼 증가

따라서 개방 후 A국은 사회후생이 4만큼 증가하였음을 알 수 있다. 이 과정에서 소비자잉여는 14만큼 증가하
였고, 생산자잉여는 10만큼 감소하였다.

A국은 세계 철강시장에서 무역을 시작하였다. 무역 이전과 비교하여 무역 이후에 A국 철강시장에서 발생하는 현상으로 옳은 것을 모두 고른 것은? (단, 세계 철강시장에서 A국은 가격수용자이며 세계 철강가격은 무역 이전 A국의 국내가격보다 높다. 또한 무역관련 거래비용은 없다.)

▶ 2018년 공인노무사

ㄱ. A국의 국내 철강가격은 세계가격보다 높아진다.
ㄴ. A국의 국내 철강거래량은 감소한다.
ㄷ. 소비자잉여는 감소한다.
ㄹ. 생산자잉여는 증가한다.
ㅁ. 총잉여는 감소한다.

① ㄱ, ㄴ, ㄷ   ② ㄱ, ㄴ, ㄹ   ③ ㄱ, ㄷ, ㅁ
④ ㄴ, ㄷ, ㄹ   ⑤ ㄷ, ㄹ, ㅁ

출제이슈 국제무역의 효과
핵심해설 정답 ④

먼저 세계 철강가격은 무역 이전 A국의 국내가격보다 높기 때문에 A국은 철강의 수출국이 되며 수출로 인한 A국의 후생변화와 수출의 무역이득은 다음과 같다.

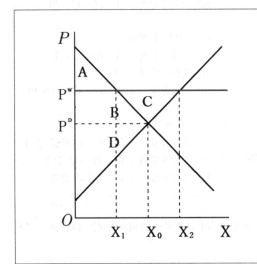

① 무역 이전의 상황
 i) 소비자잉여 : $A+B$
 ii) 생산자잉여 : D
 iii) 사회총잉여 : $A+B+D$

② 무역 이후의 상황
 i) 소비자잉여 : A로 감소
 ii) 생산자잉여 : $B+C+D$로 증가
 iii) 사회총잉여 : $A+B+C+D$로 증가

③ 무역 전후의 비교
 i) 소비자잉여 : B만큼 감소
 ii) 생산자잉여 : $B+C$만큼 증가
 iii) 사회총잉여 : C만큼 증가

위의 내용에 따라서 설문을 검토하면 다음과 같다.

ㄱ. 틀린 내용이다.

수출 이전에 A국의 국내 철강가격은 세계가격보다 낮았으나 수출로 인해서 A국의 국내 철강가격은 세계가격 수준으로 상승한다.

ㄴ. 옳은 내용이다.

수출 이후에 A국의 국내 철강거래량(소비량)은 수출 이전에 비하여 감소한다. 이는 수출로 인해서 A국의 국내 철강가격이 세계가격 수준으로 상승하기 때문에 발생하는 것이다.

ㄷ. 옳은 내용이다.

수출 이후에 A국의 국내 철강소비량은 수출 이전에 비하여 감소한다. 이는 수출로 인해서 A국의 국내 철강가격이 세계가격 수준으로 상승하기 때문에 발생하는 것이다. 따라서 소비자잉여는 감소한다.

ㄹ. 옳은 내용이다.

수출 이전에 A국의 국내 철강가격은 세계가격보다 낮았으나 수출로 인해서 A국의 국내 철강가격은 세계가격 수준으로 상승한다. 따라서 A국의 국내 철강생산량이 증가하면서 생산자잉여는 증가한다.

ㅁ. 틀린 내용이다.

수출 이후에 A국의 국내 철강가격이 상승하면서 국내 철강소비량이 감소하여 소비자잉여는 감소한다. 그러나 수출이 증가하면서 국내 철강생산량이 증가하여 생산자잉여는 증가한다. 소비자잉여의 감소보다 생산자잉여의 증가가 더 크기 때문에 총잉여는 증가한다.

A국은 포도주 수입을 금지하는 나라이다. 포도주 수입이 없는 상태에서 포도주의 균형가격이 1병당 20달러이고, 균형생산량은 3만 병이다. 어느 날 A국은 포도주 시장을 전격적으로 개방하기로 하였다. 포도주 시장 개방 이후 A국의 포도주 가격은 국제가격인 16달러로 하락하였고 국내 시장에서의 균형거래량도 5만 병으로 증가하였으나, 국내 포도주 생산량은 1만 병으로 오히려 하락하였다. 다음 중 옳은 것만을 모두 고른 것은? (단, 수요곡선과 공급곡선은 직선이라고 가정한다.)

▶ 2015년 국가직 7급

ㄱ. 국내 사회적잉여 증가분은 국내 생산자잉여 감소분과 같다.
ㄴ. 국내 사회적잉여 증가분은 국내 소비자잉여 증가분의 절반이다.
ㄷ. 국내 소비자잉여 증가분은 국내 생산자잉여 감소분과 같다.

① ㄱ, ㄴ   ② ㄱ, ㄷ
③ ㄴ, ㄷ   ④ ㄱ, ㄴ, ㄷ

출제이슈 국제무역의 효과
핵심해설 정답 ①

1) 무역 개방으로 인한 시장상황의 묘사
　설문에서 주어진 정보를 이용하여 현재 시장상황을 묘사하면 다음의 그래프와 같다.

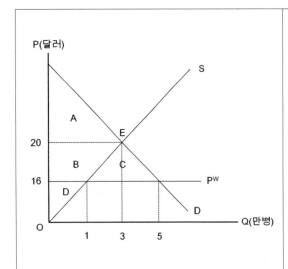

① 무역 이전의 상황
　ⅰ) 소비자잉여 : A
　ⅱ) 생산자잉여 : $B+D$
　ⅲ) 사회총잉여 : $A+B+D$

② 무역 이후의 상황
　ⅰ) 소비자잉여 : $A+B+C$
　ⅱ) 생산자잉여 : D
　ⅲ) 사회총잉여 : $A+B+C+D$

③ 무역 전후의 비교
　ⅰ) 소비자잉여 : $B+C=16$만큼 증가
　ⅱ) 생산자잉여 : $B=8$만큼 감소
　ⅲ) 사회총잉여 : $C=8$만큼 증가

2) 위의 계산내용을 바탕으로 설문을 검토하면 다음과 같다.
　ㄱ. 옳은 내용이다. 국내 사회적잉여 증가분 8은 국내 생산자잉여 감소분 8과 같다.
　ㄴ. 옳은 내용이다. 국내 사회적잉여 증가분 8은 국내 소비자잉여 증가분 16의 절반이다.
　ㄷ. 틀린 내용이다. 국내 소비자잉여 증가분 16은 국내 생산자잉여 감소분 8에 비추어 크기가 다르다.

THEME 02 리카도 비교우위론

1 배경과 의의

1) 배경

리카도의 비교우위론은 1817년 출간된 정치경제 및 과세의 원리(Principles of political economy and taxation)에 잘 나타나 있으며 이는 생산성이 절대적으로 낮은 국가와 생산성이 절대적으로 높은 국가 간 무역을 설명하지 못하는 절대우위론의 한계를 극복하면서 등장하였다.

2) 의의

비교우위론의 핵심은 모든 국가는 절대우위재화가 없는 경우라도 각각 비교우위가 있는 재화를 가지며, 비교우위는 노동생산성에 의해서 결정된다는 것이다. 그리고 국가 간에 각자 비교우위가 있는 재화를 서로 교환하면 양국 모두 이익을 얻을 수 있다.

2 모형의 가정

1) 생산요소

노동만이 유일한 생산요소이며 자본은 고려하지 않는 것으로 가정한다.

2) 노동가치설

재화의 가치는 유일한 생산요소인 노동의 투입량에 의해 결정된다고 가정한다.

3) 규모에 대한 보수불변

생산량의 변화에도 불구하고 평균비용과 한계비용이 모두 일정한 것으로 가정한다.

3 모형의 설정 및 분석

1) 기술체계 및 생산함수

① 단위노동투입량

재화 1단위를 만드는 데 필요한 노동투입량을 단위노동투입량이라고 하며 이는 노동생산성 혹은 생산함수상의 기술체계를 나타낸다. 단위노동투입량은 노동 1단위가 가져오는 생산을 나타내는 노동생산성의 역수가 된다. 단위노동투입량을 이용하면 다음과 같은 생산함수를 구성할 수 있다.

② X재의 단위노동투입량 a_X와 X재 생산함수

$$X = \frac{1}{a_X} L_X, \ L_X = a_X X$$

cf. $1/a_X$: X재 생산 시 노동 1단위의 생산성

③ Y재의 단위노동투입량 a_Y와 Y재 생산함수

$$Y = \frac{1}{a_Y} L_Y, \ L_Y = a_Y Y$$

cf. $1/a_Y$: Y재 생산 시 노동 1단위의 생산성

④ 단위노동투입량을 나타내는 표

A국과 B국이 X재와 Y재 각각 1단위를 생산함에 있어서 투입해야만 하는 단위노동투입량을 각각 a_X, a_Y, a_X^{*}, a_Y^{*}라고 하면 이를 다음과 같은 표를 이용하여 간단히 표시할 수 있다.

구분	X재	Y재
A국	a_X	a_Y
B국	a_X^{*}	a_Y^{*}

2) 요소부존제약과 생산가능곡선

앞에서 살펴본 생산함수 $X = \dfrac{1}{a_X} L_X$, $Y = \dfrac{1}{a_Y} L_Y$ 를 $L_X + L_Y = L$의 요소부존제약과 결합하면 다음과 같은 생산가능곡선을 도출할 수 있다.

생산함수 $X = \dfrac{1}{a_X} L_X$, $Y = \dfrac{1}{a_Y} L_Y$ 는 $L_X = a_X X$, $L_Y = a_Y Y$로 변형될 수 있으며 이를 $L_X + L_Y = L$의 요소부존제약에 대입하면 $a_X X + a_Y Y = L$이 되며 이를 생산가능곡선이라고 한다. 생산가능곡선이란 한 경제에서 최대한 생산해 낼 수 있는 상품의 조합을 연결한 곡선임은 이미 미시경제학에서 살펴본 바 있다.

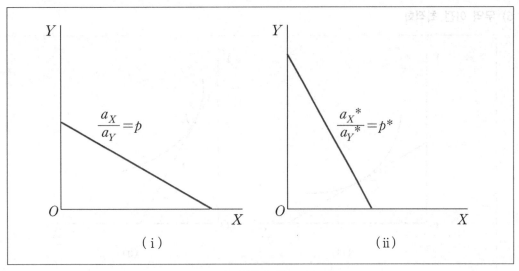

그림 1-12

3) 선호체계 및 효용함수

리카도 모형에서 각국의 재화가격은 노동투입에 의해서만 결정되므로 재화가격결정에 있어서 효용함수는 고려할 필요가 없다. 그러나 무역 전후의 소비량 수준을 결정함에 있어서는 효용함수가 필수적으로 고려된다. 특히 세계시장가격을 결정함에 있어서도 양국의 선호체계와 후생함수를 고려해야 한다.

4) 가격의 결정

리카도 모형에서는 재화가격의 결정은 노동가치설에 의하여 재화생산에 필요한 노동의 투입량에 의해 결정된다. 이때, 노동의 가격을 w라고 하면 X재와 Y재의 가격은 각각 $P_X = w \cdot a_X$, $P_Y = w \cdot a_Y$와 같이 표시될 수 있다. 이때, X재와 Y재의 상대가격은 $p = \dfrac{P_X}{P_Y} = \dfrac{w \cdot a_X}{w \cdot a_Y} = \dfrac{a_X}{a_Y}$가 되어 단위노동투입량의 비율이 됨을 알 수 있다. 또한 재화상대가격은 생산가능곡선 $a_X X + a_Y Y = L$의 기울기로서 이는 한계전환율(Marginal Rate of Transformation, MRT)이 된다.

5) 무역 이전 최적화

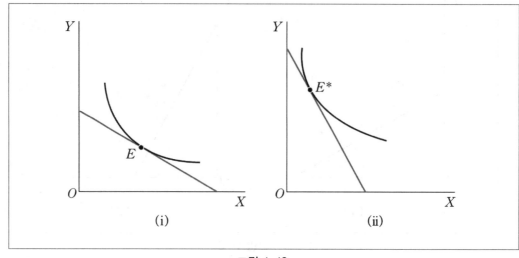

그림 1-13

무역 이전에 각국은 자국의 생산가능곡선과 사회무차별곡선이 접하는 E, E^*에서 균형을 이루어 그 점에서 생산과 소비가 이루어지게 된다.

6) 무역 이후 최적화

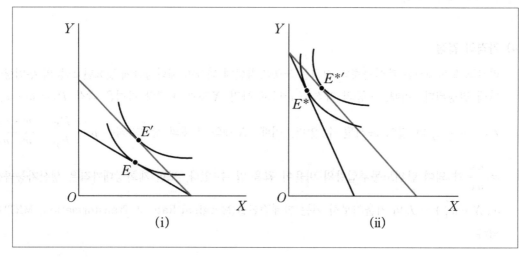

그림 1-14

무역이 개시되면 각국은 국내상대가격과는 다른 국제상대가격이라는 교역조건에 직면하게 된다. 무역 이전에 E, E^*에서 이루어지던 생산을 기반으로 국제상대가격에 따른 교역을 실시하게 되면 사회후생은 증가한다. 그런데 더 높은 사회후생을 획득하기 위해서는 무역 이전의 생산점을 조정할 필요가 있다. 이때, 생산점의 조정은 소비가능영역이 극대화, 즉 사회후생이 극대화되도록 조정될 수 있는데 이때는 양국이 수출재의 생산에만 완전특화하는 점이 됨을 알 수 있다. 완전특화 이후 소비의 경우는 각국에서 각각 E', $E^{*'}$에서 이루어지게 된다.

7) 국제시장가격의 결정

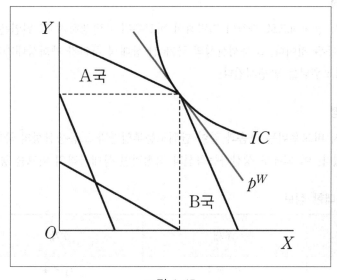

그림 1-15

리카도 모형에서 각국의 재화가격은 노동투입에 의해서만 결정되므로 재화가격결정에 있어서 사회무차별곡선은 고려할 필요가 없다. 그러나 국제시장가격은 세계 전체 수요조건과 전체 공급조건에 의하여 결정된다. 먼저 세계 전체의 공급조건은 A국과 B국의 X재와 Y재에 대한 생산가능곡선을 조합한 세계생산가능곡선으로 나타낼 수 있다. 그리고 세계 전체의 수요조건은 A국과 B국의 X재와 Y재에 대한 사회무차별곡선을 통해서 세계무차별곡선으로 나타낼 수 있다. 특히 A국과 B국 모두 대표적 소비자의 무차별곡선을 사회무차별곡선으로 가정한 바 있다. 이때, 세계무차별곡선의 경우도 동일하게 세계시장에서 대표적 소비자의 무차별곡선으로 가정할 수 있다.

이제 국제시장가격은 세계무차별곡선과 세계생산가능곡선이 만나는 점에서 결정되는데, 만일 위의 그림과 같이 결정되는 경우에는 무차별곡선의 기울기가 바로 국제시장가격이 됨을 알 수 있다. 한편, 양국 간에 생산가능곡선의 규모에 있어서 상당한 차이를 보이는 경우에는 대체로 대국의 생산가능곡선의 기울기와 국제시장가격이 일치하게 됨에 유의하자. 이는 소국의 경우 수요와 공급이 작아서 세계시장에 미치는 영향력이 미미하기 때문에 결국 세계 전체의 수요와 공급에 의해서 결정되는 국제가격은 대국의 수요와 공급 조건에 의하여 결정될 수 있기 때문이다.

4 무역발생의 원인

1) 비교우위

리카도 모형에서 무역이 발생하는 이유는 각국이 비교우위가 있는 재화를 각각 보유하고 있기 때문이다. 이때 비교우위라 함은 재화의 상대가격이 다른 국가에 비하여 상대적으로 저렴함을 의미한다. 리카도 모형에서 비교우위는 재화상대가격의 국가 간 비교를 통해서 이루어진다.

2) 비교우위의 원천

리카도 모형에서 상대적으로 가격이 저렴하여 비교우위가 발생하게 된 원인은 바로 노동생산성의 차이에서 비롯된 것이다. 노동생산성의 국가 간 상대적 차이가 재화상대가격의 국가 간 차이를 만들어서 비교우위를 발생시킨다.

3) 비교우위의 판정

리카도 모형에서 비교우위는 다음과 같이 단위노동투입량과 노동생산성의 국가 간 차이에 의해서 판정할 수 있다. 이 외에도 생산가능곡선과 직접적인 상대가격의 비교를 통해서도 가능하다.

① 비교우위에 대한 정보

구분	X재	Y재	$\dfrac{P_X}{P_Y}$
A국	$a_X = 2$ $\dfrac{1}{a_X} = \dfrac{1}{2}$	$a_Y = 4$ $\dfrac{1}{a_Y} = \dfrac{1}{4}$	$\dfrac{a_X}{a_Y} = \dfrac{1}{2}$
B국	$a_X^* = 16$ $\dfrac{1}{a_X^*} = \dfrac{1}{16}$	$a_Y^* = 8$ $\dfrac{1}{a_Y^*} = \dfrac{1}{8}$	$\dfrac{a_X^*}{a_Y^*} = 2$
$\dfrac{A\text{국 노동생산성}}{B\text{국 노동생산성}}$	$\dfrac{\frac{1}{a_X}}{\frac{1}{a_X^*}} = \dfrac{a_X^*}{a_X} = \dfrac{\frac{1}{2}}{\frac{1}{16}} = \dfrac{16}{2} = 8$	$\dfrac{\frac{1}{a_Y}}{\frac{1}{a_Y^*}} = \dfrac{a_Y^*}{a_Y} = \dfrac{\frac{1}{4}}{\frac{1}{8}} = \dfrac{8}{4} = 2$	

비교우위의 핵심은 재화 간 그리고 국가 간 상대가격에 있으며 이는 위의 표에서 보는 바와 같이 단위노동투입량과 노동생산성에 의하여 제시될 수 있다. 이하에서 사례를 통해 자세히 살펴본다.

② 사례 1 : 단위노동투입량 a_X, a_Y가 주어지는 경우

구분	X재 노트북	Y재 전기차
A국	1단위 생산을 위해 10시간 노동 투입	1단위 생산을 위해 120시간 노동 투입
B국	1단위 생산을 위해 20시간 노동 투입	1단위 생산을 위해 400시간 노동 투입

A국의 X재 상대가격은 $(\dfrac{P_X}{P_Y})^A = \dfrac{10}{120} = \dfrac{1}{12}$ 이고,

B국의 X재 상대가격은 $(\dfrac{P_X}{P_Y})^B = \dfrac{20}{400} = \dfrac{1}{20}$ 이 되므로

A국은 Y재 전기차, B국은 X재 노트북에 비교우위가 있다.

③ 사례 2 : 노동생산성 $\dfrac{1}{a_X}$, $\dfrac{1}{a_Y}$ 이 주어지는 경우

구분	X재 자동차	Y재 쌀
A국	노동자 1인이 연간 5대 생산	노동자 1인이 연간 3톤 생산
B국	노동자 1인이 연간 3대 생산	노동자 1인이 연간 1톤 생산

노동생산성이 주어진 경우에 이를 단위노동투입량으로 바꾸면 다음과 같다.

구분	X재 자동차	Y재 쌀
A국	1대 생산을 위해 노동 1/5단위 투입	1톤 생산을 위해 노동 1/3단위 투입
B국	1대 생산을 위해 노동 1/3단위 투입	1톤 생산을 위해 노동 1단위 투입

A국의 X재 상대가격은 $(\dfrac{P_X}{P_Y})^A = \dfrac{\frac{1}{5}}{\frac{1}{3}} = \dfrac{3}{5}$ 이고,

B국의 X재 상대가격은 $(\dfrac{P_X}{P_Y})^B = \dfrac{\frac{1}{3}}{1} = \dfrac{1}{3}$ 이 되므로

A국은 Y재 쌀, B국은 X재 자동차에 비교우위가 있다.

5 무역의 효과

1) 무역의 이득

① 교역 전 상황

교역 전 A국은 노동 2단위를 투입하여 X재 1단위를 생산 및 소비하고, 노동 3단위를 투입하여 Y재 1단위를 생산 및 소비한다. 교역 전 B국은 노동 8단위를 투입하여 X재 1단위를 생산

및 소비하고, 노동 4단위를 투입하여 Y재 1단위를 생산 및 소비한다고 하자. 이는 아래 표에 잘 나타나 있다.

구분	X재	Y재	$\dfrac{P_X}{P_Y}$
A국	$a_X = 2$	$a_Y = 3$	$\dfrac{a_X}{a_Y} = \dfrac{2}{3}$
B국	$a_X^* = 8$	$a_Y^* = 4$	$\dfrac{a_X^*}{a_Y^*} = 2$

② 교역조건

이때 양국이 교역을 개시하게 되면 교역조건은 양국의 상대가격 사이인 $\dfrac{2}{3} < \dfrac{P_X}{P_Y} < 2$ 에서 결정되는데 예를 들어 편의상 $\dfrac{P_X}{P_Y} = 1$ 이라고 하자. 이는 X재와 Y재가 일대일의 비율로 교환됨을 의미한다.

③ 교역 후 A국의 상황

교역을 시작하게 되면 A국은 노동 2단위 + 2단위를 통해 X재 1단위 + 1단위를 생산한다. 생산된 X재 2단위 중에서 1단위는 소비에 충당하고 남은 X재 1단위는 B국과 교역을 통해 Y재 1단위를 받아와서 소비할 수 있게 된다. 따라서 A국은 교역 이전의 소비 수준인 X재 1단위, Y재 1단위를 유지하면서도 노동이 4단위만 투입되었으므로 교역 이전에 비해 노동 1단위가 남는다. 이것이 바로 무역의 이득이다. 한편, 소비 측면에서 무역의 이득을 분석했을 때 만일 남는 노동 1단위를 X재 생산에 투입한다면, X재를 추가적으로 0.5단위 더 생산하여 소비할 수 있게 되며 이것이 무역의 이득이 된다.

④ 교역 후 B국의 상황

교역을 시작하게 되면 B국은 노동 4단위 + 4단위를 통해 Y재 1단위 + 1단위를 생산한다. 생산된 Y재 2단위 중에서 1단위는 소비에 충당하고 남은 Y재 1단위는 A국과 교역을 통해 X재 1단위를 받아와서 소비할 수 있게 된다. 따라서 B국은 교역 이전의 소비 수준인 X재 1단위, Y재 1단위를 유지하면서도 노동이 8단위만 투입되었으므로 노동 4단위가 남는다. 이것이 바로 무역의 이득이다. 한편 소비 측면에서 무역의 이득을 분석했을 때 만일 남는 노동 4단위를 Y재 생산에 투입한다면, Y재를 추가적으로 1단위 더 생산하여 소비할 수 있게 되며 이것이 무역의 이득이 된다.

2) 교역조건의 변화와 무역이득의 변화

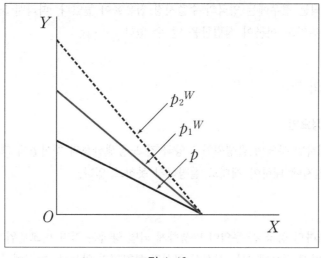

그림 1-16

교역조건이란 세계시장에서 결정된 X재 국제가격과 Y재 국제가격의 비율이다. 특히 특정 국가에 있어서 교역조건은 수출재의 국제가격과 수입재의 국제가격 간의 비율이며 이는 수입량과 수출량의 비율을 의미한다. 교역조건은 수출재의 수입재에 대한 상대가격으로서 수출재의 가격을 수입재라는 실물로 표시한 것이다. 교역조건이 변화하는 경우 특히 교역조건이 개선되면 위의 그림에서 보는 바와 같이 소비가능영역이 확대되면서 사회후생은 증가한다. 반대로 교역조건이 악화되면 소비가능영역이 축소되면서 사회후생은 감소한다.

6 리카도의 비교우위론에 대한 실증분석

리카도의 비교우위론은 국가 간 노동생산성의 차이가 비교우위를 가져오고 특히 상대적으로 노동생산성이 높은 재화에 비교우위를 가져서 수출하게 됨을 설명해주고 있다. 맥두걸(MacDougal)은 과거 미국과 영국의 데이터를 바탕으로 리카도 이론에 대한 검증을 시도하였다. 수집된 데이터는 1937년 25개 산업부문에 있어서 미국과 영국의 노동생산성과 제3국 시장에 대한 수출이었다.

먼저 리카도 이론에 의한 결론은 특정 산업부문에서 영국에 대하여 미국의 노동생산성의 비율이 더 높다면 미국은 그 산업부문에서 생산된 재화를 수출하게 될 것이다. 맥두걸의 실증분석에 따르면, 영국에 대한 미국의 노동생산성의 비율(미국 노동생산성 / 영국 노동생산성)과 제3국 시장에서 영국에 대한 미국의 수출량의 비율(미국 수출량 / 영국 수출량) 간에 정의 관계가 존재하였다.
당시 미국의 임금은 영국의 2배 수준이었다. 이러한 상황에서 미국의 제품이 영국의 제품보다 비교우위를 갖기 위해서는 미국의 노동생산성이 영국의 노동생산성보다 2배 이상이어야 한다. 제3국 시장을 놓고 미국과 영국의 수출경쟁상황에 있어서 실제로 미국의 노동생산성이 영국의 노동생산성의 2배보다 큰 경우에는 미국의 수출시장 점유율이 높았다. 반대로 미국의 노동생산성이 영국의 노동생산성의 2배가 안 되는 경우에는 영국의 수출시장 점유율이 높았다. 따라서 노동생산성의 차이가 무역을 결정한다는 리카도 이론이 성립함을 알 수 있다.

7 리카도 모형의 한계

1) 노동생산성의 결정요인

리카도 모형에 의하면 무역의 발생원인은 양국 간 노동생산성의 차이인데 그 노동생산성을 결정 짓는 것이 무엇인지에 대하여 제대로 설명하지 못하고 있다.

2) 완전특화

리카도 모형에 의하면 양국 간 무역이 발생하게 되면 양국은 각자 비교우위가 있는 재화에만 완전특화하여 수출하게 되는데 이는 사실상 현실과 부합되지 않는다. 현실에서는 수입품에 대하여 국내생산이 어느 정도 이루어지고 있어서 수입대체산업이 존재하고 있다.

3) 가격의 결정

리카도 모형에 의하면 재화가격이 수요조건과는 관계없이 공급조건에 의해서만 결정되는데 현실에서 재화가격은 수요와 공급에 의하여 결정된다.

4) 생산요소

리카도 모형에 의하면 생산요소로서 노동만을 고려하고 다른 요소인 자본이나 토지는 고려하지 않고 있기 때문에 무역을 통해서 발생하는 요소 간 소득분배효과에 대하여 설명하지 못한다는 한계가 있다.

8 결론

리카도의 비교우위론에 의하면 모든 산업에서 절대적 우위에 있는 국가도 다른 국가로부터 수입할 제품이 존재하게 되며 모든 산업에서 절대적 열위에 있는 국가도 다른 국가로 수출할 제품을 보유하게 된다. 그리고 무역을 통해서 절대우위에 있는 국가도, 절대열위에 있는 국가도 모두 이익을 얻게 된다.

📋 필수예제

갑국과 을국의 무역 개시 이전의 X재와 Y재에 대한 단위당 생산비가 다음과 같다. 무역을 개시하여 두 나라 모두 이익을 얻을 수 있는 교역조건($\frac{P_X}{P_Y}$)에 해당하는 것은? (P_X는 X재의 가격이고, P_Y는 Y재의 가격이다.)

▶ 2015년 감정평가사

	X재	Y재
갑국	5	10
을국	8	13

① 0.45 ② 0.55 ③ 0.65
④ 0.75 ⑤ 0.85

[출제이슈] 리카도 비교우위론, 유형 1 : 단위노동투입량으로 비교우위 판정
[핵심해설] 정답 ②

리카도 무역이론에서 교역방향의 결정은 비교우위에 의하여 다음과 같다.

구분	X재	Y재	상대가격	비교우위 판정
A국 (갑국)	$a_X = 5$	$a_Y = 10$	$(\frac{P_X}{P_Y})^A = (\frac{a_X}{a_Y})^A = \frac{5}{10}$	$(\frac{P_X}{P_Y})^A = \frac{5}{10} < (\frac{P_X}{P_Y})^B = \frac{8}{13}$, X재 비교우위
B국 (을국)	$a_X^* = 8$	$a_Y^* = 13$	$(\frac{P_X}{P_Y})^B = (\frac{a_X}{a_Y})^B = \frac{8}{13}$	$(\frac{P_X}{P_Y})^A = \frac{5}{10} < (\frac{P_X}{P_Y})^B = \frac{8}{13}$, Y재 비교우위

단, a_X, a_Y, $1/a_X$, $1/a_Y$는 다음과 같다.
X재의 단위노동투입량 a_X : X재 1단위를 만드는 데 필요한 노동투입량, $1/a_X$: X재 생산 시 노동 1단위의 생산성
Y재의 단위노동투입량 a_Y : Y재 1단위를 만드는 데 필요한 노동투입량, $1/a_Y$: Y재 생산 시 노동 1단위의 생산성

1) 단위노동투입량과 단위당 생산비

1단위를 생산하는 데 있어서 필요한 노동투입량에 대하여 지불해야 하는 보수가 단위당 생산비가 된다. 예를 들어 노동 1단위당 보수가 임금 W라면, 단위당 생산비는 단위노동투입량에 임금 W를 곱한 금액이 된다. 결국 단위노동투입량의 비율은 단위당 생산비의 비율과 완전히 동일하다.

2) 비교우위의 판정

단위노동투입량의 비율은 단위당 생산비의 비율과 완전히 동일함을 이용하여 분석하면 다음과 같다.

X재의 A국(갑국) 상대가격 $(\dfrac{P_X}{P_Y})^A = (\dfrac{a_X}{a_Y})^A = \dfrac{5}{10}$ < B국 상대가격 $(\dfrac{P_X}{P_Y})^B = (\dfrac{a_X}{a_Y})^B = \dfrac{8}{13}$ 이므로

A국(갑국)은 X재 생산에 비교우위를 가진다.

3) 교역조건

① 양국이 교역을 시작하게 되면 교역조건은 양국의 상대가격비율 사이에서 결정된다.

② $(\dfrac{P_X}{P_Y})^A = (\dfrac{a_X}{a_Y})^A = \dfrac{5}{10}$ 와 $(\dfrac{P_X}{P_Y})^B = (\dfrac{a_X}{a_Y})^B = \dfrac{8}{13}$ 사이에서 결정된다.

③ 교역조건이 양국의 상대가격비율 사이에서 결정되는 이유는 교역조건은 수출재와 수입재 사이의 상대가격이므로 그 교역조건이 자국의 상대가격보다 크거나 작아야만 무역의 이득이 발생할 수 있기 때문이다.

따라서 양국 모두 무역으로부터 이득을 얻고 무역이 발생하기 위해서는 교역조건($\dfrac{P_X}{P_Y}$)이 $\dfrac{5}{10} \sim \dfrac{8}{13}$

즉 $0.5 \sim 0.62$에서 결정되어야 한다. 이의 한 예로서 ② 0.55가 타당하다.

A국과 B국이 X재와 Y재를 모두 생산하고 있다. 각 재화의 개당 가격이 표와 같을 때, 두 나라가 자유무역을 통해 모두 이득을 볼 수 있는 교역조건은? (단, 교역조건은 'X재의 개당 가격/Y재의 개당 가격'이다.)

▶ 2014년 국가직 9급

	A국	B국
X재	12	20
Y재	30	40

① 0.33 ② 0.45 ③ 0.60 ④ 0.80

[출제이슈] 리카도 비교우위론, 유형 2 : 가격으로 비교우위 판정
[핵심해설] 정답 ②

본 문제에서는 단위노동투입량 대신에 1단위의 가격이 직접적으로 제시되었다. 지금까지 리카도 비교우위 판정표를 작성한 이유는 가격이 직접적으로 제시되지 않았기 때문에 가격을 간접적으로 제시해주는 단위노동투입량이나 생산비용 등을 활용한 것이다. 이제 가격이 직접적으로 주어졌기 때문에 보다 수월하게 비교우위를 판정할 수 있다.

참고로 단위노동투입량, 생산비용, 가격이 주어진 경우 그 관계는 다음과 같다.
리카도 모형에서는 노동만을 생산요소로 전제하고 있고 노동의 임금이 일정하기 때문에 단위노동투입량에 임금률을 곱한 금액이 바로 생산비용이 된다. 그리고 비용이 가격을 결정하게 된다. 따라서 다음과 같은 산식이 성립한다.

$(\frac{P_X}{P_Y})^A = (\frac{a_X}{a_Y})^A = (\frac{W \times a_X}{W \times a_Y})^A = (\frac{C_X}{C_Y})^A$ (이때, W : 노동임금, C : 생산비용)

결국 단위노동투입량이 제시되든, 단위노동투입비용이 제시되든, 단위가격이 제시되든 리카도 비교우위 판정표를 만드는 데 있어서 모두 동일하다는 뜻이다. 이에 근거하여 리카도 비교우위 판정표를 만들 수 있다.

리카도 무역이론에서 교역방향의 결정은 비교우위에 의하여 다음과 같다.

구분	X재	Y재	상대가격	비교우위 판정
A국	$P_X = 12$	$P_Y = 30$	$(\frac{P_X}{P_Y})^A = \frac{12}{30}$	$(\frac{P_X}{P_Y})^A = 0.4 < (\frac{P_X}{P_Y})^B = 0.5$, X재 비교우위
B국	$P_X^* = 20$	$P_Y^* = 40$	$(\frac{P_X}{P_Y})^B = \frac{20}{40}$	$(\frac{P_X}{P_Y})^A = 0.4 < (\frac{P_X}{P_Y})^B = 0.5$, Y재 비교우위

양국 간 교역이 시작되면 교역조건은 양국의 상대가격비율 사이에서 결정된다.
따라서 $(\frac{P_X}{P_Y})^A = 0.4$와 $(\frac{P_X}{P_Y})^B = 0.5$ 사이에서 결정된다. 설문에서 0.45가 해당된다.

다음 그림은 A국과 B국의 생산가능곡선이다. 비교우위에 특화해서 교역할 때 양국 모두에게 이득을 주는 교환은?

▶ 2020년 보험계리사

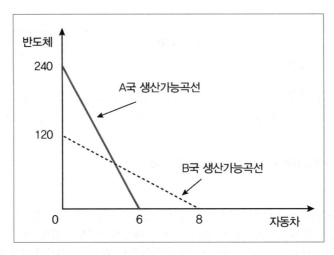

① A국의 자동차 1대와 B국의 반도체 50개
② A국의 자동차 1대와 B국의 반도체 40개
③ A국의 반도체 20개와 B국의 자동차 1대
④ A국의 반도체 14개와 B국의 자동차 1대

[출제이슈] 리카도 비교우위론, 유형 3 : 생산가능곡선으로 비교우위 판정
[핵심해설] 정답 ③

본 문제에서는 유형 1의 단위노동투입량이나 단위노동투입비용 혹은 유형 2의 직접적인 가격 대신에 생산가능곡선이 유형 3으로 제시되었다.

1) 생산가능곡선과 단위노동투입량

① 가격과 단위당 생산비

리카도 비교우위론에서는 오직 노동만이 생산요소이며 유일한 생산요소인 노동에 의해 생산물의 가격이 결정된다. 노동 1단위당 보수가 임금 W라고 하면 X재의 가격은 다음과 같이 단위당 생산비와 동일하게 결정된다.

X재의 가격 $P_X = W \times a_X$

한편, Y재에 대하여도 동일한 논리가 성립하므로 Y재의 가격 $P_Y = W \times a_Y$가 된다.

② 단위당 생산비와 단위노동투입량

1단위를 생산하는 데 있어서 필요한 노동투입량에 대하여 지불해야 하는 보수가 단위당 생산비가 된다. 예를 들어 노동 1단위당 보수가 임금 W라면, 단위당 생산비는 단위노동투입량에 임금 W를 곱한 금액이 된다. 결국 단위노동투입량의 비율은 단위당 생산비의 비율과 완전히 동일하다.

③ 생산가능곡선의 기울기

미시경제학의 지식을 활용하면 생산가능곡선의 기울기는 $MRT_{X,Y} = \dfrac{MC_X}{MC_Y}$ 로서 재화 간 한계비용의 비율로 결정된다. 그런데 리카도 비교우위론에서는 규모에 대한 보수 불변의 생산함수를 가정하고 있기 때문에 노동을 투입하더라도 한계비용이 일정하며 평균비용과 동일하게 된다. 따라서 리카도 이론에서 한계비용은 단위당 생산비가 되며, 생산가능곡선의 기울기는 단위당 생산비의 비율이 되고 또한 단위노동투입량의 비율이 된다. 참고로 리카도 모형을 수리적으로 표현하면 더욱 쉽게 이러한 내용들을 확인할 수 있으니 아래를 참고하라.

④ 상대가격

단위노동투입량의 비율이 바로 상대가격이며 이는 리카도 모형에서 생산가능곡선의 기울기를 의미하므로 설문에서 제시된 그래프의 기울기를 구하면 양국의 상대가격을 구할 수 있다.

ⅰ) A국의 상대가격

A국의 생산가능곡선의 기울기인 $\dfrac{240}{6} = 40$이 된다.

ⅱ) B국의 상대가격

B국의 생산가능곡선의 기울기인 $\dfrac{120}{8} = 15$가 된다.

2) 비교우위의 판정

X재 자동차의 A국 상대가격 $(\dfrac{P_X}{P_Y})^A = (\dfrac{a_X}{a_Y})^A = 40 > B$국 상대가격 $(\dfrac{P_X}{P_Y})^B = (\dfrac{a_X}{a_Y})^B = 15$이므로 A국은 Y재 반도체 생산에 비교우위를 가진다.

구분	X재 자동차	Y재 반도체	상대가격	비교우위 판정
A국	a_X	a_Y	$(\dfrac{P_X}{P_Y})^A = (\dfrac{a_X}{a_Y})^A = 40$	$(\dfrac{P_X}{P_Y})^A = 40 > (\dfrac{P_X}{P_Y})^B = 15$, Y재 비교우위
B국	a_X^*	a_Y^*	$(\dfrac{P_X}{P_Y})^B = (\dfrac{a_X}{a_Y})^B = 15$	$(\dfrac{P_X}{P_Y})^A = 40 > (\dfrac{P_X}{P_Y})^B = 15$, X재 비교우위

단, a_X, a_Y, $1/a_X$, $1/a_Y$는 다음과 같다.
X재의 단위노동투입량 a_X : X재 1단위를 만드는 데 필요한 노동투입량, $1/a_X$: X재 생산 시 노동 1단위의 생산성
Y재의 단위노동투입량 a_Y : Y재 1단위를 만드는 데 필요한 노동투입량, $1/a_Y$: Y재 생산 시 노동 1단위의 생산성

3) 교역조건

① 양국이 교역을 시작하게 되면 교역조건은 양국의 상대가격비율 사이에서 결정된다.

② $(\dfrac{P_X}{P_Y})^B = (\dfrac{a_X}{a_Y})^B = 15$와 $(\dfrac{P_X}{P_Y})^A = (\dfrac{a_X}{a_Y})^A = 40$ 사이에서 결정된다.

③ 교역조건이 양국의 상대가격비율 사이에서 결정되는 이유는 교역조건은 수출재와 수입재 사이의 상대가격이므로 그 교역조건이 자국의 상대가격보다 크거나 작아야만 무역의 이득이 발생할 수 있기 때문이다.

따라서 교역조건은 $(\frac{P_X}{P_Y})^B = (\frac{a_X}{a_Y})^B = 15$와 $(\frac{P_X}{P_Y})^A = (\frac{a_X}{a_Y})^A = 40$ 사이에서 결정되는데 이는 X재 자동차의 가격의 범위이다.

설문에서 양국 모두에게 이득을 주는 교역조건은 X재 자동차 1대가 Y재 반도체 15개에서 40개 사이에서 교환되면 된다. 따라서 ③ A국의 반도체 20개와 B국의 자동차 1대의 교환이 가장 타당한 예가 될 수 있다.

표는 A국 노동자와 B국 노동자가 각각 동일한 기간에 생산할 수 있는 쌀과 옷의 양을 나타낸 것이다. 리카도의 비교우위에 관한 설명으로 옳지 않은 것은? (단, 노동이 유일한 생산요소이다.)

▶ 2018년 공인노무사

	A국	B국
쌀(섬)	5	4
옷(벌)	5	2

① 쌀과 옷 생산 모두 A국의 노동생산성이 B국보다 더 크다.
② A국은 쌀을 수출하고 옷을 수입한다.
③ A국의 쌀 1섬 생산의 기회비용은 옷 1벌이다.
④ B국의 옷 1벌 생산의 기회비용은 쌀 2섬이다.
⑤ B국의 쌀 생산의 기회비용은 A국보다 작다.

출제이슈 리카도 비교우위론, 유형 4 : 노동생산성으로 비교우위 판정
핵심해설 정답 ②

리카도 무역이론에서 교역방향의 결정은 비교우위에 의하여 다음과 같다.

구분	X재 (쌀)	Y재 (옷)	상대가격	비교우위 판정
A국	$a_X = \dfrac{1}{5}$	$a_Y = \dfrac{1}{5}$	$(\dfrac{P_X}{P_Y})^A = (\dfrac{a_X}{a_Y})^A = 1$	$(\dfrac{P_X}{P_Y})^A = 1 > (\dfrac{P_X}{P_Y})^B = 0.5,\ Y$재 비교우위
B국	$a_X^* = \dfrac{1}{4}$	$a_Y^* = \dfrac{1}{2}$	$(\dfrac{P_X}{P_Y})^B = (\dfrac{a_X}{a_Y})^B = 0.5$	$(\dfrac{P_X}{P_Y})^A = 1 > (\dfrac{P_X}{P_Y})^B = 0.5,\ X$재 비교우위

단, a_X, a_Y, $1/a_X$, $1/a_Y$는 다음과 같다.
X재의 단위노동투입량 a_X : X재 1단위를 만드는 데 필요한 노동투입량, $1/a_X$: X재 생산 시 노동 1단위의 생산성
Y재의 단위노동투입량 a_Y : Y재 1단위를 만드는 데 필요한 노동투입량, $1/a_Y$: Y재 생산 시 노동 1단위의 생산성

1) 노동생산성과 단위노동투입량
    먼저 A국 노동자와 B국 노동자가 각각 동일한 기간에 생산할 수 있는 쌀과 옷의 양을 나타냄에 있어서 노동이 동일한 기간 투입되는 것을 노동 1단위라고 가정하자. 그러면 노동자가 각각 동일한 기간에 생산할 수 있는 쌀과 옷의 양이 바로 노동생산성이 된다. 그리고 노동생산성의 역수가 바로 단위노동투입량이 된다. 이를 이용하여 리카도 비교우위 판정표를 위와 같이 만들 수 있다.

2) 비교우위의 판정

X재의 A국 상대가격 $(\frac{P_X}{P_Y})^A = (\frac{a_X}{a_Y})^A = 1 \ > \ B$국 상대가격 $(\frac{P_X}{P_Y})^B = (\frac{a_X}{a_Y})^B = 0.5$이므로

A국은 Y재 옷 생산에 비교우위를 가진다.

3) 교역조건

① 양국이 교역을 시작하게 되면 교역조건은 양국의 상대가격비율 사이에서 결정된다.

② $(\frac{P_X}{P_Y})^B = (\frac{a_X}{a_Y})^B = 0.5$와 $(\frac{P_X}{P_Y})^A = (\frac{a_X}{a_Y})^A = 1$ 사이에서 결정된다.

위의 내용에 따라서 설문을 검토하면 다음과 같다.

① 옳은 내용이다.

쌀과 옷 생산 모두 A국의 노동생산성이 B국보다 더 크다.

먼저 A국 노동자와 B국 노동자가 각각 동일한 기간에 생산할 수 있는 쌀과 옷의 양을 나타냄에 있어서 노동이 동일한 기간 투입되는 것을 노동 1단위라고 가정하자. 그러면 노동자가 각각 동일한 기간에 생산할 수 있는 쌀과 옷의 양이 바로 노동생산성이 된다.

따라서 A국 노동 1단위는 쌀을 5섬 혹은 옷을 5벌 만들어 낼 수 있지만 B국 노동 1단위는 쌀을 4섬 혹은 옷을 2벌 만들어 낼 수 있으므로 A국 노동이 B국 노동보다 생산성이 더 높다.

② 틀린 내용이다.

X재 쌀의 A국 상대가격 $(\frac{P_X}{P_Y})^A = (\frac{a_X}{a_Y})^A = 1 \ > \ B$국 상대가격 $(\frac{P_X}{P_Y})^B = (\frac{a_X}{a_Y})^B = 0.5$이므로 A국은 Y재 옷 생산에 비교우위를 가진다. 따라서 A국은 Y재 옷을 수출하고 X재 쌀을 수입한다.

③ 옳은 내용이다.

A국의 X재 쌀 1섬의 상대가격은 $(\frac{P_X}{P_Y})^A = (\frac{a_X}{a_Y})^A = 1$이며 이는 Y재 옷으로 표시된 X재 쌀 1섬의 실물가격이다. 이는 X재 쌀 1섬 생산을 위해서 포기해야 하는 것이 Y재 옷 1벌이라는 의미로서 X재 쌀 1섬 생산의 기회비용이 된다.

④ 옳은 내용이다.

B국의 X재 쌀 1섬의 상대가격은 $(\frac{P_X}{P_Y})^B = (\frac{a_X}{a_Y})^B = 0.5$이며 이는 Y재 옷으로 표시된 X재 쌀 1섬의 실물가격이다. 이는 X재 쌀 1섬 생산을 위해서 포기해야 하는 것이 Y재 옷 0.5벌이라는 의미로서 X재 쌀 1섬 생산의 기회비용이 된다.

이는 다음과 같이 바꾸어 표현할 수 있다.

B국의 Y재 옷 1벌의 상대가격은 $(\frac{P_Y}{P_X})^B = (\frac{a_Y}{a_X})^B = \frac{1}{0.5} = 2$이며 이는 X재 쌀로 표시된 Y재 옷 1벌의 실물가격이다. 이는 Y재 옷 1벌 생산을 위해서 포기해야 하는 것이 X재 쌀 2섬이라는 의미로서 Y재 옷 1벌 생산의 기회비용이 된다.

⑤ 옳은 내용이다.

A국의 X재 쌀 1섬의 상대가격은 $(\frac{P_X}{P_Y})^A = (\frac{a_X}{a_Y})^A = 1$이며 이는 Y재 옷으로 표시된 X재 쌀 1섬의 실물

가격이다. 이는 X재 쌀 1섬 생산을 위해서 포기해야 하는 것이 Y재 옷 1벌이라는 의미로서 X재 쌀 1섬 생산의 기회비용이 된다.

B국의 X재 쌀 1섬의 상대가격은 $(\frac{P_X}{P_Y})^B = (\frac{a_X}{a_Y})^B = 0.5$이며 이는 Y재 옷으로 표시된 X재 쌀 1섬의 실

물가격이다. 이는 X재 쌀 1섬 생산을 위해서 포기해야 하는 것이 Y재 옷 0.5벌이라는 의미로서 X재 쌀 1섬 생산의 기회비용이 된다. 따라서 B국의 쌀 생산의 기회비용은 A국보다 작다.

THEME 03 헥셔-올린 이론

1 배경과 의의

1) 배경

리카도 이론에서는 생산요소로 오로지 노동만을 고려하지만 실제로는 다양한 생산요소가 필요하며, 다양한 요소를 고려할 경우 노동생산성만이 무역의 원인이 될 수는 없다. 아울러 리카도 이론에서는 노동생산성의 결정요인에 대한 고찰이 부족하다. 그리고 리카도 이론에서는 국내가격이 오로지 생산비용에 의해서만 결정이 되지만, 현실에서는 수요 측면을 고려할 필요가 있다.

2) 의의

헥셔-올린 이론에 의하면 노동풍부국은 노동집약재에 비교우위를 가지고, 반대로 자본풍부국은 자본집약재에 비교우위를 갖는다. 즉, 국가 간에 요소부존도의 차이가 비교우위를 결정하게 된다.

2 모형의 가정

1) 생산요소

노동과 자본 2개의 생산요소를 가정한다. 리카도 모형에서는 노동만을 생산요소로 가정한다.

2) 기술체계와 생산함수

양국의 기술체계 및 생산함수는 동일하며, 규모에 대한 수익은 불변이라고 가정한다. 리카도 모형에서 양국의 기술체계는 상이하다.

3) 선호체계와 후생함수

양국의 선호체계 및 후생함수는 동일하다. 다만, 이 조건으로 인해서 양국 간 재화가격의 결정과정을 비교함에 있어서 수요 측면의 차이로 인한 가격차이는 발생하지 않게 된다.

4) 요소부존도

양국은 요소부존도에 차이가 있어서 일국은 노동풍부국이고, 타국은 자본풍부국이다.

5) 요소이동

산업 간 생산요소의 이동은 자유로우며 이로 인해서 산업 간 생산요소의 보수는 일치한다.

6) 요소집약도

두 재화의 요소집약도는 상이하며, 하나의 재화는 노동집약재이며 다른 하나는 자본집약재이다.

7) 완전경쟁시장

양국의 상품시장과 요소시장은 완전경쟁적으로 재화가격과 요소가격에 대하여 가격수용자를 가정한다. 재화가격과 요소가격은 시장에서 주어지며 기업은 이에 대하여 영향을 미치지 못한다.

8) 무역장벽

운송비, 관세 등 무역장벽은 없으며, 이로 인해서 무역 후 양국의 상품가격은 동일하게 된다.

3 모형의 설정 및 분석

1) 공급 측면

기술체계 및 생산함수는 양국 간 동일하다. 그러나 양국은 요소부존에 차이가 있어서 A국은 노동풍부국이고 B국은 자본풍부국이라고 하자. 그리고 X재는 노동집약재, Y재는 자본집약재라고 가정하면 양국의 생산가능곡선의 개형은 다음과 같이 도출된다.

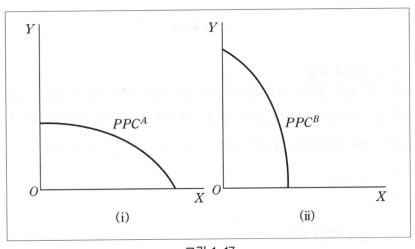

그림 1-17

자세한 설명은 본서의 수준을 넘으므로 생략하되 직관적으로 접근해보면 다음과 같다. 먼저 A국은 자국에 풍부하게 부존된 노동을 사용하여 노동집약재를 많이 만들 수 있을 것이므로 생산가능곡선은 X재에 치우쳐서 위의 그림과 같이 표현될 것이다. 반대로 B국은 자국에 풍부하게 부존된 자본을 사용하여 자본집약재를 많이 만들 수 있기 때문에 생산가능곡선은 Y재에 치우쳐서 위의 그림과 같이 표현될 것이다.

2) 수요 측면

양국의 선호체계와 효용함수는 동일하다.

3) 무역 이전 균형

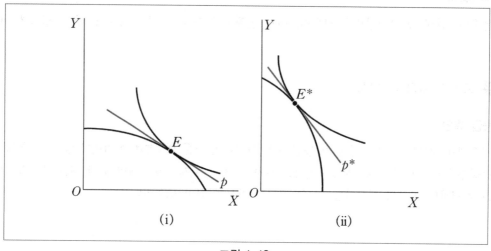

그림 1-18

① 무역 이전 균형의 도출

양국의 무역 이전 균형은 각각 생산가능곡선과 사회무차별곡선이 접하는 곳에서 달성된다. 따라서 A국은 E점에서, B국은 E^*점에서 생산과 소비가 이루어진다. 그리고 이때, 양국의 국내상대가격이 결정된다. A국의 X재 상대가격은 $p = \dfrac{P_X}{P_Y}$이며, B국의 X재 상대가격은 $p^* = \dfrac{P_X^*}{P_Y^*}$가 된다.

② 무역 이전 상대가격과 비교우위

무역 이전에 A국의 X재 상대가격($p = \dfrac{P_X}{P_Y}$)은 B국의 X재 상대가격($p^* = \dfrac{P_X^*}{P_Y^*}$)보다 더 낮다. 따라서 A국은 X재에 비교우위를 가지고, B국은 Y재에 비교우위를 가진다. 정리하면, 노동풍부국 A국은 노동집약재 X재에 비교우위를 가지며, 자본풍부국 B국은 자본집약재 Y재에 비교우위를 가진다.

4) 무역 이후 균형

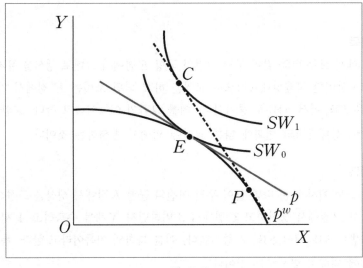

그림 1-19

① 무역패턴

노동풍부국 A국은 노동집약재 X재에 비교우위를 가지므로 이를 수출하고 자본집약재 Y재를 수입한다. 반면, 자본풍부국 B국은 자본집약재 Y재에 비교우위를 가지므로 이를 수출한다.

② 생산과 소비

노동풍부국 A국은 무역 이전 E점에서 국내균형이 달성되어 생산과 소비가 이루어지고 있었으며 이때 사회후생은 SW_0 수준이 된다. 이제 무역이 개시되면 노동풍부국 A국은 P점에서 생산하고 C점에서 소비하면서 X재를 수출하고 Y재를 수입하게 된다. 이때 사회후생은 SW_1 수준이 된다.

4 무역발생의 원인

헥셔-올린 이론에서 무역이 발생하게 되는 원인은 상대적으로 저렴한 가격에 의한 비교우위이며 이는 리카도 이론과 동일하다. 그러나 비교우위의 발생의 원천에 있어서 리카도 이론이 노동생산성의 차이로 보고 있는 반면, 헥셔-올린 이론에서는 요소부존의 차이로 보고 있다는 점이 다르다.

5 무역의 효과

1) 무역의 이득

① 교환의 이득

그림 1-20에서 보는 바와 같이 무역 이전의 균형 E점에서 그대로 생산을 유지하더라도 국내 상대가격과 상이한 국제상대가격으로 교역을 하게 되면 소비는 E'점에서 가능하게 되므로 사회후생은 SW_0에서 SW_2로 증가한다. 이를 교환의 이득이라고 한다. 교환의 이득은 생산의 변화없이 상대가격의 변화에 따른 교환에 의해서 발생하는 것이다.

② 특화의 이득

역시 그림 1-20에서 보는 바와 같이 무역 이전의 균형 E점에서 생산을 조정하여 국제상대가격에 따라서 P점에서 생산하고 C점에서 소비하면서 X재를 수출하고 Y재를 수입하게 되면 사회후생은 SW_2에서 SW_1로 증가한다. 이를 특화의 이득이라고 한다. 특화의 이득은 생산의 조정에 의해서 발생하는 것이다.

③ 무역의 이득과 교역조건

교역조건은 수출재가격과 수입재가격의 비율로서, 수출재가격 상승이 클수록 교역조건이 개선되고 후생수준은 증가하여 무역이득이 커진다.

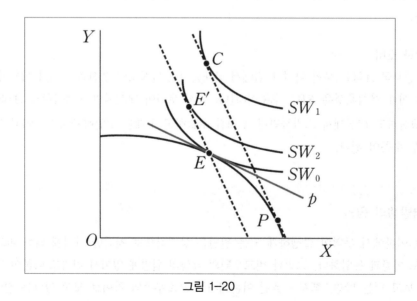

그림 1-20

2) 기타 효과

① 무역이 국가 간 요소가격에 미치는 효과

무역으로 인하여 양국 간 요소가격이 상대적으로 같아질 뿐만 아니라 절대적으로도 같아진다. 이는 요소의 이동이 불가능함에도 불구하고 무역을 통한 재화의 자유로운 이동이 요소의 이동을 대치하여 양국에서 요소가격도 같아지도록 작용하는 것이다. 결국 무역으로 인하여 양국에서는 재화가격뿐만 아니라 요소가격도 같아진다. 이는 이하에서 요소가격균등화 정리를 통해 자세히 살펴보기로 한다.

② 무역이 요소 간 소득분배에 미치는 효과

무역으로 인하여 생긴 이득은 국가 전체적인 차원의 이득일 뿐 구성원 모두가 이득을 보는 것은 아닐 수 있다. 무역으로 인하여 수출재 산업의 구성원과 수입재 산업의 구성원 간에 소득분배 상황이 달라질 수 있다. 그리고 역시 무역으로 인하여 노동과 자본 간에 소득분배 상황이 달라질 수 있다. 이는 이하에서 스톨퍼-사무엘슨 정리를 통해서 자세히 살펴보기로 한다.

6 헥셔 – 올린 이론에 대한 실증분석

1) 레온티에프의 역설

제2차 세계대전 이후 미국의 노동자 1인당 자본장비율은 세계 최고 수준으로서 미국은 자본풍부국이라고 할 수 있다. 따라서 헥셔 – 올린 이론에 의하면, 미국은 자본풍부국이므로 자본집약재를 수출하고 노동집약재를 수입하게 될 것이다. 레온티에프가 1947년 미국통계를 통하여 실증분석한 결과, 미국의 수출재 자본집약도는 수입대체재의 자본집약도보다 약 30% 낮았다. 이는 자본풍부국인 미국이 노동집약재를 수출하고 자본집약재를 수입했다는 의미로 해석될 수 있다. 이는 헥셔 – 올린 이론의 결론과 배치되는 것으로서 이러한 역설적 결과를 레온티에프의 역설이라고 한다.

2) 레온티에프 역설에 대한 설명

① 시장성숙도

미국은 컴퓨터, 비행기 등 신기술로 개발된 신제품에 비교우위를 갖는다. 그런데 이런 제품들은 아직 시장이 성숙되지 않아서 대량생산이 이루어지지 않고 있으므로 자본집약도가 높지 않다. 결국 미국은 혁신기술이나 숙련노동을 사용하는 제품을 수출하고 대량생산이 이루어지는 자본집약재를 수입한다.

② 천연자원

노동, 자본뿐만 아니라 천연자원과 같은 생산요소를 고려하지 못하였기 때문에 역설적 결과가 나타날 수 있다. 즉, 천연자원이 집약된 재화를 자본집약재로 분류할 경우 천연자원을 수입하는 미국이 자본집약재를 수입하는 것으로 나타난다.

③ 인적자본

물적자본과 분리하여 따로 인적자본을 고려하지 않았기 때문에 역설적 결과가 나타날 수 있다. 즉, 인적자본을 고려할 경우, 미국은 노동집약재가 아니라 인적자본 집약재를 수출하는 것으로 나타난다.

7 결론

헥셔 – 올린 이론에 의하면 무역은 국가 간 요소부존도의 차이에 의해서 발생한다. 요소부존도의 차이에 의하여 재화상대가격의 차이와 요소상대가격의 차이가 발생한다. 즉, 국가 간에 서로 바꿀 수 없는 주어진 부존자원의 차이가 비교우위를 결정한다. 재화상대가격의 차이에 의하여 무역이 발생하고 재화는 이동하며 재화이동이 요소이동을 대체하여 마치 요소가 이동한 것과 같은 효과를 가져온다.

필수예제

헥셔 – 올린 정리(Heckscher – Ohlin theorem)에 관한 설명으로 옳은 것은? ▸ 2015년 보험계리사

① 양국의 선호 차이에 의해 비교우위가 결정된다.
② 무역이 이루어지면 양국의 산업구조는 보다 유사해진다.
③ 양국 간 생산요소의 이동이 가능하다는 가정에 기반을 둔다.
④ 양국 간 요소부존의 차이가 재화의 상대가격 차이를 발생시켜 비교우위가 결정된다.

출제이슈 헥셔 – 올린 이론 정리
핵심해설 정답 ④

헥셔 – 올린 이론의 가정은 다음과 같다.

1) 노동, 자본 2개의 생산요소
2) 양국의 기술체계, 생산함수는 동일
3) 양국의 선호체계, 후생함수는 동일
4) 양국은 요소부존도 차이(노동풍부국, 자본풍부국)
5) 양국의 상품시장, 요소시장은 완전경쟁적(재화가격과 요소가격에 대한 가격수용자)
6) 산업 간 생산요소의 이동은 자유(산업 간 생산요소의 보수는 일치)
7) 두 재화의 요소집약도는 상이(노동집약재, 자본집약재)
8) 운송비, 관세 등 무역장벽은 없음(무역 후 양국의 상품가격은 동일)
9) 생산함수는 규모에 대한 보수 불변

위의 가정 하에서 헥셔 – 올린 이론의 결론은 노동풍부국은 노동집약재에 비교우위가 있어서 노동집약재를 특화하여 수출하고, 반대로 자본풍부국은 자본집약재에 비교우위가 있어서 자본집약재를 특화하여 수출한다. 한편, 요소가격균등화 정리에 의하면 무역으로 인한 국가 간 재화의 자유로운 이동으로 인하여 양국의 요소가격은 같아지는데, 양국 간 임금 – 임대료 비율이 같아질 뿐만 아니라 요소의 절대가격도 국가 간 동일해진다.

위의 내용에 따라서 설문을 검토하면 다음과 같다.

① 틀린 내용이다.
  헥셔 – 올린 이론에 의하면 비교우위는 선호 차이가 아니라 요소부존의 차이에 의해서 결정되는 것이며 양국 간에 선호는 동일한 것으로 가정하고 있다.

② 틀린 내용이다.
  헥셔 – 올린 이론에 의하면 비교우위가 있는 산업의 제품에 특화가 발생하므로 양국 간 산업구조는 더욱 상이해진다.

③ 틀린 내용이다.

헥셔 – 올린 이론에 의하면 양국 간 생산요소의 이동은 불가능하다. 그런데 요소 간 이동 대신에 무역으로 인한 국가 간 재화의 자유로운 이동으로 인하여 양국의 요소가격은 같아지는데, 양국 간 임금 – 임대료 비율이 같아질 뿐만 아니라 요소의 절대가격도 국가 간 동일해진다. 결국 국가 간, 요소 간 이동이 불가능함에도 불구하고 마치 요소 간 이동이 가능한 것과 같이 요소 간 가격이 균등해지는 효과가 나타나게 되는 것이다.

④ 옳은 내용이다.

헥셔 – 올린 이론의 결론은 노동풍부국은 노동집약재에 비교우위가 있어서 노동집약재를 특화하여 수출하고, 반대로 자본풍부국은 자본집약재에 비교우위가 있어서 자본집약재를 특화하여 수출한다. 즉, 양국 간 요소부존도에 차이가 있을 경우 재화 간 상대가격 차이가 발생하여 비교우위가 나타난다.

THEME 04 요소가격균등화 정리

1 의의

요소가격균등화 정리에 의하면 무역이 발생하여 국가 간에 재화가 자유로이 이동하게 되면 양국의
요소가격은 같아진다. 양국 간에 임금 – 임대료 비율이 같아질 뿐만 아니라, 요소의 절대가격도 국
가 간에 동일해진다.

2 증명

1) 요소가격의 상대적 균등화

① 재화가격과 요소상대가격(임금 – 임대료 비율) 간 관계

미시경제이론에 의하면 요소가격은 재화가격에 한계생산성을 곱한 값이 된다. 따라서 재화가
격이 변화하면 요소가격도 변화하게 된다. 이는 생산가능곡선과 에지워드 박스상의 계약곡선
을 통해서도 확인할 수 있다. 주지하다시피 생산가능곡선상의 일점과 계약곡선상의 일점은
일대일 대응관계에 있다. 만일 가격이 변화하면 그에 따른 새로운 상대가격과 생산가능곡선
이 접하는 지점에서 생산이 이루어지게 되므로 계약곡선상에서도 이동이 발생한다. 계약곡선
상의 이동은 마치 등을 맞댄 모습의 등량곡선으로 표현되며 이때 등량곡선의 기울기로서의
요소상대가격을 찾을 수 있다. 따라서 재화가격 혹은 재화상대가격과 요소상대가격 간의 일
대일 대응관계를 다시 한번 확인할 수 있으며 이를 그래프로 표시하면 다음과 같다.

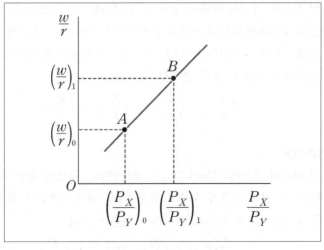

그림 1-21

② 요소가격의 상대적 균등화

ⅰ) 무역으로 인하여 양국은 동일한 국제시장가격에 직면하므로 각 재화가격은 균등해진다.

$$P_X = P_X^{\,*}, \ P_Y = P_Y^{\,*}, \ \frac{P_X}{P_Y} = \frac{P_X^{\,*}}{P_Y^{\,*}}$$

ⅱ) 재화가격-요소상대가격 간의 일대일 대응관계에 의하여 양국 간 요소상대가격도 균등해 진다.

$$\frac{P_X}{P_Y} : \frac{w}{r}, \ \frac{P_X^{\,*}}{P_Y^{\,*}} : \frac{w^*}{r^*}, \ \frac{P_X}{P_Y} = \frac{P_X^{\,*}}{P_Y^{\,*}} \ \rightarrow \ \frac{w}{r} = \frac{w^*}{r^*}$$

2) 요소가격의 절대적 균등화

① 요소상대가격(임금 – 임대료 비율)과 요소집약도 간 관계

먼저 요소집약도란 주어진 요소상대가격에 대하여 최적의 노동과 자본의 투입비율을 의미한 다. 따라서 요소상대가격과 요소집약도 간에는 일대일 대응관계가 성립한다.

② 요소가격의 절대적 균등화

ⅰ) 요소상대가격

앞에서 무역에 의하여 국가 간 재화상대가격이 동일해지므로 국가 간 요소상대가격도 동 일해짐을 살펴보았다. 국가 간 요소상대가격의 균등화는 다음과 같이 표시할 수 있다.

$$\frac{w}{r} = \frac{w^*}{r^*}$$

ⅱ) 요소집약도

헥셔 – 올린 이론의 가정에 의하여 양국 간에 생산함수는 동일하다. 그리고 노동과 자본 간 투입비율인 요소집약도는 요소상대가격에 따라 결정된다. 따라서 무역에 의하여 양국 간에 요소상대가격이 같아진다면, 양국 간에 요소집약도도 동일하게 된다. 양국 간 요소 집약도의 균등화는 다음과 같이 표시할 수 있다.

$$\left(\frac{K}{L}\right)_X = \left(\frac{K}{L}\right)_X^{\,*}, \ \left(\frac{K}{L}\right)_Y = \left(\frac{K}{L}\right)_Y^{\,*}$$

ⅲ) 요소의 한계생산

헥셔 – 올린 이론의 가정에 의하여 각국의 생산함수는 규모에 대한 보수 불변의 1차 동차 생산함수이다. 이 경우 노동과 자본의 한계생산은 요소집약도가 결정하게 된다. 요소의 한계생산을 요소집약도의 함수로 표시하면 다음과 같다.

$$MP_L = f_L\left(\frac{K}{L}\right), \ MP_K = f_K\left(\frac{K}{L}\right)$$

그런데 양국 간 요소집약도는 위에서 본 바와 같이 $(\frac{K}{L})_X = (\frac{K}{L})_X^{\,*}$,

$(\frac{K}{L})_Y = (\frac{K}{L})_Y^{\,*}$로서 일치하게 되므로 양국 간 노동과 자본의 한계생산은 다음처럼 같아진다.

$$MP_L = MP_L^{\,*} \,, \ MP_K = MP_K^{\,*}$$

iv) 요소가격

앞에서 살펴본 양국 간 요소의 한계생산에 있어서 X재와 Y재를 각각 고려할 경우 다음과 같이 표시할 수 있다.

$$MP_L^{\,X} = MP_L^{\,X\,*} \,, \ MP_K^{\,X} = MP_K^{\,X\,*}$$
$$MP_L^{\,Y} = MP_L^{\,Y\,*} \,, \ MP_K^{\,Y} = MP_K^{\,Y\,*}$$

그런데 노동과 자본의 가격은 가격과 한계생산의 곱으로 결정되므로 다음과 같이 표시할 수 있다.

$$w_X = P_X MP_L^{\,X} \,, \ w_X^{\,*} = P_X^{\,*} MP_L^{\,X\,*}$$
$$r_X = P_X MP_K^{\,X} \,, \ r_X^{\,*} = P_X^{\,*} MP_K^{\,X\,*}$$

v) 요소가격의 절대적 균등화

국제무역에 의하여 양국에서 재화가격은 절대적으로 균등해지고 양국 간에 요소의 한계생산도 균등해진다. 따라서 양국 간에 요소가격은 $w_X = w_X^{\,*}$, $r_X = r_X^{\,*}$와 같이 절대적으로 균등해진다. 요소의 부문 간 자유로운 이동을 고려하면

$w_X = P_X MP_L^{\,X} = w_Y = P_Y MP_L^{\,Y}$이 될 것이며 여기서는 분석의 편의상 X재 부문의 요소가격만 고려하기로 한다.

3 한계

1) 요소가격의 불일치

요소가격균등화 정리의 예측과는 달리 현실에서 국가 간 요소가격은 같지 않다. 예를 들면, 2012년 국가별 제조업 시간임금에 관한 미국 DOL의 통계에 의하면, 2012년 한국의 시간당 임금은 20.7달러로서 독일 45.8달러의 45%, 미국 35.7달러의 58%, 일본 35.3달러의 58%, 영국 31.2달러의 66% 수준이었다. 한편, 싱가포르는 24.2달러, 브라질은 11.2달러, 대만은 9.5달러, 멕시코는 6.4달러이며 특히 중국은 1.7달러 수준으로서 중국의 임금은 독일의 시간당 임금의 3.7% 수준에 불과하였다.

2) 국가 간 임금차이가 발생하는 원인

① 노동의 질

국가마다 노동의 질에 차이가 있을 수 있는데 선진국일수록 노동의 수준이 높아서 노동생산성이 높고 임금수준도 더 높다. 이 경우에는 국가 간 임금차이는 자연스럽게 발생하게 된다.

② 생산함수

국가 간 생산함수가 다를 수 있는데 선진국일수록 기술수준이 높을 것이다. 높은 기술수준은 높은 노동생산성으로 이어지기 때문에 임금수준도 더 높고 국가 간 임금차이는 여전히 유지될 것이다.

③ 재화의 구성

두 나라가 생산하는 재화의 구성이 다를 경우 요소가격균등화 정리는 성립하지 않는다. 만일 양국 간 요소부존에 있어서 차이가 너무 크면, 국가 간에 생산하는 재화의 구성이 달라질 수 있다. 예를 들어 특정 재화의 생산에 완전특화하는 경우, 국가 간 요소가격이 같아질 수 있는 구간을 벗어나게 되어 요소가격균등화가 성립하지 않는다.

④ 무역장벽

실제로 무역에서는 운송비, 관세 등 무역장벽으로 인해서 양국의 재화가격이 같아지지 않는다. 따라서 재화가격이 같아지지 않기 때문에 요소가격도 동일해지지 않는다.

THEME 05 스톨퍼 – 사무엘슨 정리

1 의의

1) 스톨퍼 – 사무엘슨 정리

한 재화의 가격 상승은 이 재화 생산에 집약적으로 사용되는 요소의 실질보수를 상승시키고 그렇지 않은 다른 요소의 실질보수를 하락시키는데 이를 스톨퍼 – 사무엘슨 정리라고 한다.

2) 요소가격균등화 정리와의 차이

요소가격균등화 정리가 무역이 국가 간 요소가격(예 국가 간 노동가격, 국가 간 자본가격)에 미치는 영향을 분석한 것이라면, 스톨퍼 – 사무엘슨 정리는 무역이 풍부하게 부존된 요소의 가격과 그렇지 않은 요소의 가격에 미치는 영향을 분석한 것이다(예 풍부요소인 노동가격, 희소요소인 자본가격).

2 노동가격(풍부요소가격)에 대한 증명

헥셔 – 올린 이론의 가정에 따라서 A국은 노동풍부국, B국은 자본풍부국, X재는 노동집약재, Y재는 자본집약재이고, X재 부문과 Y재 부문 간 요소이동은 자유롭다고 가정하고 분석한다.

1) 무역 이전 노동에 대한 보수

노동의 보수는 재화가격과 노동의 한계생산의 곱으로 결정된다. 이를 표시하면 다음과 같다.

$$w_X = P_X MP_L{}^X, \ w_Y = P_Y MP_L{}^Y$$

노동의 부문 간 이동이 자유로우므로 X재 부문과 Y재 부문의 노동보수는 일치한다.

2) 무역 개시 이후 노동가격의 변화

① 수출재 가격 상승 및 수출재 생산 증가

이제 무역이 개시되면 A국의 경우 수출재인 X재 가격(P_X)이 상승함에 직면하게 된다. 따라서 A국에서는 X재 생산이 증가하게 되어 그 파생수요로서 노동과 자본에 대한 수요도 증가한다.

② 노동가격의 상승

그런데 수출재인 X재가 노동집약재라고 가정하였으므로 노동수요가 자본수요를 압도하게 되어 노동의 상대가격 $\dfrac{w}{r}$가 상승하게 된다.

③ 자본집약적 생산방식

노동의 상대가격 $\frac{w}{r}$ 가 상승함에 따라 생산에 있어서 보다 자본집약적인 생산방식으로 변화하게 된다. 생산방식의 변화는 X 재, Y 재 부문 모두에서 나타난다.

④ 요소의 한계생산

생산방식이 자본집약적으로 변화하면서 자본의 한계생산성($MP_K{}^X$)은 하락하고 노동의 한계생산성($MP_L{}^X$)은 상승한다. 한계생산의 변화는 X 재, Y 재 부문 모두에서 나타난다.

⑤ 노동가격

ⅰ) 수출재 X 재 부문

노동의 한계생산이 상승하면서 노동의 보수는 상승한다. 즉, $w_X = P_X MP_L{}^X$ 에서 수출증가에 의하여 재화가격 P_X 가 상승하고 노동의 한계생산 $MP_L{}^X$ 가 상승하여 노동가격 w 는 상승한다. 그리고 노동의 한계생산 $MP_L{}^X$ 가 상승하기 때문에 노동의 실질보수 $\frac{w}{P_X}$ 가 상승함은 쉽게 알 수 있다.

ⅱ) 수입대체재 Y 재 부문

노동의 한계생산이 상승하면서 노동의 보수는 상승한다. 즉, $w_Y = P_Y MP_L{}^Y$ 에서 수입증가에 의하여 재화가격 P_Y 가 하락하지만 노동의 한계생산 $MP_L{}^Y$ 가 상승하여 노동가격 w 는 상승한다. 이는 X 재 부문과 Y 재 부문 간 자유로운 요소이동으로 인해서 부문 간 노동가격이 동일해지기 때문에 나타나는 것이다. 그리고 노동의 한계생산 $MP_L{}^Y$ 가 상승하기 때문에 노동의 실질보수 $\frac{w}{P_Y}$ 가 상승함은 쉽게 알 수 있다.

ⅲ) 노동가격의 상승

무역으로 인하여 수출재인 X 재 부문의 노동자뿐만 아니라 수입대체재인 Y 재 부문의 노동자도 명목임금과 실질임금 모두 상승한다.

3 자본가격(희소요소가격)에 대한 증명

1) 무역 이전 자본에 대한 보수

자본의 보수는 재화가격과 자본의 한계생산의 곱으로 결정된다. 이를 표시하면 다음과 같다.

$$r_X = P_X MP_K{}^X, \ r_Y = P_Y MP_K{}^Y$$

자본의 부문 간 이동이 자유로우므로 X재 부문과 Y재 부문의 자본보수는 일치한다.

2) 무역 개시 이후 자본가격의 변화

① 수출재 가격 상승 및 수출재 생산 증가

이제 무역이 개시되면 A국의 경우 수출재인 X재 가격(P_X)이 상승함에 직면하게 된다. 따라서 A국에서는 X재 생산이 증가하게 되어 그 파생수요로서 노동과 자본에 대한 수요도 증가한다.

② 노동가격의 상승

그런데 수출재인 X재가 노동집약재라고 가정하였으므로 노동수요가 자본수요를 압도하게 되어 노동의 상대가격 $\dfrac{w}{r}$가 상승하게 된다.

③ 자본집약적 생산방식

노동의 상대가격 $\dfrac{w}{r}$가 상승함에 따라 생산에 있어서 보다 자본집약적인 생산방식으로 변화하게 된다. 생산방식의 변화는 X재, Y재 부문 모두에서 나타난다.

④ 요소의 한계생산

생산방식이 자본집약적으로 변화하면서 자본의 한계생산성($MP_K{}^X$)은 하락하고 노동의 한계생산성($MP_L{}^X$)은 상승한다. 한계생산의 변화는 X재, Y재 부문 모두에서 나타난다.

⑤ 자본가격

i) 수출재 X재 부문

자본의 한계생산이 감소하면서 자본의 보수는 하락한다. 즉, $r_X = P_X MP_K{}^X$에서 수출 증가에 의하여 재화가격 P_X가 상승하고 자본의 한계생산 $MP_K{}^X$가 하락하여 자본가격 r은 하락한다. 이는 X재 부문과 Y재 부문 간 자유로운 요소이동으로 인해서 부문 간 자본가격이 동일해지기 때문에 나타나는 것이다. 그리고 자본의 한계생산 $MP_K{}^X$가 하락하기 때문에 자본의 실질보수 $\dfrac{r}{P_X}$이 하락함은 쉽게 알 수 있다.

ii) 수입대체재 Y재 부문

자본의 한계생산이 하락하면서 자본의 보수는 하락한다. 즉, $r_Y = P_Y MP_K{}^Y$에서 수입재 가격이 불변이라고 가정하면 자본의 한계생산 $MP_K{}^X$가 하락하여 자본가격 r은 하락한다. 그리고 자본의 한계생산 $MP_K{}^Y$가 하락하기 때문에 자본의 실질보수 $\dfrac{r}{P_Y}$이 하락함은 쉽게 알 수 있다.

iii) 자본가격의 하락

무역으로 인하여 수출재인 X재 부문의 자본가뿐만 아니라 수입대체재인 Y재 부문의 자본가도 명목임대료와 실질임대료 모두 하락한다.

4 함의

1) 무역과 소득분배

스톨퍼 – 사무엘슨 정리에 의하면 노동풍부국은 무역으로 인하여 노동집약재 가격이 상승하여 풍부요소인 노동의 실질보수가 상승하고 희소요소인 자본의 실질보수는 하락한다. 즉, 자유무역으로 인하여 풍부요소는 이익을 얻지만 희소요소는 손해를 본다는 것으로서 스톨퍼 – 사무엘슨 정리는 무역으로 인한 소득분배효과를 잘 보여준다.

2) 부문특정요소모형

스톨퍼 – 사무엘슨 정리는 부문 간 요소이동이 자유로운 장기를 가정하고 있기 때문에 만일 단기라면 노동자와 자본가가 대립되는 구조가 성립되지 않을 가능성도 있다. 이는 부문특정요소모형을 통해서 분석할 수 있다.

필수예제

A국은 자본이 상대적으로 풍부하고 B국은 노동이 상대적으로 풍부하다. 양국 간의 상품이동이 완전히 자유로워지고 양 국가가 부분특화하는 경우, 헥셔 – 올린(Heckscher – Ohlin) 모형과 스톨퍼 – 사무엘슨(Stolper – Samuelson) 정리에서의 결과와 부합하는 것을 모두 고른 것은? ▸ 2012년 감정평가사

ㄱ. 두 국가의 자본가격은 같아진다.
ㄴ. B국 자본가의 실질소득이 증가한다.
ㄷ. A국 노동자의 실질소득이 감소하는 반면, B국 노동자의 실질소득은 증가한다.

① ㄱ 　　　　② ㄱ, ㄴ 　　　　③ ㄱ, ㄷ
④ ㄴ, ㄷ 　　　　⑤ ㄱ, ㄴ, ㄷ

출제이슈 요소가격균등화 정리와 스톨퍼 – 사무엘슨 정리
핵심해설 정답 ③

헥셔 – 올린 이론의 가정은 다음과 같다.

1) 노동, 자본 2개의 생산요소
2) 양국의 기술체계, 생산함수는 동일
3) 양국의 선호체계, 후생함수는 동일
4) 양국은 요소부존도 차이(노동풍부국, 자본풍부국)
5) 양국의 상품시장, 요소시장은 완전경쟁적(재화가격과 요소가격에 대한 가격수용자)
6) 산업 간 생산요소의 이동은 자유(산업 간 생산요소의 보수는 일치)
7) 두 재화의 요소집약도는 상이(노동집약재, 자본집약재)
8) 운송비, 관세 등 무역장벽은 없다(무역 후 양국의 상품가격은 동일).
9) 생산함수는 규모에 대한 보수 불변

위의 가정하에서 헥셔 – 올린의 결론은 노동풍부국은 노동집약재에 비교우위가 있어서 노동집약재를 특화하여 수출하고, 반대로 자본풍부국은 자본집약재에 비교우위가 있어서 자본집약재를 특화하여 수출한다는 것이다.

그리고 요소가격균등화 정리에 의하면, 무역으로 인한 국가 간 재화의 자유로운 이동으로 인하여 양국의 요소가격은 같아지는데, 양국 간 임금 – 임대료 비율이 같아질 뿐만 아니라, 요소의 절대가격도 국가 간 동일해진다.

한편, 스톨퍼 – 사무엘슨 정리에 의하면, 한 재화의 가격 상승은 이 재화 생산에 집약적으로 사용되는 요소의 실질보수를 상승시키고 그렇지 않은 다른 요소의 실질보수를 하락시킨다.

요소가격균등화 정리가 무역이 국가 간 요소가격(예 국가 간 노동가격, 국가 간 자본가격)에 미치는 영향이라면, 스톨퍼 – 사무엘슨 정리는 무역이 풍부, 비풍부 요소가격에 미치는 영향이다(예 풍부요소인 노동가격, 희소요소인 자본가격).

위의 내용에 따라서 설문을 검토하면 다음과 같다.

ㄱ. 옳은 내용이다.

　무역으로 인한 국가 간 재화의 자유로운 이동으로 인하여 양국의 요소가격은 같아지는데, 양국 간 임금 – 임대료 비율이 같아질 뿐만 아니라, 요소의 절대가격도 국가 간 동일해진다. 따라서 두 국가의 자본가격은 같아진다.

ㄴ. 틀린 내용이다.

　B국은 노동과 자본만을 사용하여 노동집약재와 자본집약재를 생산하며 자본에 비해 상대적으로 노동이 풍부한 나라이므로, 무역이 발생할 경우 헥셔 – 올린 정리에 의하여 노동풍부국 B국은 노동집약재를 수출하고 자본집약재를 수입한다.

　무역으로 인하여 수출재인 노동집약재의 가격이 상승하여 노동집약재의 생산이 증가한다. 이로 인해 노동에 대한 수요가 증가하고 노동임금이 상승한다. 노동임금 상승에 따라서 생산은 자본집약적 방식으로 변화하고 이 과정에서 노동의 한계생산성은 상승하고 노동임금도 상승하게 된다. 결국 무역으로 인하여 노동의 실질보수는 상승한다.

　반대로 무역으로 인하여 수입재인 자본집약재의 가격이 하락하여 자본집약재의 생산이 감소한다. 이로 인해 자본에 대한 수요가 감소하고 자본임대료가 하락한다. 자본임대료 하락에 따라서 생산은 자본집약적 방식으로 변화하고 이 과정에서 자본의 한계생산성은 하락하고 자본임대료도 하락하게 된다. 결국 무역으로 인하여 자본의 실질보수는 하락한다.

ㄷ. 옳은 내용이다.

　위 ㄴ에서 분석한 내용에 따르면, A국 노동자의 실질소득이 감소하는 반면, B국 노동자의 실질소득은 증가한다.

　A국은 노동과 자본만을 사용하여 노동집약재와 자본집약재를 생산하며 노동에 비해 상대적으로 자본이 풍부한 나라이므로, 무역이 발생할 경우 헥셔 – 올린 정리에 의하여 자본풍부국 A국은 자본집약재를 수출하고 노동집약재를 수입한다.

　무역으로 인하여 수출재인 자본집약재의 가격이 상승하여 자본집약재의 생산이 증가한다. 이로 인해 자본에 대한 수요가 증가하고 자본보수가 상승한다. 자본보수의 상승에 따라서 생산은 노동집약적 방식으로 변화하고 이 과정에서 자본의 한계생산성은 상승하고 자본보수도 상승하게 된다. 결국 무역으로 인하여 자본의 실질보수는 상승한다.

　반대로 무역으로 인하여 수입재인 노동집약재의 가격이 하락하여 노동집약재의 생산이 감소한다. 이로 인해 노동에 대한 수요가 감소하고 노동임금이 하락한다. 노동임금 하락에 따라서 생산은 노동집약적 방식으로 변화하고 이 과정에서 노동의 한계생산성은 하락하고 노동임금도 하락하게 된다. 결국 무역으로 인하여 노동의 실질보수는 하락한다.

> A국은 노동과 자본만을 사용하여 노동집약재와 자본집약재를 생산하며 자본에 비해 상대적으로 노동이 풍부한 나라다. 스톨퍼 – 사무엘슨 정리를 따를 때, A국의 자유무역이 장기적으로 A국의 소득분배에 미치는 영향은?
>
> ▶ 2014년 지방직 7급
>
> ① 자본과 노동의 실질보수가 모두 상승한다.
> ② 자본과 노동의 실질보수가 모두 하락한다.
> ③ 자본의 실질보수가 상승하고 노동의 실질보수가 하락한다.
> ④ 자본의 실질보수가 하락하고 노동의 실질보수가 상승한다.

출제이슈 스톨퍼 – 사무엘슨 정리
핵심해설 정답 ④

스톨퍼 – 사무엘슨 정리에 의하면, 한 재화의 가격 상승은 이 재화 생산에 집약적으로 사용되는 요소의 실질보수를 상승시키고 그렇지 않은 다른 요소의 실질보수를 하락시킨다.

요소가격균등화 정리가 무역이 국가 간 요소가격(예 국가 간 노동가격, 국가 간 자본가격)에 미치는 영향이라면, 스톨퍼 – 사무엘슨 정리는 무역이 풍부, 비풍부 요소가격에 미치는 영향이다(예 풍부요소인 노동가격, 희소요소인 자본가격).

설문에서 A국은 노동과 자본만을 사용하여 노동집약재와 자본집약재를 생산하며 자본에 비해 상대적으로 노동이 풍부한 나라이므로, 무역이 발생할 경우 헥셔 – 올린 정리에 의하여 노동풍부국 A국은 노동집약재를 수출하고 자본집약재를 수입한다.

1) 노동의 보수
무역으로 인하여 수출재인 노동집약재의 가격이 상승하여 노동집약재의 생산이 증가한다. 이로 인해 노동에 대한 수요가 증가하고 노동임금이 상승한다. 노동임금 상승에 따라서 생산은 자본집약적 방식으로 변화하고 이 과정에서 노동의 한계생산성은 상승하고 노동임금도 상승하게 된다. 결국 무역으로 인하여 노동의 실질보수는 상승한다.

2) 자본의 보수
무역으로 인하여 수입재인 자본집약재의 가격이 하락하여 자본집약재의 생산이 감소한다. 이로 인해 자본에 대한 수요가 감소하고 자본임대료가 하락한다. 자본임대료 하락에 따라서 생산은 자본집약적 방식으로 변화하고 이 과정에서 자본의 한계생산성은 하락하고 자본임대료도 하락하게 된다. 결국 무역으로 인하여 자본의 실질보수는 하락한다.

따라서 지문 ④가 옳은 설명이다. 자유무역으로 인하여 "희소한 요소"인 자본의 실질보수가 하락하고 "풍부한 요소"인 노동의 실질보수가 상승한다.

THEME 06 립친스키 정리

1 배경과 의의

1) 배경

헥셔 – 올린 이론에서는 기본적으로 양국의 요소부존량이 주어진 상태라고 가정한다. 그러나 시간이 흐름에 따라서 요소부존량은 변할 수 있으며 변화된 요소부존량은 재화의 생산량을 변화시킬 것이다. 립친스키 정리는 요소부존량의 변화가 재화의 생산량을 어떻게 변화시키는지를 보여준다.

2) 가정

소국경제를 대상으로 하여 생산이 변화하더라도 국제시장가격은 불변이라고 가정한다. 요소상대가격, 요소집약도도 모두 불변으로 가정한다. 노동과 자본은 완전고용된다.

3) 의의

소규모 개방경제하 재화가격이 불변인 상태에서 어떤 생산요소의 부존량이 증가하면 그 생산요소를 집약적으로 사용하여 생산되는 재화의 생산량은 절대적으로 증가하지만, 그렇지 않은 재화의 생산량은 절대적으로 감소한다. 이를 립친스키 정리라고 한다.

2 증명

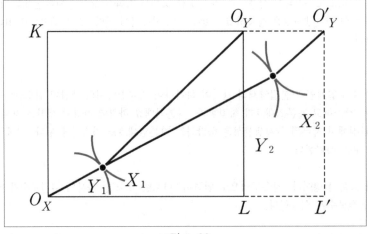

그림 1-22

1) 요소부존량의 증가와 에지워드 상자

요소부존량의 증가는 에지워드 상자의 면적을 증가시키는 것으로 표현할 수 있다. 예를 들어 노동의 부존량이 증가($L \to L'$)할 경우 에지워드 상자가 횡축의 방향으로 확대된다.

2) 새로운 생산점의 도출

① 요소집약도 불변

요소부존량이 변화하고 생산량이 변화하더라도 요소집약도는 불변임을 가정한다. 결국 O_X 에서 출발하는 X재의 요소집약도와 O_Y에서 출발하는 Y재의 요소집약도는 요소부존의 변화 이전과 이후에 모두 변화가 없어야 한다.

② 생산량의 변화

노동요소의 증가에 따라서 노동을 집약적으로 사용하여 생산되는 X재의 경우 X_1에서 X_2로 생산이 증가한다. 반면 자본을 집약적으로 사용하여 생산되는 Y재의 경우 Y_1에서 Y_2로 생산이 감소한다.

3 립친스키 정리와 네덜란드병

1) 네덜란드병(Dutch Disease)

네덜란드는 1960년대에 북해에서 막대한 매장량의 천연가스를 발견하였다. 이는 생산요소 부존량의 증가로 분석할 수 있는바, 립친스키 정리에 따르면 천연가스부문 넓게는 광업부문의 고용과 생산이 확대되는 한편, 다른 부문 예를 들어 공업부문의 고용과 생산은 축소될 것으로 예상되었다. 실제로 천연가스의 생산량이 증가할수록 네덜란드의 공업부문은 점점 축소되었고 이렇게 천연자원의 발견으로 공업부문이 심각한 타격을 받는 현상을 네덜란드병 혹은 화란병이라고 한다. 이는 네덜란드뿐만 아니라 노르웨이, 영국, 멕시코 등도 경험한 바 있다.

2) 네덜란드병의 이유 및 대책

특정 생산요소의 증가로 인해서 해당 산업부문에서 생산을 증대시키기 위해서는 또 다른 생산요소들도 필요하기 때문에 이들을 다른 산업부문으로부터 데려와야 할 것이다. 이를 위해 높은 가격을 제시하고 고용하기 때문에 문제가 발생하는 것이다. 네덜란드병으로 인한 부작용을 줄이기 위해서는 정부가 천연자원의 개발과 판매에 대해 세금을 부과하여, 타격을 받는 공업부문을 지원하는 방안이 있을 수 있다. 또한 새로 발견된 천연자원을 집약적으로 사용하는 공업부문을 전략적으로 육성하여 공업부문의 타격을 줄여나갈 수도 있다.

4 립친스키 정리에 대한 비판

1) 립친스키 정리와 직관적인 상식의 배치

요소부존량이 증가하면 두 재화의 생산량이 모두 증가할 것으로 기대된다. 그러나 립친스키 정리에 의하면 한 재화의 생산량은 증가하지만, 다른 재화의 생산량은 오히려 감소하는 것으로 분석된다.

2) 립친스키 정리가 상식에 부합되지 않는 이유

립친스키 정리에서 분석대상으로 하는 국가는 기본적으로 소국이기 때문에 그 나라의 생산이 증가하거나 감소하더라도 국제가격은 여전히 불변인 상황을 가정하고 있다. 국내 및 국제재화가격이 불변이기 때문에 이에 따른 요소상대가격과 요소집약도도 변하지 않는다. 따라서 이러한 제한적 가정 때문에 직관적 상식에 부합되지 않는 결과가 도출된 것이다. 립친스키 정리의 제한적 가정을 완화한 대국 모형은 다음에서 분석한다.

3) 립친스키 정리와 대국 분석

소국과는 달리 대국의 경우 요소부존량이 증가하면서 생산이 증가할 경우 재화의 국제시장가격이 하락한다. 하락한 재화상대가격에 따른 새로운 요소상대가격이 형성되면서 새로운 요소집약도도 역시 도출된다. 이 과정에서 반드시 한 재화의 생산은 증가하고 다른 재화의 생산은 감소한다고 결론지을 수 없게 된다.

5 립친스키 정리의 함의

1) 립친스키 정리와 생산가능곡선

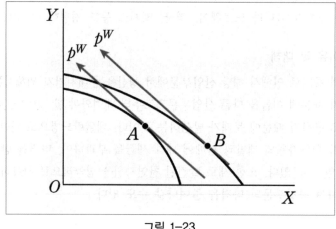

그림 1-23

립친스키 정리에 의하면 노동이 증가할 경우 노동집약재의 생산은 증가하고 자본집약재의 생산은 감소하기 때문에 위와 같이 노동집약재에 치우친 생산가능곡선이 도출될 수 있다.

2) 성장의 후생효과(소국의 경우)

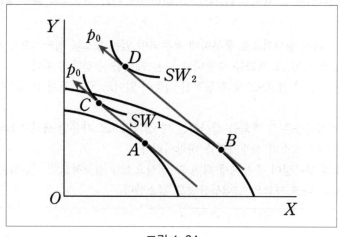

그림 1-24

립친스키 정리에 의하면 요소부존의 증가로 인하여 생산가능곡선이 확대되면서 소국의 경우 교역조건이 불변이기 때문에 소비가능영역이 확대될 수 있다. 이로 인해서 사회후생은 증가한다.

3) 성장의 후생효과(대국과 궁핍화성장)

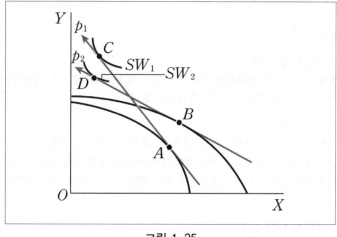

그림 1-25

립친스키 정리에 의하면 요소부존의 증가로 인하여 생산가능곡선이 확대되면서 대국의 경우 교역조건이 오히려 악화될 수 있다. 이러한 경우에는 경제성장에도 불구하고 교역조건의 악화로 인한 실질소득의 감소가 커서 사회후생이 감소하게 되는데 이를 궁핍화성장이라고 한다.

필수예제

국제무역에서 립친스키의 정리(Rybczynski Theorem)에 대한 설명으로 옳은 것은?

▶ 2017년 국가직 9급

① 한 국가는 그 나라에 상대적으로 풍부하게 부존되어 있는 요소를 집약적으로 사용하는 재화에 비교우위를 갖게 되어 그 재화를 수출하고 다른 재화를 수입하게 된다.
② 국제무역은 국가 간에 생산요소의 직접적인 이동이 없이도 국가 간에 요소가격의 균등화를 가져올 수 있다.
③ 어떤 재화의 가격상승은 그 재화를 생산하는 데 집약적으로 사용된 생산요소의 실질가격을 증가시키고 다른 생산요소의 실질가격을 하락시킨다.
④ 어떤 생산요소의 부존량이 증가하게 되면 그 생산요소를 집약적으로 사용하는 재화의 절대생산량은 증가하고 다른 재화의 절대생산량은 감소한다.

출제이슈 립친스키 정리, 요소가격균등화 정리
핵심해설 정답 ④

립친스키 정리에 의하면, 소국경제를 대상으로 하여 생산이 변화하더라도 국제시장가격은 불변이고, 요소상대가격, 요소집약도도 모두 불변인 상황하에서 소규모 개방경제(재화가격이 불변인 상태)에서 어떤 생산요소의 부존량이 증가하면 그 생산요소를 집약적으로 사용하여 생산되는 재화의 생산량은 절대적으로 증가하지만, 그렇지 않은 재화의 생산량은 절대적으로 감소한다.

설문을 검토하면 다음과 같다.

① 헥셔 – 올린 정리에 대한 설명이다.
한 국가는 그 나라에 상대적으로 풍부하게 부존되어 있는 요소를 집약적으로 사용하는 재화에 비교우위를 갖게 되어 그 재화를 수출하고 다른 재화를 수입하게 된다.

② 요소가격균등화 정리에 대한 설명이다.
요소가격균등화 정리에 의하면 무역으로 인한 국가 간 재화의 자유로운 이동으로 인하여 양국의 요소가격은 같아지는데, 양국 간 임금 – 임대료 비율이 같아질 뿐만 아니라 요소의 절대가격도 국가 간 동일해진다. 즉, 국제무역은 국가 간에 생산요소의 직접적인 이동이 없이도 국가 간에 요소가격의 균등화를 가져올 수 있다는 것이다.

③ 스톨퍼 – 사무엘슨 정리에 대한 설명이다.
어떤 재화의 가격상승은 그 재화를 생산하는 데 집약적으로 사용된 생산요소의 실질가격을 증가시키고 다른 생산요소의 실질가격을 하락시킨다.

④ 립친스키 정리에 대한 설명이다.
어떤 생산요소의 부존량이 증가하게 되면 그 생산요소를 집약적으로 사용하는 재화의 절대생산량은 증가하고 다른 재화의 절대생산량은 감소한다.

산업내 무역이론

THEME 01 규모의 경제와 국제무역

1 의의와 배경

1) 배경

비교우위론에 의하면 국가 간에 노동생산성이나 요소부존도에 차이가 있다면 무역은 발생할 수 있다. 이때 무역은 서로 다른 제품들 간의 교역이 이루어지는 것으로서 산업 간 무역이며, 선진국과 후진국의 무역이 좋은 예이다. 그러나 현대의 무역은 선진국 – 후진국 간 무역보다는 선진국 – 선진국 간 무역량이 더 많다. 즉, 이는 서로 다른 제품들보다는 서로 유사한 제품들이지만 조금씩 차별화가 되어 있는 경우에 무역이 쉽게 발생한다는 것이다.

2) 의의

규모의 경제하 무역이론은 제품이 다양화·차별화되어 있는 상황에서 규모의 경제를 가정할 경우, 국가 간에 노동생산성과 요소부존도에 차이가 없더라도 규모의 경제로 인해 무역이 발생할 수 있음을 보여주는 이론이다.

2 모형

1) 제품차별화

① 의의

현실에서는 같은 산업 내의 여러 기업에서 생산되는 제품들이 차별화된 경우가 많은데, 이렇게 같은 종류의 제품이지만 서로 차이가 있는 경우를 제품차별화라고 한다. 대표적으로 다양한 브랜드의 양복, 신발, 자동차 등을 들 수 있다. 이러한 제품차별화는 사람들이 다양성을 선호하기 때문에 발생하게 되며 제품차별화로 인해서 각 기업들은 자기 제품에 대해 어느 정도 독점력을 갖게 된다.

② 한계

그러나 제품차별화는 한계가 있다. 왜냐하면 단일제품만 생산되면 규모의 경제 효과에 따라서 가격이 낮아지지만, 여러 제품을 생산하면 규모의 경제 효과를 누릴 수 없어서 가격이 상승하는 문제가 있기 때문이다.

2) 규모의 경제

① 국가 간 특정 제품에만 특화하여 교역하는 경우
규모의 경제 효과에 의해서 가격경쟁력을 갖게 되고 교역이 가능하다.

② 국가 간 다양한 제품들을 서로 생산하여 교역하는 경우
규모의 경제 효과는 얻을 수 없으나 제품차별화에 따른 다양성 이득은 얻으며 교역 가능하다.

③ 국가 간 적절한 수의 다양한 제품에 특화하여 교역하는 경우
규모의 경제 효과와 제품차별화의 이득을 동시에 얻을 수 있다. 이때는 국가 간에 기술체계 및 선호체계가 동일하더라도 무역이 발생할 수 있다.

필수예제

동종 산업 내에서 수출과 수입이 동시에 나타나는 무역을 산업 내 무역(intra – industry trade)이라고 한다. 이러한 형태의 무역이 발생하는 원인으로 옳은 것만을 모두 고르면? ▸ 2021년 국가직 7급

| ㄱ. 비교우위 | ㄴ. 규모의 경제 |
| ㄷ. 제품차별화 | ㄹ. 상이한 부존자원 |

① ㄱ, ㄴ   ② ㄱ, ㄷ   ③ ㄴ, ㄷ

④ ㄴ, ㄹ   ⑤ ㄷ, ㄹ

출제이슈 산업 내 무역이론
핵심해설 정답 ③

비교우위론에 의하면 국가 간에 노동생산성, 요소부존도에 차이가 있다면 무역은 발생한다. 그러한 무역은 서로 다른 제품들 간의 교역이 이루어지는 것으로서 산업 간 무역이며, 선진국과 후진국의 무역이 좋은 예이다. 그러나 현대의 무역은 선진국 – 후진국 간 무역보다는 선진국 – 선진국 간 무역량이 더 많다. 즉, 이는 서로 다른 제품들보다는 서로 유사한 제품들이지만 조금씩 차별화가 되어 있는 경우에 일어난다.

규모의 경제하에서 제품이 다양화, 차별화되어 있는 상황의 경우 국가 간에 노동생산성과 요소부존도에 차이가 없더라도 무역이 발생하는데 이를 분석하면 다음과 같다.

국가 간 특정 제품에만 특화하여 교역하는 경우 규모의 경제 효과에 의해서 가격경쟁력을 갖게 되고 교역이 가능하다. 그러나 다양성에 대한 충족은 불가능하게 된다. 반대로 국가 간 다양한 제품들을 서로 생산하여 교역하는 경우 규모의 경제 효과는 얻을 수 없으나 제품차별화에 따른 다양성 이득은 얻으며 교역 가능하다. 만일 국가 간 적절한 수의 다양한 제품에 특화하여 교역하는 경우 규모의 경제 효과와 제품차별화의 이득을 동시에 얻을 수 있다. 이는 국가 간에 기술체계 및 선호체계가 동일하더라도 무역이 발생할 수 있음을 보여주는 것이다.

특히 제품차별화와 규모의 경제가 존재하는 독점적 경쟁시장에서 무역으로 인하여 시장규모가 확대되는 경우 규모의 경제가 작동하여 가격은 하락하고, 시장 확대로 진입기업이 늘어나게 되어 더욱 제품의 다양성을 높여서 소비자 후생을 증진시킨다.

THEME 02 불완전경쟁과 국제무역

1 의의와 배경

1) 배경

리카도 및 헥셔 – 올린 모형에서는 규모에 대한 보수 불변과 경쟁적 시장구조를 가정한다. 그러나 현실에서 산업 내 무역을 설명하는 규모의 경제의 무역이론이 등장하면서 역시 이와 관련하여 독점적 경쟁 형태의 경쟁구조를 논의할 필요성이 있다.

2) 의의

불완전경쟁하 무역이론은 제품차별화 및 규모의 경제가 존재하는 독점적 경쟁시장에서 무역으로 인하여 시장규모가 확대되는 경우 규모의 경제가 작동하여 가격은 하락하고, 시장 확대로 진입기업이 늘어나게 되어 더욱 제품의 다양성을 높여서 소비자 후생을 증진시킬 수 있음을 보여주는 이론이다.

2 기업의 수와 가격 모형

1) 규모의 경제 효과

독점적 경쟁시장에서 장기에 기업의 진입과 탈퇴가 자유롭다고 하자. 이때 시장의 크기가 주어진 경우 진입하는 기업이 많아지면 개별기업의 생산량은 감소하게 된다. 생산량의 감소로 인하여 규모의 경제 효과를 누릴 수 없게 된다. 따라서 생산비가 상승하게 되어 높은 가격 책정이 불가피하다. 정리하면 진입기업이 많아지면 가격이 상승하게 된다.

2) 독점적 경쟁 효과

독점적 경쟁시장에서 장기에 기업의 진입과 탈퇴는 자유롭다. 시장의 크기가 주어진 경우 진입하는 기업이 많아지면 경쟁이 극심하여 낮은 가격의 책정이 불가피하다. 따라서 진입기업이 많아지면 가격이 하락한다.

3) 무역의 발생 및 효과

제품차별화에 따른 다양성의 이득하에서 규모의 경제 효과에 의하여 무역이 발생할 수 있으며 무역의 발생은 시장규모의 확대를 가져온다. 시장규모가 확대되면 진입기업의 수가 많아지고, 그에 따라 가격은 하락한다. 즉, 진입기업의 수가 많아지더라도 이는 무역에 따른 시장규모의 확대로 커버되고, 그로 인해 규모의 경제 효과가 작동하여 낮은 가격 책정이 가능해지는 것이다. 결국 무역은 규모의 경제 실현을 가능케 하고 제품의 다양성을 높여 소비자 후생을 높일 수 있다.

🗐 필수예제

A국과 B국의 독점적 경쟁시장에서 생산되는 자동차를 고려하자. 두 국가 간 자동차 무역에 대한 다음 설명 중 옳은 것은?

▶ 2016년 공인회계사

가. 무역은 자동차 가격의 하락과 다양성의 감소를 초래한다.
나. 산업 내 무역(intra-industry trade)의 형태로 나타난다.
다. A국과 B국의 비교우위에 차이가 없어도 두 국가 간 무역이 일어난다.
라. 각국의 생산자잉여를 증가시키지만, 소비자잉여를 감소시킨다.

① 가, 나   ② 가, 다   ③ 나, 다
④ 나, 라   ⑤ 다, 라

출제이슈 산업 내 무역이론
핵심해설 정답 ③

비교우위론에 의하면 국가 간에 노동생산성, 요소부존도에 차이가 있다면 무역은 발생한다. 그러한 무역은 서로 다른 제품들 간의 교역이 이루어지는 것으로서 산업 간 무역이며, 선진국과 후진국의 무역이 좋은 예이다. 그러나 현대의 무역은 선진국 – 후진국 간 무역보다는 선진국 – 선진국 간 무역량이 더 많다. 즉, 이는 서로 다른 제품들보다는 서로 유사한 제품들이지만 조금씩 차별화가 되어 있는 경우에 일어난다. 이를 산업 내 무역이라고 한다. 특히 규모의 경제하에서 제품이 다양화, 차별화되어 있는 상황의 경우 국가 간 노동생산성과 요소부존도에 차이가 없더라도 무역이 발생하는데 이를 분석하면 다음과 같다.

국가 간 특정 제품에만 특화하여 교역하는 경우 규모의 경제 효과에 의해서 가격경쟁력을 갖게 되고 교역이 가능하다. 그러나 다양성에 대한 충족은 불가능하게 된다. 반대로 국가 간 다양한 제품들을 서로 생산하여 교역하는 경우 규모의 경제 효과는 얻을 수 없으나 제품차별화에 따른 다양성 이득은 얻으며 교역이 가능하다. 만일 국가 간에 적절한 수의 다양한 제품에 특화하여 교역하는 경우 규모의 경제 효과와 제품차별화의 이득을 동시에 얻을 수 있다. 이는 국가 간에 기술체계 및 선호체계가 동일하더라도 규모의 경제하에서 제품이 다양화, 차별화되어 있는 상황에서 무역이 발생할 수 있음을 나타낸다.

특히 제품차별화가 존재하는 독점적 경쟁시장에서 무역으로 인하여 시장규모가 확대되는 경우 규모의 경제가 작동하여 가격은 하락하고, 시장 확대로 진입기업이 늘어나게 되어 더욱 제품의 다양성을 높여서 소비자 후생을 증진시킬 수 있다.

위의 내용에 따라서 설문을 검토하면 다음과 같다.

가. 틀린 내용이다.

제품차별화가 존재하는 독점적 경쟁시장에서 무역으로 인하여 시장규모가 확대되는 경우 규모의 경제가 작동하여 가격은 하락하고, 시장 확대로 진입기업이 늘어나게 되어 더욱 제품의 다양성을 높여서 소비자 후생을 증진시킬 수 있다.

나, 다. 모두 옳은 내용이다.

비교우위론에 의하면 국가 간에 노동생산성, 요소부존도에 차이가 있다면 무역은 발생한다. 그러한 무역은 서로 다른 제품들 간의 교역이 이루어지는 것으로서 산업 간 무역이며, 선진국과 후진국의 무역이 좋은 예이다. 그러나 현대의 무역은 선진국 – 후진국 간 무역보다는 선진국 – 선진국 간 무역량이 더 많다. 즉, 이는 서로 다른 제품들보다는 서로 유사한 제품들이지만 조금씩 차별화가 되어 있는 경우에 일어난다. 이를 산업 내 무역이라고 한다. 이러한 산업 내 무역은 제품차별화가 존재하는 독점적 경쟁시장에서 규모의 경제 이득을 얻고 제품의 다양성을 높이기 위하여 발생할 수 있다. 이는 비교우위에 차이가 없더라도 발생할 수 있다는 점에서 기존의 비교우위론과 차별화된다.

라. 틀린 내용이다.

제품차별화가 존재하는 독점적 경쟁시장에서 무역으로 인하여 시장규모가 확대되는 경우 규모의 경제가 작동하여 가격은 하락하고, 시장 확대로 진입기업이 늘어나게 되어 더욱 제품의 다양성을 높여서 소비자 후생을 증진시킬 수 있다.

THEME 03 대표수요와 국제무역

1 의의와 배경

1) 배경

리카도 및 헥셔 – 올린의 비교우위 무역이론은 노동생산성 및 요소부존의 차이를 강조한다. 그리고 규모의 경제 및 불완전경쟁 무역이론은 노동생산성 및 요소부존에 따른 비교우위가 없더라도 규모의 경제와 불완전경쟁에 의한 낮은 가격 및 다양한 제품차별화에 대한 소비자 욕구를 만족시켜 산업 내 무역이 발생할 수 있음을 설명하고 있다. 이와 같이 기존의 무역이론은 모두 공급 측·생산 측에서 무역의 발생원인을 찾고 있었다. 이에 대해 1961년 린더는 공급 측면이 아닌 수요 측면에서 무역의 발생원인을 규명하였다.

2) 의의

린더의 대표수요이론은 국가가 비교우위를 갖기 위해서는 자국 내에서 대표수요가 있어야 하며, 그 대표수요가 무역을 발생시킨다는 이론으로서 수요 측면에서 무역의 발생원인을 찾고 있다.

2 모형

1) 대표수요(representative demand)

무역에 있어서 일국의 수출이란 국내시장수요의 연장이라고 할 수 있다. 어떤 재화가 국제시장에 진출하려면 그에 앞서서 국내시장에서 탄탄한 기반이 있어야 한다. 대표수요란 어떤 상품이 수출되기 전 국내시장에서 대규모 수요를 가지고 있는 경우 그러한 수요를 의미한다.

2) 대표수요의 효과

대표수요가 있을 경우, 즉 국내시장에서 국내수요가 매우 크다면 생산규모를 쉽게 확대시킬 수 있을 것이다. 확대된 생산규모에 의하여 규모의 경제 효과를 누릴 수 있게 되어서 생산비용이 낮아지므로 결국 비교우위를 갖게 되는 것이다.

3) 대표수요와 산업 내 무역

① 산업 내 무역

어떤 상품에 대한 국내수요가 없으면 수출할 수 없으며 마찬가지로 국내수요가 없기 때문에 수입하지노 않는다. 이러한 국내수요, 즉 소비패턴을 결정함에 있어서는 국민소득이 매우 중요하다. 국민소득수준이 비슷한 국가들은 소비패턴도 유사하다고 할 수 있다. 따라서 선진국 간에는 비슷한 소득수준과 유사한 소비패턴으로 인하여 비슷한 산업이 존재할 수밖에 없고 그 산업 내에서 무역이 발생하게 된다. 즉, 선진국 간 산업 내 무역은 대표수요가 존재하는 경우 그 산업 내에서 발생한다.

② 산업 내 무역의 측정

산업 내 무역의 정도는 수출액과 수입액의 합이 클수록, 그 둘의 차이가 작을수록 크다고 할 수 있다. 예를 들어 특정 산업 내에서 수출액과 수입액이 비슷할수록 산업 내 무역의 정도가 심화되었고 그 두 액수의 합이 클수록 역시 산업 내 무역의 정도가 심화되었다고 할 수 있다.

THEME 04 기술과 국제무역

1 기술격차이론 : 포스너

1) 논의의 배경

리카도의 비교우위론은 생산성의 차이에 주목하는데 결국 이는 주어진 기술의 차이이며 일국이 한번 비교우위가 있으면 계속 지속되는 정태적 과정이라고 가정한다. 그러나 기술격차이론에서는 국가 간 기술의 격차는 일시적이며 이는 시간이 흘러감에 따라서 발명과 혁신이라는 과정을 거쳐서 변할 수 있는 동태적 과정으로 보고 있다.

2) 의의와 특징

기술격차이론에 의하면 국가 간 기술격차가 무역을 발생시킨다. 새로운 상품을 개발하고 생산하는 기술혁신국가는 해당 상품에서 다른 나라들보다 기술우위를 가지기 때문에 그 제품을 수출할 수 있다. 그러나 기술혁신국가의 기술적 우위는 일정한 시차를 두고 다른 국가들이 모방할 때까지만 유지될 수 있으며, 이후 모방이 되면 우위는 사라진다. 만일 기술혁신국가가 다시 새로운 기술에 따른 상품을 개발하면 기술우위는 기존의 구제품에서 다른 신제품으로 이동하면서 지속적으로 나타날 수 있다.

2 제품수명주기이론 : 버논

1) 논의의 배경

기술격차이론은 기술갭 혹은 기술격차가 시간이 지남에 따라 변화하는 과정에서 최초 기술혁신국가의 기술우위가 다른 국가의 모방 이후에는 유지될 수 없는지를 설명하지 못한다는 단점이 있다. 예를 들어 과거 텔레비전 생산에서 첨단을 달리던 미국의 Zenith 텔레비전의 비교우위는 왜 계속 지속되지 못하고 상실되었는가에 대하여 기술격차이론은 명쾌한 해답을 주지 못한다는 한계가 있다.

2) 의의와 특징

① 제품의 라이프사이클

제품수명주기이론에 의하면 기술이 집약되어 탄생한 제품은 인생과 비슷하게 수명주기를 깆는다. 제품은 제품의 신생개발단계 – 성숙단계 – 표준화단계의 3단계 라이프사이클을 갖는다.

제품의 수명주기에 따라서 비교우위 보유국이 달라지게 되는데 신생개발단계에서는 기술보유국이, 성숙단계에서는 자본보유국이, 표준화단계에서는 노동보유국이 비교우위를 가지게 된다.

② 신생개발단계

신생개발단계에서는 고도의 기술을 가진 고급노동력에 의해서 소규모로 생산되어 높은 소득의 소비자들을 상대로 판매된다. 이 제품을 개발한 기술의 선진국만 수출이 가능하다.

③ 성숙단계

성숙단계에서는 시장수요가 커지면서 생산도 증가하고 다른 국가들도 점차 개발하게 되어 세계시장에서 최초개발선진국과 다른 국가들 간 경쟁이 심화된다. 이때는 기술보다는 점차 자본이 중요해진다.

④ 표준화단계

표준화단계에서는 제품기술이 표준화되어 대량생산이 가능해지면서 대량소비가 이뤄진다. 제품생산은 주로 임금이 저렴한 개발도상국에서 이루어지고 원래 제품개발 선진국에서는 생산을 중단하고 오히려 개도국으로부터 수입하게 된다.

무역정책론

무역정책

1 의의

무역정책은 경제정책의 한 범주로서 한 국가의 정부가 특정 경제목표를 달성하기 위해 민간부문이 외국과 행하는 경제적 거래, 특히 무역거래에 인위적으로 개입하는 경제적 조치를 말한다. 많은 경제정책은 직간접적으로 대외거래에 영향을 주지만, 특히 무역정책은 직접적으로 무역거래에 영향을 준다.

2 성격

1) 종합적 경제정책

무역정책은 무역거래에 인위적으로 개입하는 경제적 정책으로서 그 대상이 무역거래에 국한되어 있지만, 그 효과는 국민경제 전반에 미치기 때문에 종합적 경제정책으로서의 성격을 갖는다.

2) 대외적 파급효과

무역정책은 다른 경제정책에 비하여 대외거래에 직접적으로 영향을 주기 때문에 교역상대국에 직접적으로 미치는 효과가 매우 크다. 자국이 적극적으로 수출장려정책을 시행하게 되면, 교역상대국은 산업활동이 위축되고 국제수지가 악화된다.

3) 교역상대국의 반응의 고려

무역정책은 교역상대국에 대한 파급효과가 직접적이고 크기 때문에 반드시 무역정책의 수립 및 집행과정에서 교역상대국의 반응을 고려해야 한다. 무역정책의 효과는 무역상대국이 어떻게 반응하느냐에 따라 달라진다.

3 목표

무역정책도 경제정책의 하나이기 때문에 타경제정책의 목표와 크게 다르지 않다. 따라서 무역정책도 타경제정책과 마찬가지로 자원의 효율적 배분, 소득의 공평한 분배, 경기변동완화(물가안정, 완전고용), 경제성장 등을 목표로 한다. 특히 구체적으로 무역정책은 국제수지개선이나 교역조건개선 그리고 국내산업보호(유치산업·사양산업의 보호)를 위해서 사용된다.

4 수단

무역정책의 수단이란 수출과 수입을 촉진하거나 억제하는 다양한 정책수단을 의미한다. 무역정책의 수단으로는 관세와 기타 비관세로 나눌 수 있다. 관세정책은 수입재에 대해 관세를 부과하여 국내판매가격을 통제하고 수입량을 조절하는 정책이며 비관세정책은 관세 이외의 수단을 통해 무역에 개입하는 정책으로서 대표적으로 수입쿼터(수입수량할당제), 수출자율규제, 수출보조금 등을 들 수 있다.

THEME 02 관세

1 의의와 종류

1) 의의

관세(tariff, duty)를 광의의 의미로 정의할 때는 국경을 넘나드는 재화에 대하여 부과되는 조세로서 수입품에 부과되는 수입관세와 수출품에 부과되는 수출관세를 모두 포함하는 개념이다. 현실에서 수출관세를 부과하는 국가는 거의 없기 때문에 일반적으로 관세라고 하면 수입관세를 의미한다. 수입관세 혹은 관세란 수입업자가 외국제품을 국내로 반입하는 것을 정부가 허용하는 것에 대한 대가로 부과하는 세금이다.

2) 부과형태에 따른 종류

① 종량세(specific tax)

수입물품의 수량을 과표로 하여 관세를 부과하는 것을 종량관세라고 한다. 예를 들면 수입품 1단위에 10만 원의 종량관세를 부과하는 경우 수입품의 가격에 관계없이 단위당 10만 원의 세금이 부과된다.

② 종가세(ad valorem tax)

수입물품의 가격을 과표로 하여 관세를 부과하는 것을 종가관세라고 한다. 예를 들면 수입품에 10%의 종가관세를 부과하는 경우 수입품의 가격이 100만 원이면 10만 원의 세금이 부과되고, 수입품의 가격이 200만 원이면 20만 원의 세금이 부과된다.

2 관세의 경제적 효과 : 소국, 부분균형분석

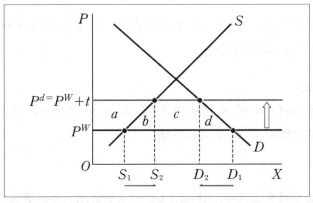

그림 3-1

1) 모형의 가정

분석대상이 되는 국가는 소국으로서 국제시장가격에 영향을 미치지 못하고 국제시장에서 결정된 가격을 수용한다. 그리고 분석대상이 되는 재화는 오로지 수입재만 고려함으로써 전형적인 부분균형분석의 성격을 가진다.

2) 관세부과의 효과

① 관세부과 전 상황

현재 국제시장가격은 P^W이며 이 가격수준에서 해외로부터 수입재가 무한대로 공급되고 있다. 이때 수입재의 국제가격뿐만 아니라 국내가격 모두 P^W이다. P^W 수준에서 수입재의 국내생산량은 S_1이 되고 국내소비량은 D_1이 된다.

② 관세부과 후 상황

ⅰ) 가격

이제 국가가 수입재 한 단위에 대하여 t만큼의 종량관세를 부과한다고 하자. 그러면 수입재의 국내가격 P^d는 관세부과 전 가격 P^W에서 $P^W + t$로 상승한다. 수입재의 국제가격은 여전히 P^W 수준이지만, 관세로 인해 국내가격 P^d와 괴리가 생긴다.

ⅱ) 생산과 소비

국내생산과 국내소비는 국제가격이 아니라 국내가격에 근거하여 의사결정이 이루어지기 때문에 국내가격 $P^W + t$를 고려하면, 수입재의 국내생산량은 S_2, 국내소비량은 D_2가 된다.

③ 관세부과 전후 비교

ⅰ) 가격

국제가격은 P^W로서 관세부과 전후 동일하지만, 국내가격은 관세부과 전 P^W에서 관세부과 후 $P^W + t$로 상승한다.

ⅱ) 생산과 소비

국내생산은 관세부과 전 S_1에서 관세부과 후 S_2로 증가한다. 국내소비는 관세부과 전 D_1에서 관세부과 후 D_2로 감소한다.

ⅲ) 후생

관세부과로 인하여 소비자잉여는 $a + b + c + d$만큼 감소하는 반면, 생산자잉여는 a만큼 증가하고 정부의 관세수입도 c만큼 증가한다. 따라서 소비자잉여, 생산자잉여, 정부관세

수입을 모두 고려한 사회후생의 변화는 $\Delta CS + \Delta PS + \Delta T$이므로 $-(a+b+c+d)+a+c$ 가 되어 $-(b+d)$이다. 이때, $-b$는 생산왜곡손실로서 자원을 비효율적인 수입대체재 부문에 배분하여 생산하기 때문에 발생한 손실이다. 그리고 $-d$는 소비왜곡손실로서 높은 가격으로 수입재를 소비하기 때문에 발생한 손실이다.

3 관세의 경제적 효과 : 대국, 부분균형분석

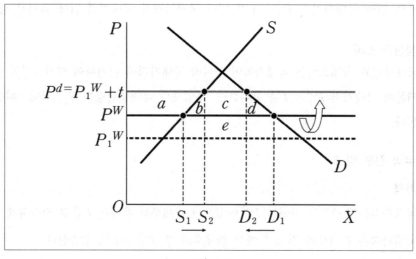

그림 3-2

1) 모형의 가정

분석대상이 되는 국가는 대국으로서 관세부과를 통해 국제시장가격에 영향을 미칠 수 있다. 그리고 분석대상이 되는 재화는 오로지 수입재만 고려함으로써 전형적인 부분균형분석의 성격을 가진다.

2) 관세부과의 효과

① 관세부과 전 상황

현재 국제시장가격은 P^W이며 이 가격수준에서 해외로부터 수입재가 무한대로 공급되고 있다. 이때 수입재의 국제가격뿐만 아니라 국내가격 모두 P^W이다. P^W 수준에서 수입재의 국내생산량은 S_1이 되고 국내소비량은 D_1이 된다.

② 관세부과 후 상황

ⅰ) 가격

이제 국가가 수입재 한 단위에 대하여 t 만큼의 종량관세를 부과한다고 하자. 그러면 관세부과로 인해서 수입이 감소하며, 이는 국제시장에서의 수요의 감소로 나타나 국제시장가격을 P^W 에서 P_1^W 로 하락시키게 된다. 한편 수입재의 국내시장가격 P^d 는 P^W 에서 관세부과 후 $P_1^W + t$ 로 상승한다. 수입재의 국제가격은 P^W 보다 낮은 P_1^W 수준이며, 관세로 인한 국내가격은 $P_1^W + t$ 가 되어 국제가격과 국내가격 간에 괴리가 생긴다.

ⅱ) 생산과 소비

국내생산과 국내소비는 국제가격이 아니라 국내가격에 근거하여 의사결정이 이루어지기 때문에 국내가격 $P_1^W + t$ 를 고려하면, 수입재의 국내생산량은 S_2, 국내소비량은 D_2 가 된다.

③ 관세부과 전후 비교

ⅰ) 가격

국제가격은 관세부과 전에는 P^W 이었으나 관세부과 후에는 P_1^W 로 하락하게 된다. 한편 국내가격은 관세부과 전 P^W 에서 관세부과 후 $P_1^W + t$ 로 상승한다.

ⅱ) 생산과 소비

국내생산은 관세부과 전 S_1 에서 관세부과 후 S_2 로 증가한다. 국내소비는 관세부과 전 D_1 에서 관세부과 후 D_2 로 감소한다.

ⅲ) 후생

관세부과로 인하여 소비자잉여는 $a + b + c + d$ 만큼 감소하는 반면, 생산자잉여는 a 만큼 증가하고 정부의 관세수입도 $c + e$ 만큼 증가한다. 따라서 소비자잉여, 생산자잉여, 정부 관세수입을 모두 고려한 사회후생의 변화는 $\Delta CS + \Delta PS + \Delta T$ 이므로 $-(a + b + c + d) + a + (c + e)$ 가 되어 $e - (b + d)$ 이다. 이때, $-b$ 는 생산왜곡손실로서 자원을 비효율적인 수입대체재 부문에 배분하여 생산하기 때문에 발생한 손실이다. $-d$ 는 소비왜곡손실로서 높은 가격으로 수입재를 소비하기 때문에 발생한 손실이다. 그리고 e 는 교역조건이득으로서 수입재 가격이 하락하여 교역조건이 개선되면서 발생한 이득이다.

3) 메츨러의 역설

대국에서 관세를 부과하면, 수입재의 국제시장가격은 하락한다. 이때 국내가격은 하락한 국제시장가격에 관세를 더한 값으로서 관세부과 전 국내가격보다 상승하는 것이 일반적이다. 그러나 관세부과 후에 수입재의 국제시장가격이 매우 큰 폭으로 하락하는 경우 그 하락한 국제가격에 관세를 더한 값인 관세부과 후 국내가격이 관세부과 전보다 하락할 수 있다.

이러한 경우에는 수입재에 관세를 부과하더라도 수입재의 국내가격이 오히려 하락하기 때문에 관세를 통해서는 국내수입대체재 부문을 보호할 수 없게 되는데 이를 메츨러의 역설이라고 한다. 메츨러의 역설은 대국의 수요가 국제시장에서 차지하는 비중이 매우 크고, 외국의 생산과 소비가 비탄력적이어서 수요감소가 가격을 크게 하락시킬 때 발생할 수 있으나 현실에서 드물다.

4 관세와 수출세의 대칭성

소국모형에서 관세는 수입재의 국내가격을 상승시키지만, 수출세는 수출재의 국내가격을 하락시키므로 국내상대가격에 미치는 효과는 동일하다.

5 실효보호율

1) 논의배경

관세부과의 목적은 수입재의 국내가격을 인상시켜서 국내 생산자를 보호하는 것이다. 일반적으로 관세율이 높을수록 수입재의 국내가격을 많이 인상시켜 국내 산업에 대한 보호정도가 크다고 할 수 있다. 그러나 대국의 경우, 관세부과가 수입재의 국제가격을 하락시키므로 국내가격 인상의 정도는 관세율에 비하여 낮을 수 있다. 또한 관세부과로 인해 국내가격이 상승하더라도 사실상 국내 사업자의 보호 정도는 가격상승이 아니라 부가가치의 증가로 측정하는 것이 더 적합할 수 있다. 따라서 국내 산업이 보호되는 정도를 측정함에 있어서 획일적인 명목관세율만을 사용하는 것은 적합하지 않다.

2) 의의

① 명목보호율

명목보호율은 관세에 의하여 관세부과 후 국내가격이 관세부과 전 국제가격(국내가격)보다 얼마나 상승하는지를 나타내는 지표로서 그 산식은 다음과 같다.

$$\text{명목보호율} = \frac{\text{관세부과 후 국내가격} - \text{관세부과 전 국제가격(국내가격)}}{\text{관세부과 전 국제가격(국내가격)}}$$

② 실효보호율

국내 산업이 관세에 의하여 어느 정도로 실질적으로 보호되는가는 관세부과에 의한 국내가격 상승보다는 그 산업의 부가가치가 얼마나 증가하였는가와 관련이 있다. 실효보호율은 관세에 의하여 관세부과 후 부가가치가 관세부과 전 부가가치보다 얼마나 상승하는지를 나타내는 지표로서 그 산식은 다음과 같다. 실효보호율은 부가가치를 이용하기 때문에 최종재와 중간재의 관세율을 모두 고려하고 있다.

$$실효보호율 = \frac{관세부과 \ 후 \ 부가가치 - 관세부과 \ 전 \ 부가가치}{관세부과 \ 전 \ 부가가치}$$

3) 계산

구분	자유무역 가격	첫 번째 경우		두 번째 경우		세 번째 경우	
		관세율	가격 부가가치	관세율	가격 부가가치	관세율	가격 부가가치
최종재	100	20%	120	20%	120	20%	120
중간재	60	없음	60	20%	72	40%	84
부가가치	40		60		48		36
명목보호율			$\frac{120-100}{100}$ $=20\%$		$\frac{120-100}{100}$ $=20\%$		$\frac{120-100}{100}$ $=20\%$
실효보호율			$\frac{60-40}{40}$ $=50\%$		$\frac{48-40}{40}$ $=20\%$		$\frac{36-40}{40}$ $=-10\%$

4) 경사관세(tariff – escalation)

① 최종재에 대하여 높은 관세를 부과

앞의 계산사례에서 최종재에 대하여 관세를 부과하게 되면 관세부과 전 최종재 가격은 100이었으나 관세부과 후 최종재 가격은 120으로 상승한다. 관세에 의한 최종재 가격상승의 정도를 보면, 최종재에 높은 관세를 부과할수록 관세부과 후 최종재 가격은 보다 높이 상승할 것이다.

② 원자재에 대하여 무관세 또는 낮은 관세를 부과

앞의 계산사례에서 중간재에 대하여 관세를 부과하게 되면 관세부과 전 중간재 가격은 60이었으나 관세부과 후 중간재 가격은 관세율에 따라서 각각 60, 72, 84로 상승한다. 관세에 의한 중간재 가격상승의 정도를 보면, 중간재에 높은 관세를 부과할수록 관세부과 후 중간재 가격이 보다 높이 상승할 것이다.

③ 경사관세

관세부과에 의하여 해당 산업의 부가가치가 크게 증가하도록 만들기 위해서는 관세부과가 최종재 가격은 높이고, 중간재 가격은 낮추어야 한다. 즉 최종재 가격이 높을수록 그리고 중간재 가격이 낮을수록 부가가치가 크다. 이를 위해서는 최종재에 높은 관세를 매기고 중간재에 무관세 혹은 낮은 관세를 부과해야 한다. 이런 경우에 관세부과에 의하여 부가가치가 커져서 실효보호율이 커지게 되는데 이러한 관세부과를 경사관세(tariff – escalation)라고 한다.

6 관세부과와 오퍼곡선

교역조건이 일정할 때 관세를 부과하게 되면 교역량이 감소한다. 특히 대국에서 관세를 부과하면 오퍼곡선이 축소이동하면서 무역균형이 기존의 A점에서 B점으로 바뀌게 된다. 이에 따라 기존의 교역조건이 변화하여 새로운 교역조건을 구할 수 있다. 소국과 달리 대국에서는 관세를 부과하면 수입재의 국제시장가격이 하락하기 때문에 관세부과로 인하여 교역조건이 개선될 수 있다.

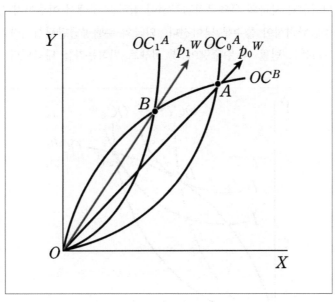

그림 3-3

7 최적관세

1) 무역무차별곡선

수출량과 수입량, 교역조건에 따라 동일한 후생수준을 가져오는 교역량(수출량과 수입량)의 조합을 무역무차별곡선이라고 한다. 이는 생산가능곡선과 사회무차별곡선을 통해서 도출할 수 있다.

2) 무역무차별곡선과 보복관세

관세부과 이전의 무역무차별곡선은 자유무역하 수출량과 수입량의 조합을 통과한다. 한편 관세부과 이후의 무역무차별곡선은 관세부과 후 변화된 수출량과 수입량의 조합을 통과한다. 관세부과로 인해 교역조건이 개선됨에 따라서 무역무차별곡선은 좌상방으로 이동하고 사회후생은 증가한다. 그러나 보복관세가 있을 경우 다시 교역조건이 악화되고 교역량이 감소하여 무역무차별곡선이 우하방으로 이동하여 후생수준이 감소할 수 있다.

3) 무역무차별곡선과 최적관세

관세율이 너무 높아지게 되면 교역조건은 개선되더라도 관세로 인한 왜곡이 너무 심해지고, 교역량이 급격히 감소하게 되어 오히려 후생수준이 감소하게 된다. 따라서 자국의 후생수준을 극대화시킬 수 있는 최적의 관세율을 찾아서 그만큼만 관세를 부과할 필요가 있다. 이러한 최적관세는 외국의 오퍼곡선과 자국의 무역무차별곡선이 접하는 곳에서 이루어지며, 이때 최적관세율은 외국의 수출공급탄력성이 클수록 낮아진다. 외국의 수출공급탄력성이란 수출상품의 국제가격(상대가격)이 1퍼센트 변할 때 수출량이 몇 퍼센트 변하는가를 나타낸다.

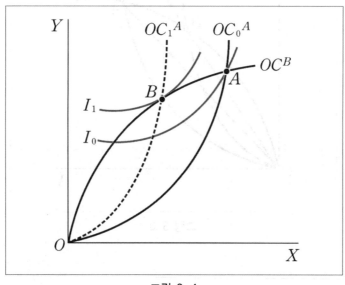

그림 3-4

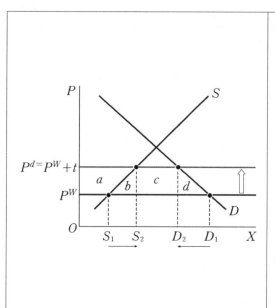

필수예제

소규모 개방경제에서 수입소비재 A 재에 관세를 부과할 때, 이 시장에 나타날 경제적 효과에 관한 설명으로 옳은 것은? (단, 국내 수요곡선은 우하향, 국내 공급곡선은 우상향하며, A 의 국제가격은 교역 이전의 국내가격보다 낮다.)

▶ 2013년 감정평가사

① 국내 소비자의 잉여는 증가한다.
② 국내 생산자의 잉여는 감소한다.
③ 국내 소비는 감소한다.
④ 국내 생산자의 생산량은 감소한다.
⑤ 국내의 사회적 총잉여는 증가한다.

출제이슈 관세의 효과
핵심해설 정답 ③

관세의 효과는 다음과 같다.

① 국제시장가격 : P^W 동일

② 국내시장가격
  : P^W 에서 $P^W + t$ 로 상승

③ 국내생산량
  : S_1 에서 S_2 로 증가

④ 국내소비량
  : D_1 에서 D_2 로 감소

⑤ 소비자잉여 변화 ΔCS
  : $a+b+c+d$ 만큼 감소

⑥ 생산자잉여 변화 ΔPS
  : a 만큼 증가

⑦ 자중손실 : $-(b+d)$

위의 내용에 따라서 설문을 검토하면 다음과 같다.

① 틀린 내용이다.
  위의 그래프에서 국내 소비자의 잉여는 $a+b+c+d$ 만큼 감소한다.

② 틀린 내용이다.
  위의 그래프에서 국내 생산자의 잉여는 a 만큼 증가한다.

③ 옳은 내용이다.

위의 그래프에서 국내 소비는 D_1 에서 D_2 로 감소한다.

④ 틀린 내용이다.

위의 그래프에서 국내 생산자의 생산량은 S_1 에서 S_2 로 증가한다.

⑤ 틀린 내용이다.

위의 그래프에서 국내의 사회적 총잉여는 자중손실의 크기 $(b+d)$ 만큼 감소한다.

소국인 A국은 쌀 시장이 전면 개방되었으나 국내 생산자를 보호하기 위해 관세를 부과하기로 하였다. 관세부과의 경제적 효과로 옳지 않은 것은? (단, 국내수요곡선은 우하향하고 국내공급곡선은 우상향하며, 부분균형분석을 가정한다.)

▶ 2021년 국가직 7급

① 국내소비량은 감소하며, 수요가 가격탄력적일수록 감소 효과가 커진다.
② 국내생산과 생산자잉여가 증가한다.
③ 사회후생의 손실이 발생한다.
④ 수입의 감소로 국제가격이 하락하므로 국내가격은 단위당 관세보다 더 적게 상승한다.
⑤ 소국이 아니라 대국인 경우에는 관세로 인하여 국내가격이 관세부과 전보다 오히려 하락할 수도 있다.

출제이슈 관세의 효과
핵심해설 정답 ④

관세의 효과는 다음과 같다.

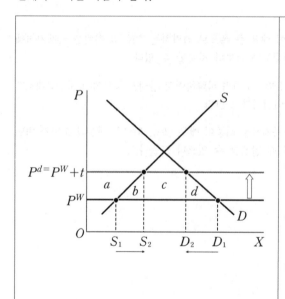

① 국제시장가격 : P^W 동일

② 국내시장가격
  : P^W에서 $P^W + t$로 상승

③ 국내생산량
  : S_1에서 S_2로 증가

④ 국내소비량
  : D_1에서 D_2로 감소

⑤ 소비자잉여 변화 ΔCS
  : $a + b + c + d$만큼 감소

⑥ 생산자잉여 변화 ΔPS
  : a만큼 증가

⑦ 자중손실 : $-(b + d)$

위의 내용에 따라서 설문을 검토하면 다음과 같다.

① 옳은 내용이다.

관세의 부과로 인하여 국내가격이 상승함에 따라서 국내소비량이 감소하고 소비자잉여가 감소한다. 특히 수요가 가격탄력적일수록 가격상승에 따라서 탄력적으로 소비를 줄이기 때문에 소비량의 감소 효과가 더 커진다.

② 옳은 내용이다.

관세의 부과로 인하여 국내가격이 상승함에 따라서 국내생산량이 증가하고 생산자잉여가 증가한다.

③ 옳은 내용이다.

위의 그래프에서 보는 바와 같이 관세의 부과로 인하여 소비자잉여가 감소하고 생산자잉여는 증가하며 정부의 관세수입이 증가하지만, 사회후생의 손실이 $-(b+d)$만큼 발생한다.

④ 틀린 내용이다.

여기서 상정하고 있는 모형은 소국모형인바 관세부과로 인하여 수입이 감소하더라도 국제가격에 영향을 주지 못한다. 따라서 국제가격은 불변이므로 관세부과로 인한 국내가격은 최초의 국제가격 수준보다 단위당 관세만큼 상승한 금액이 된다.

⑤ 옳은 내용이다.

소국이 아니라 대국에서 관세부과 시 발생할 수 있는 메츨러의 역설은 다음과 같다.

ⅰ) 대국에서 관세를 부과하면, 수입재의 국제시장가격은 하락한다.

ⅱ) 이때 대국에서 국내가격은 하락한 국제시장가격에 관세를 더한 값으로서 관세부과 전 국내가격보다 상승하는 것이 일반적이다.

ⅲ) 그러나 관세부과 후에 수입재의 국제시장가격이 매우 큰 폭으로 하락하는 경우 그 하락한 국제가격에 관세를 더한 값인 관세부과 후 국내가격이 관세부과 전보다 하락할 수 있다.

ⅳ) 수입재에 관세를 부과하더라도 수입재의 국내가격이 오히려 하락하여서 관세를 통하여 국내수입대체재 부문을 보호할 수 없게 된다. 이를 메츨러의 역설이라고 한다.

ⅴ) 메츨러의 역설은 대국의 수요가 국제시장에서 차지하는 비중이 매우 크고, 외국의 생산과 소비가 비탄력적이어서 수요감소가 가격을 크게 하락시킬 때 발생할 수 있으나 드물다.

어느 소국개방경제(small open economy)가 특정재화의 수입에 대해 단위당 일정액의 관세를 부과하였을 때 그 효과에 대한 분석으로 옳지 않은 것은? (단, 이 재화의 국내 수요곡선은 우하향하고 국내 공급곡선은 우상향한다.)

▶ 2012년 국가직 7급

① 국내시장가격은 국제가격보다 관세액과 동일한 금액만큼 상승한다.
② 사회적 순후생손실(net welfare loss)은 국내 소비량의 감소나 생산량의 증가와 무관하다.
③ 생산자잉여는 증가하고 소비자잉여는 감소한다.
④ 총잉여는 관세부과 이전보다 감소한다.

출제이슈 관세의 효과
핵심해설 정답 ②

먼저 관세의 효과는 다음과 같다.

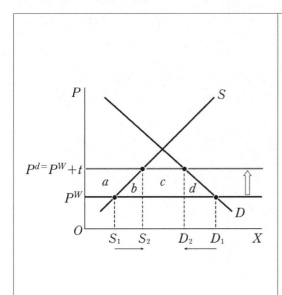

① 국제시장가격 : P^W 동일

② 국내시장가격
: P^W에서 $P^W + t$로 상승

③ 국내생산량
: S_1에서 S_2로 증가

④ 국내소비량
: D_1에서 D_2로 감소

⑤ 소비자잉여 변화 ΔCS
: $a + b + c + d$ 만큼 감소

⑥ 생산자잉여 변화 ΔPS
: a 만큼 증가

⑦ 자중손실 : $-(b+d)$

위의 내용에 따라서 설문을 검토하면 다음과 같다.

① 옳은 내용이다.
국내시장가격은 관세액과 동일한 금액만큼 상승하여 국제가격보다 높아진다.

② 틀린 내용이다.
사회적 순후생손실(net welfare loss)은 관세부과로 인한 국내 소비량의 감소나 생산량의 증가에 의한 소비자잉여 및 생산자잉여의 변화에 영향을 받는다.

③ 옳은 내용이다.

관세부과로 인하여 수입재의 국내가격이 상승하고 국내생산이 증가하므로 생산자잉여는 증가하지만, 반대로 소비자잉여는 감소한다.

④ 옳은 내용이다.

수입관세를 부과하는 경우, 생산자잉여는 "증가"하고, 소비자잉여는 "감소"하며, 사회총잉여는 "감소"한다. 사회총잉여의 감소를 관세부과로 인한 자중손실 혹은 경제적 순손실이라고 하며 이는 생산 측면 왜곡손실과 소비 측면의 왜곡손실을 반영하고 있다.

K 국에서 농산물의 국내 수요곡선은 $Q_d = 100 - P$, 국내 공급곡선은 $Q_s = P$ 이고, 농산물의 국제가격은 20이다. 만약 K 국 정부가 국내 생산자를 보호하기 위해 단위당 10의 관세를 부과한다면 국내 생산자잉여의 변화량과 사회적 후생손실은?

▶ 2017년 국회직 8급

	국내 생산자잉여 변화량	사회적 후생손실
①	250 증가	500
②	250 증가	100
③	250 감소	500
④	250 감소	100
⑤	450 증가	100

출제이슈 관세의 효과
핵심해설 정답 ②

설문에서 주어진 정보를 이용하여 현재 관세가 부과된 상황을 묘사하면 다음과 같다.

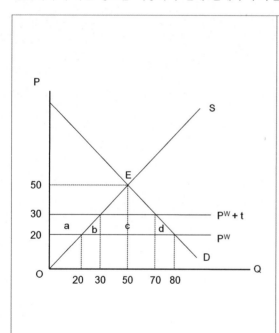

① 국제시장가격 : 20

② 국내시장가격
　: 20에서 30으로 상승

③ 국내생산량
　: 20에서 30으로 증가

④ 국내소비량
　: 80에서 70으로 감소

⑤ 소비자잉여 변화 ΔCS
　: $a+b+c+d$ 만큼 감소

⑥ 생산자잉여 변화 ΔPS
　: a 만큼 증가

⑦ 자중손실 : $-(b+d)$

1) 소비자잉여 변화

$$\Delta CS \ : \ a+b+c+d = \frac{(80+70)\times 10}{2} = 750만큼 \ 소비자잉여는 \ 감소한다.$$

2) 생산자잉여 변화

$$\Delta PS \ : \ a = \frac{(30+20)\times 10}{2} = 250만큼 \ 생산자잉여는 \ 증가한다.$$

3) 정부관세수입

$$\Delta T \ : \ c = (70-30)\times 10 = 400만큼 \ 증가한다.$$

4) 자중손실

$$\Delta SW = DWL \ : \ (b+d) = \frac{10\times 10}{2} + \frac{10\times 10}{2} = 100만큼 \ 사회후생은 \ 감소한다.$$

보호무역을 옹호하는 주장의 근거가 아닌 것은? ▶ 2023년 감정평가사

① 자유무역으로 분업이 강력하게 진행되면 국가 안전에 대한 우려가 발생할 수 있다.
② 관세를 부과하면 경제적 순손실(deadweight loss)이 발생한다.
③ 환경오염도피처가 된 거래상대국으로부터 유해한 물질이 자유무역으로 인해 수입될 가능성이 높다.
④ 정부가 신생 산업을 선진국으로부터 보호해서 육성해야 한다.
⑤ 자유무역은 국내 미숙련근로자의 임금에 부정적 영향을 줄 수 있다.

출제이슈 보호무역의 근거와 관세의 효과
핵심해설 정답 ②

관세를 부과하면 아래와 같이 경제적 순손실이 발생한다. 경제적 순손실의 발생은 해당 국가의 사회후생을 감소시키기 때문에 관세부과를 통한 보호무역을 옹호하는 근거로 타당하지 않다.

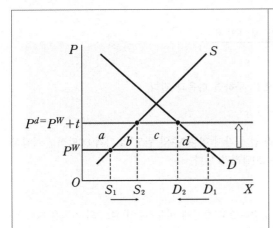

① 국제시장가격 : P^W 동일
② 국내시장가격
  : P^W에서 $P^W + t$로 상승
③ 국내생산량
  : S_1에서 S_2로 증가
④ 국내소비량
  : D_1에서 D_2로 감소
⑤ 소비자잉여 변화 ΔCS
  : $a + b + c + d$ 만큼 감소
⑥ 생산자잉여 변화 ΔPS
  : a 만큼 증가
⑦ 자중손실 : $-(b+d)$

관세의 부과로 인하여 소비자잉여가 감소하고 생산자 잉여는 증가하며 정부의 관세수입이 증가하지만, 사회후생의 손실이 $-(b+d)$ 만큼 발생한다. 따라서 선지 ②는 관세를 통한 보호무역의 근거가 될 수 없다. 선지 ②를 제외한 나머지는 보호무역을 옹호하는 근거가 될 수 있다.

> 자유무역 시 A국의 국내 생산자는 80달러의 수입 원모를 투입하여 생산한 옷을 국내시장에서 한 벌당 100달러에 판매하고 있다. 만약 A국이 수입 옷 한 벌당 10%의 명목관세를 부과하는 정책으로 전환한다면, A국의 국내시장 옷 가격은 100달러에서 110달러로 상승하여 A국의 국내 생산자의 옷 한 벌당 부가가치는 20달러에서 30달러로 증가한다. 이때 A국 국내 생산자의 부가가치 변화율로 바라본 실효보호관세율(effective rate of protection)은?
>
> ▶ 2016년 지방직 7급
>
> ① 40%   ② 50%
>
> ③ 60%   ④ 70%

출제이슈 실효보호율
핵심해설 정답 ②

실효보호율이란 국내의 수입대체산업이 관세에 의하여 얼마나 보호되는지의 정도를 측정하는 지표로서, 관세에 의하여 관세부과 후 부가가치가 관세부과 전 부가가치보다 얼마나 상승하는지를 나타낸다. 실효보호율의 산식은 다음과 같다.

$$실효보호율 = \frac{관세부과 \ 후 \ 부가가치 - 관세부과 \ 전 \ 부가가치}{관세부과 \ 전 \ 부가가치}$$

설문에서 주어진 자료를 위의 식에 대입하여 실효보호율을 구하면 다음과 같다.

1) 관세부과 전의 부가가치

관세부과 전 최종재 "옷"의 가격 100달러에서 관세부과 전 중간재 비용 "수입 원모"의 가격 80달러를 차감하여 구할 수 있다. 따라서 관세부과 전의 부가가치는 20달러가 된다.

2) 관세부과 후의 부가가치

관세부과로 인하여 최종재 "옷"의 가격은 110달러로 상승하였고 중간재 비용 "수입 원모"의 가격은 80달러로 불변이다. 따라서 관세부과 후의 부가가치는 110달러에서 80달러를 차감한 30달러가 된다.

3) 실효보호율

$$실효보호율 = \frac{관세부과 \ 후 \ 부가가치 - 관세부과 \ 전 \ 부가가치}{관세부과 \ 전 \ 부가가치} = \frac{30 - 20}{20} = 50(\%)$$

THEME 03 수입쿼터

1 의의

수입쿼터 혹은 수량할당은 수입물량을 제한하여 국내수입을 억제하여 국내산업을 보호하고자 하는 비관세정책이다. WTO 체제 하에서는 수량할당을 동일한 효과를 갖는 관세로 전환하도록 하고 있다.

2 수입쿼터의 경제적 효과 : 소국, 부분균형분석

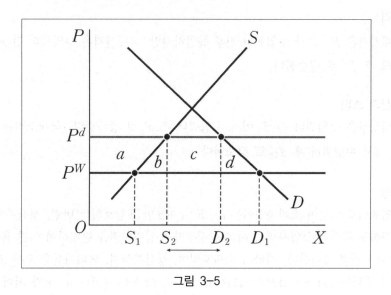

그림 3-5

1) 수입쿼터의 경제적 효과

① 수입쿼터 전 상황

현재 국제시장가격은 P^W이며 이 가격수준에서 해외로부터 수입재가 무한대로 공급되고 있다. 이때 수입재의 국제가격뿐만 아니라 국내가격 모두 P^W이다. P^W 수준에서 수입재의 국내생산량은 S_1이 되고 국내소비량은 D_1이 된다.

② 수입쿼터 후 상황

ⅰ) 가격

이제 국가가 $S_2 D_2$만큼의 수입쿼터를 할당하여 실시한다고 하자. 그러면 수입재의 국내가격 P^d는 수입쿼터 전 가격 P^W에서 P^d로 상승한다. 가격이 오르는 이유는 수입쿼터 전 가격인 P^W 수준에서는 $S_1 S_2 + D_2 D_1$ 만큼의 초과수요가 발생하기 때문이다. 수입재의 국제가격은 여전히 P^W 수준이지만, 수입쿼터로 인한 초과수요가 국내가격을 상승시켜서 국내가격 P^d 와 국제가격 간 괴리가 생긴다.

ⅱ) 생산과 소비

국내생산과 국내소비는 국제가격이 아니라 국내가격에 근거하여 의사결정이 이루어지기 때문에 국내가격 P^d 를 고려하면, 수입재의 국내생산량은 S_2, 국내소비량은 D_2 가 된다.

③ 수입쿼터 전후 비교

ⅰ) 가격

국제가격은 P^W 로서 수입쿼터 전후 동일하지만, 국내가격은 수입쿼터 전 P^W 에서 수입쿼터 후 P^d 로 상승한다.

ⅱ) 생산과 소비

국내생산은 수입쿼터 전 S_1 에서 수입쿼터 후 S_2 로 증가한다. 국내소비는 수입쿼터 전 D_1 에서 수입쿼터 후 D_2 로 감소한다.

ⅲ) 후생

수입쿼터로 인하여 소비자잉여는 $a + b + c + d$ 만큼 감소하는 반면, 생산자잉여는 a 만큼 증가하고 특히 수입업자의 면허이득(정부가 수입면허권을 판매하여 이를 흡수할 수도 있다)이 c 만큼 증가한다. 따라서 소비자잉여, 생산자잉여, 면허이득을 모두 고려한 사회후생의 변화는 $\Delta CS + \Delta PS + \Delta R$ 이므로 $-(a + b + c + d) + a + c$ 가 되어 $-(b + d)$ 이다. 이때, $-b$ 는 생산왜곡손실로서 자원을 비효율적인 수입대체재 부문에 배분하여 생산하기 때문에 발생한 손실이다. 그리고 $-d$ 는 소비왜곡손실로서 높은 가격으로 수입재를 소비하기 때문에 발생한 손실이다.

2) 관세와 수입쿼터의 차이점 비교

① 규제대상

관세는 수입가격에 대한 규제이지만, 수입쿼터는 수입물량에 대한 규제이다. 이러한 차이로 인해서 수입재에 대한 수요가 증가할 경우 그 효과가 상이하게 된다. 관세정책의 경우 국내가격이 일정하므로 수요증가분은 수입량이 늘어남으로써 충당된다. 따라서 국내생산은 증가하지 않고 수입이 증가한다. 그러나 수입쿼터의 경우 수요가 증가하더라도 수입물량은 제한되어 있으므로 국내가격이 상승하게 된다. 따라서 국내생산이 증가하고 수입은 불변이다.

② 가격상승폭

관세는 가격상승폭을 쉽게 알 수 있지만, 수입쿼터는 가격상승폭을 예측하기 어렵다. 따라서 관세는 보호의 정도를 측정할 수 있지만, 수입쿼터는 보호의 정도를 측정하기 어렵다.

③ 규제의 효과

관세는 수입규제효과가 불확실하지만, 수입쿼터는 수입량을 확실하게 제한한다. 수입재에 대한 수요와 공급의 탄력성을 알지 못하는 경우 관세부과 시 가격이 오르더라도 수입량이 정확히 얼마만큼 제한될 것인가를 알기는 어렵다. 만일 관세부과 후 외국의 수출업자들이 수출가격을 인하해버릴 경우에는 수입감소폭이 작아지고, 국내가격 인상 효과가 작아지게 되어 수입규제의 효과가 작아질 수 있다.

④ 규제이득의 귀속

관세는 정부가 관세수입을 갖지만, 수입쿼터는 수입업자의 이득이 된다. 따라서 수입쿼터의 면허에 대한 배분문제가 생겨난다. 면허를 받은 수입업자는 수입가격과 국내가격의 차익을 얻기 때문에 누구에게 면허를 배분할 것인가가 중요하지만 쉽지 않다.

🗂 필수예제

어느 나라가 kg당 10달러에 땅콩을 수입하며, 세계 가격에는 영향을 미칠 수 없다고 가정한다. 이 나라의 땅콩에 대한 수요곡선과 공급곡선은 각각 $Q_d = 4,000 - 100P$ 및 $Q_s = 500 + 50P$로 표현된다. 수입을 500kg으로 제한하는 수입할당제를 시행할 때, 새로운 시장가격과 이때 발생하는 할당지대는? (단, Q_d는 수요량, Q_s는 공급량, P는 가격이다.)

▶ 2016년 국가직 7급

① 20달러, 4,000달러   ② 15달러, 4,000달러

③ 20달러, 5,000달러   ④ 15달러, 5,000달러

출제이슈 관세와 수입쿼터
핵심해설 정답 ③

설문에서 주어진 정보를 이용하여 현재 시장상황을 묘사하면 다음의 그래프와 같다.

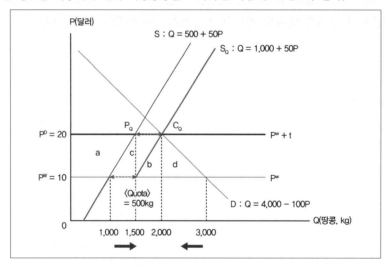

① 국제시장가격 : $P^W = 10$ 동일

② 국내시장가격 : $P^W = P^D = 10$에서 $P^D = 20$으로 상승

③ 국내생산량 : $S_1 = 1,000$에서 $S_2 = 1,500$으로 증가

④ 국내소비량 : $D_1 = 3,000$에서 $D_2 = 2,000$으로 감소

⑤ 해외수입량 : $D_1 - S_1 = 2,000$에서 $D_2 - S_2 = 500$으로 감소

⑥ 소비자잉여 : $a + b + c + d = 12,500 + 5,000 + \dfrac{1,500 \times 10}{2} = 25,000$만큼 감소

⑦ 생산자잉여 : $a = \dfrac{2,500 \times 10}{2} = 12,500$만큼 증가

⑧ 수입업자 이득 : $c = 500 \times 10 = 5,000$만큼 증가

따라서 국내시장가격은 20달러이고, 수입업자의 이득인 할당지대는 5,000달러가 된다.

THEME 04 수출자율규제

1 의의

수출자율규제란 수출국이 자발적으로 수출량을 일정 수준으로 제한하는 정책을 말한다. 이는 대부분 수입국의 요청에 의해 이루어진다는 점에서 자발적인 수출규제라고 보기는 어려우며, 수입국의 영향력이 커서 수출국이 수입국의 요청을 묵살하기 어려울 때 나타난다.

2 수출자율규제의 경제적 효과 : 소국, 부분균형분석

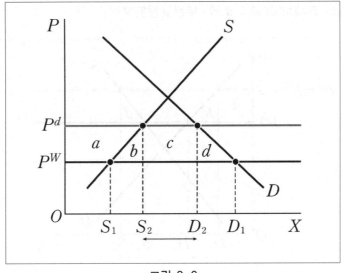

그림 3-6

수출자율규제는 수량제한이 수출국에 의해서, 수출물량에 대해 이루어진다는 점을 제외하고는 본질적으로 그 경제적 효과는 수입쿼터와 동일하다. $S_2 D_2$ 만큼만 수출이 될 수 있도록 수출국에서 자발적으로 규제를 한다고 하자. 그러면 수입국에서는 P^W 에서 $S_1 S_2 + D_2 D_1$ 만큼의 초과수요가 발생하기 때문에 국내가격이 P^W 에서 P^d 로 상승한다. 이 과정에서 소비자잉여는 감소하고 생산자잉여는 증가하게 된다. 특히 수입쿼터에서는 수입업자의 면허이득이 c 만큼 증가하지만, 수출자율규제에서는 수출업자의 이득이 된다. 즉, 관세나 수입쿼터와 달리 c 만큼이 외국으로 유출된다.

3 수출자율규제의 이유

수입쿼터로 무역을 규제할 경우에는 국제기구로부터 제재가 있으나 수출자율규제는 수입국이 무역규제를 하는 것이 아니기 때문에 제재를 피할 수 있다. 수출국 입장에서도 수출자율규제를 통해 발생할 수 있는 초과이득을 가져갈 수 있으므로 수입국의 제안을 받아들일 수 있다.

THEME 05 수출보조금

1 의의

수출보조금(export subsidy)이란 수출을 촉진시키기 위하여 정부가 수출에 대하여 보조금을 지급하는 제도이다. 수출보조금은 기업들에게 국내판매보다는 수출을 하도록 유도하는 제도로서 수출입은행을 통한 저리융자, 수출업자를 위한 홍보비 지원, 조세감면 등도 포함된다. 극단적으로 국내가격이 외국가격보다 비싼 경우에는 수출할 수 없지만 만일 수출보조금을 받게 되면 수출이 가능해진다.

2 수출보조금의 경제적 효과 : 소국, 부분균형분석

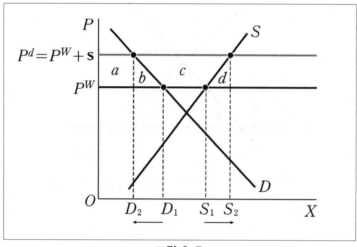

그림 3-7

1) 모형의 가정

분석대상이 되는 국가는 소국으로서 국제시장가격에 영향을 미치지 못하고 국제시장에서 결정된 가격을 수용한다. 그리고 분석대상이 되는 재화는 오로지 수입재만 고려함으로써 전형적인 부분균형분석의 성격을 가진다.

2) 수출보조금 지급의 효과

① 수출보조금 지급 전 상황

현재 국제시장가격은 P^W이며 이 가격수준에서 해외로 수출가능하다. 이때 수출재의 국제가격뿐만 아니라 국내가격 모두 P^W이다. P^W 수준에서 수출재의 국내생산량은 S_1이 되고 국내소비량은 D_1이 된다. 그 차이인 D_1S_1만큼을 수출하고 있다.

② 수출보조금 지급 후 상황

ⅰ) 가격

이제 국가가 수출재 1단위에 대하여 s 만큼의 보조금을 지급한다고 하자. 그러면 수출재의 국제가격은 여전히 P^W 수준이지만 수출기업이 사실상 직면하는 수출재의 가격은 $P^W + s$ 가 되어 이것이 바로 국내가격수준이 된다. 즉, 수출가격은 국내가격에서 s 만큼 뺀 가격이 되며, 국내가격은 국제시장가격보다 s 만큼 높아지는 것이다.

ⅱ) 생산과 소비

국내생산과 국내소비는 국제가격이 아니라 국내가격에 근거하여 의사결정이 이루어지기 때문에 국내가격 $P^W + s$ 를 고려하면, 수출재의 국내생산량은 S_2, 국내소비량은 D_2 가 된다.

③ 수출보조금 지급 전후 비교

ⅰ) 가격

국제가격은 P^W 로서 수출보조금 지급 전후 동일하지만, 국내가격은 수출보조금 지급 전 P^W 에서 수출보조금 지급 후 $P^W + s$ 로 상승한다.

ⅱ) 생산과 소비

국내생산은 수출보조금 지급 전 S_1 에서 수출보조금 지급 후 S_2 로 증가한다. 국내소비는 수출보조금 지급 전 D_1 에서 수출보조금 지급 후 D_2 로 감소한다. 국내가격이 높아지므로 국내생산이 증가하고 국내소비는 감소하여 수출은 $D_1 S_1$ 에서 $D_2 S_2$ 로 증가한다.

ⅲ) 후생

수출보조금 지급으로 인하여 생산자잉여는 $a+b+c$ 만큼 증가하는 반면, 소비자잉여는 $a+b$ 만큼 감소하고 정부의 수출보조금 지출액도 $b+c+d$ 만큼 증가한다. 따라서 소비자잉여, 생산자잉여, 수출보조금 지출을 모두 고려한 사회후생의 변화는 $\Delta CS + \Delta PS + \Delta S$ 이므로 $(a+b+c) - (a+b) - (b+c+d) = -(b+d)$ 가 된다. 이때, $-b$ 는 소비왜곡손실로서 높은 가격으로 수출재를 소비하기 때문에 발생한 손실이다. 그리고 $-d$ 는 생산왜곡손실로서 자원을 비효율적인 수출재 부문에 배분하여 생산하기 때문에 발생한 손실이다.

3 대국의 수출보조금

1) 가격

대국에서 수출보조금이 지급될 경우, 수출보조금으로 인해서 수출공급량이 늘어나고 이로 인해 수출재의 가격이 하락하게 된다. 이는 대국에서 관세가 부과될 경우 관세로 인하여 수입량이 감소하고 수입재의 가격이 하락하는 것과 대비된다.

2) 사회순손실

수출보조금에 따라 수출재가격이 하락하게 되므로 교역조건은 악화된다. 소비와 생산 측면의 왜곡과 함께 교역조건의 악화까지 겹치게 되므로 사회순손실은 더욱 악화된다. 관세의 경우 수입재가격의 하락으로 인하여 교역조건이 개선되어 사회순손실 악화를 어느 정도 막는 역할을 했으나 수출보조금의 경우에는 교역조건이 악화되어 사회순손실을 더욱 악화시키는 것이다.

4 수출보조금과 상계관세

수출보조금은 자국의 수출을 늘리기 위한 수단으로서 관세부과와 마찬가지로 자유무역을 훼손하는 조치의 성격을 갖는다. 따라서 수입국은 수출보조금에 의한 낮은 수출가격을 정상가격으로 회복시키기 위하여 상계관세로서 보복할 수도 있다.

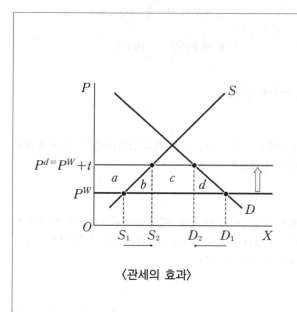

필수예제

소규모 개방 경제 모형에서 수입관세 부과와 수출보조금 지원의 무역정책 효과에 관한 설명으로 옳지 않은 것은? (단, 수요곡선은 우하향, 공급곡선은 우상향한다.) ▶ 2017년 보험계리사

① 수입관세 부과는 국내 생산량을 증가시킨다.
② 수입관세 부과와 수출보조금 지원 모두 국내 생산자잉여를 증가시킨다.
③ 수입관세 부과와 수출보조금 지원 모두 국내 소비자잉여를 감소시킨다.
④ 수입관세 부과와 수출보조금 지원 모두 정부수입을 증가시킨다.

출제이슈 관세와 수출보조금
핵심해설 정답 ④

소국 개방 경제에서 관세부과와 수출보조금 지원의 효과는 각각 다음과 같다.

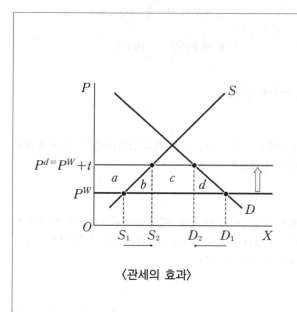

〈관세의 효과〉

① 국제시장가격 : P^W 동일

② 국내시장가격
  : P^W에서 $P^W + t$로 상승

③ 국내생산량
  : S_1에서 S_2로 증가

④ 국내소비량
  : D_1에서 D_2로 감소

⑤ 소비자잉여 변화 ΔCS
  : $a + b + c + d$만큼 감소

⑥ 생산자잉여 변화 ΔPS
  : a만큼 증가

⑦ 자중손실 : $-(b+d)$

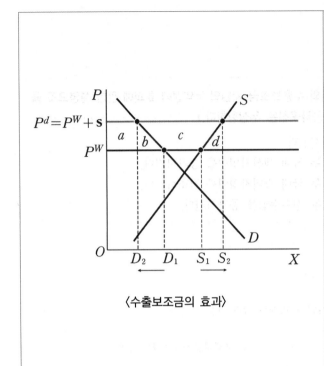

① 국제시장가격 : P^W 동일

② 국내시장가격
  : P^W에서 $P^W + s$로 상승

③ 국내생산량
  : S_1에서 S_2로 증가

④ 국내소비량
  : D_1에서 D_2로 감소

⑤ 소비자잉여 변화 ΔCS
  : $a+b$만큼 감소

⑥ 생산자잉여 변화 ΔPS
  : $a+b+c$만큼 증가

⑦ 정부의 보조금 지출 : $b+c+d$

⑧ 자중손실 : $-(b+d)$

〈수출보조금의 효과〉

위의 그래프 분석 내용에 따라서 설문을 검토하면 다음과 같다.

① 옳은 내용이다.
  수입관세 부과는 국내가격을 상승시켜서 국내 생산량을 증가시킨다. 이는 위의 그래프에서 수입관세 부과 이후에 국내생산량이 S_1에서 S_2로 증가하는 것에서 확인할 수 있다.

② 옳은 내용이다.
  수입관세 부과와 수출보조금 지원 모두 국내가격을 상승시키고 국내 생산량을 증가시키기 때문에 국내 생산자잉여가 증가한다. 이는 위의 첫 번째 그래프에서 생산자잉여가 a만큼 증가하고, 위의 두 번째 그래프에서 생산자잉여가 $a+b+c$만큼 증가하는 것에서 확인할 수 있다.

③ 옳은 내용이다.
  수입관세 부과와 수출보조금 지원 모두 국내가격을 상승시키고 국내 소비를 감소시키기 때문에 국내 소비자잉여는 감소한다. 이는 위의 첫 번째 그래프에서 소비자잉여가 $a+b+c+d$만큼 감소하고, 위의 두 번째 그래프에서 소비자잉여가 $a+b$만큼 감소하는 것에서 확인할 수 있다.

④ 틀린 내용이다.
  수입관세 부과는 정부세금 수입의 증가를 가져오지만, 수출보조금 지원은 정부지출을 증가시킨다. 이는 위의 첫 번째 그래프에서 정부관세수입이 c만큼 증가하고, 위의 두 번째 그래프에서 정부보조금지출이 $b+c+d$만큼 증가하는 것에서 확인할 수 있다.

지역경제통합과 글로벌리즘

THEME 01 지역경제통합 : 지역주의

1 자유무역의 확대

자유무역을 확대하기 위해서는 지역주의와 다자주의에 의한 방법이 활용되고 있다. 먼저 지역주의는 몇몇 국가 간에 상호 협의를 통해 서로 간에 자유무역을 확대하는 것으로서 경제통합이라고도한다. 그리고 다자주의는 WTO와 같은 국제기구를 통해 다자간 협정으로 무역장벽을 완화하는 것으로서 국제기구에 의한 무역확대방식이다.

2 지역주의와 다자주의

1) 지역경제통합과 GATT

지역경제통합은 역내 무역자유화 성격을 지님과 동시에 역외에 대하여 보호무역주의 성격을 가지고 있다. 따라서 엄격한 의미로 보면, 지역경제통합은 무차별원칙을 위배한 것이다. 그럼에도불구하고 GATT는 지역경제통합이 역내 자유무역 단계를 거쳐서 궁극적으로 세계 무역의 자유화에 도움이 된다는 이유로 예외적으로 인정하였다. 다자간 협정에 비해 지역경제통합은 지리적으로 인접해 있고 이해관계가 비슷한 소수의 국가들인 경우가 많아서 실현가능성이 크며, 이런 협정이 점차 세계적으로 파급될 경우 전 세계적인 자유무역의 달성에도 기여할 것이라는 논리이다.

2) 지역주의와 다자주의의 병행적 진행

WTO 체제의 다자주의 질서 속에서도 지역무역협정의 체결은 지속적으로 확산되고 있다. WTO와 같은 국제기구를 통한 범세계적인 무역자유화 노력은 각국의 이해관계가 복잡하게 얽혀 있어서 합의 도달과 준수가 쉽지 않을 뿐만 아니라 지역적인 특성을 반영하지 못한다는 한계가 있다. 이에 따라 범세계적인 무역자유화와 더불어 지역적으로 자유무역을 지향하는 지역경제통합의 움직임이 활발하다.

3 경제통합의 의의

경제통합(economic integration)은 경제적으로 상호의존성이 높은 국가들이 동맹을 결성하고 역외국에 대해서는 기존의 관세 및 비관세장벽을 유지하면서 동맹국 상호간 재화 및 생산요소의 자유로운 이동을 도모하는 경제협력체라고 할 수 있다. 대표적으로 EU(유럽연합), NAFTA(북미자유무역협정), ASEAN(동남아시아 국가연합) 등을 들 수 있다.

4 경제통합의 유형

지역경제통합은 통합된 가맹국 간의 무역장벽철폐를 원칙으로 하며, 가맹국 간의 밀착 정도에 따라서 다음과 같이 분류된다.

1) 자유무역지역(free trade area)

가맹국 간에는 관세를 완전히 철폐하고, 역외국가에 대해서는 가맹국이 개별적으로 관세를 부과한다. 대표적으로 NAFTA(북미자유무역협정)를 들 수 있다.

2) 관세동맹(customs union)

가맹국 간에는 관세를 완전히 철폐하고, 역외국가에 대해서 공동관세를 부과한다. 대표적으로 과거 1957년 로마조약에 의한 EEC(유럽경제공동체)를 들 수 있다.

3) 공동시장(common market)

가맹국 간에는 관세를 완전히 철폐하고, 역외국가에 대해서 공동관세를 부과하며 가맹국 간에 생산요소의 자유로운 이동을 허용한다. 대표적으로 1992년 결성된 EU(유럽연합)를 들 수 있다.

4) 경제동맹(economic union)

가맹국 간에는 관세를 완전히 철폐하고, 역외국가에 대해서 공동관세를 부과하며 가맹국 간에 생산요소의 자유로운 이동을 허용할 뿐만 아니라 정책협조도 이루어진다. 가맹국 간 상호협조 하에 재정 또는 통화정책을 실시할 수 있다. 대표적으로 1999년 공동화폐로서 유로통화를 사용하게 된 EU(유럽연합)를 들 수 있다.

5 경제통합의 효과

1) 무역창출효과(trade creation)

관세동맹 이전에는 가맹국 사이에 없었던 무역기회가 관세동맹 이후에 생겨나게 된다. 고비용국의 생산자로부터 저비용국의 생산자에게로 생산기회가 이동하면서 자원을 보다 효율적으로 이용할 수 있게 되는데 이를 무역창출효과라고 한다.

2) 무역전환효과(trade diversion)

관세동맹 이전에는 저비용 비가맹국으로부터 수입해오던 것을 관세동맹 이후에 고비용 가맹국으로 전환하여 수입하는 경우 비효율이 발생할 수 있다. 저비용국의 생산자로부터 고비용국의 생산자에게로 수입기회가 전환되면서 자원의 효율적 배분에 역행하게 되는데 이를 무역전환효과라고 한다.

3) 경제통합의 효과

무역창출효과와 무역전환효과를 모두 고려하게 되면 가맹국의 후생수준이 경제통합으로 인하여 반드시 증가하는 것은 아니며 오히려 감소할 수도 있음을 알 수 있다.

4) 경제통합의 동태적 효과

경제통합에 따라서 시장이 확대되고 규모의 경제 효과가 나타나며 시장개방으로 인해 기업 간 경쟁을 촉진하여 효율이 증진될 수도 있는데 이를 동태적 효과라고 한다.

필수예제

다음은 경제통합 형태에 대한 내용이다. 자유무역지역(free trade area), 관세동맹(customs union), 공동시장(common market)의 개념을 바르게 연결한 것은?

▶ 2017년 국가직 7급

(가) 가맹국 간에는 상품에 대한 관세를 철폐하고, 역외 국가의 수입품에 대해서는 가맹국이 개별적으로 관세를 부과한다.

(나) 가맹국 간에는 상품뿐만 아니라 노동, 자원과 같은 생산요소의 자유로운 이동이 보장되며, 역외 국가의 수입품에 대해서는 공동관세를 부과한다.

(다) 가맹국 간에는 상품의 자유로운 이동이 보장되지만, 역외 국가의 수입품에 대해서는 공동관세를 부과한다.

	(가)	(나)	(다)
①	자유무역지역	관세동맹	공동시장
②	자유무역지역	공동시장	관세동맹
③	관세동맹	자유무역지역	공동시장
④	관세동맹	공동시장	자유무역지역

출제이슈 경제통합의 유형
핵심해설 정답 ②

지역경제통합은 통합된 가맹국 간의 무역장벽철폐를 원칙으로 하며, 가맹국 간의 밀착 정도에 따라서 다음과 같이 분류할 수 있다.

1) 자유무역지역(free trade area)
가맹국 간에는 관세를 완전히 철폐하되, 역외국가에 대해서는 가맹국이 개별적으로 관세를 부과하는 체제로서 NAFTA(북미자유무역협정)가 대표적인 예이다.

2) 관세동맹(customs union)
가맹국 간에는 관세를 완전히 철폐하되, 역외국가에 대해서 공동관세를 부과하는 체제로서 과거 1957년 로마조약에 의한 EEC(유럽경제공동체)가 대표적인 예이다.

3) 공동시장(common market)
가맹국 간에는 관세를 완전히 철폐하되 역외국가에 대해서 공동관세를 부과하며, 가맹국 간 생산요소의 자유로운 이동을 허용하는 체제로서 EU의 과거형태인 EC와 1992년 결성된 EU(유럽연합)가 대표적인 예이다.

4) 경제동맹(economic union)

가맹국 간에는 관세를 완전히 철폐하되 역외국가에 대해서 공동관세를 부과하며, 가맹국 간 생산요소의 자유로운 이동을 허용할 뿐만 아니라 가맹국 간 상호협조하에 재정, 금융정책을 실시하는 체제로서 1999년 공동화폐 유로통화를 사용하게 된 EU(유럽연합)가 대표적인 예이다.

위의 내용에 따라서 설문을 검토하면 다음과 같다.

(가) 자유무역지역(free trade area)에 대한 설명이다. 가맹국 간에는 관세를 완전히 철폐하되, 역외국가에 대해서는 가맹국이 개별적으로 관세를 부과하는 체제이다.

(나) 공동시장(common market)에 대한 설명이다. 가맹국 간에는 관세를 완전히 철폐하되 역외국가에 대해서 공동관세를 부과하며, 가맹국 간 노동 및 자본, 자원 등 생산요소의 자유로운 이동을 허용하는 체제이다.

(다) 관세동맹(customs union)에 대한 설명이다. 가맹국 간에는 관세를 완전히 철폐하여 가맹국 간 상품의 자유로운 이동은 보장되지만, 역외국가에 대해서 공동관세를 부과하는 체제이다.

THEME 02 GATT와 WTO : 다자주의(글로벌리즘)

1 GATT(관세 및 무역에 관한 일반협정, General Agreement on Tariffs and Trade)

1) 탄생배경 및 역사

1930년대 대공황 이후 세계 각국에서 자국산업보호를 위해서 경쟁적 평가절하, 관세인상 등의 보호무역주의가 팽배하게 되었다. 제2차 세계대전 이후 미국, 영국 등 연합국 측은 전후 세계경제질서의 재편을 모색하게 되었다. 이에 따라 1944년 국제금융 측면의 IMF, 1948년 국제무역 측면의 GATT가 탄생하였고 우리나라는 1967년에 가입하였다. GATT는 관세 및 무역에 관한 일반협정으로서 원래 국제기구가 아닌 협정의 형태로 시작되었으나 그럼에도 사무국 체제를 유지하고 있었다. GATT는 관세인하와 무역장벽의 완화를 위해서 제네바라운드, 케네디라운드, 동경라운드, 우루과이라운드 등 8차례의 다자간 협정을 체결하였다. 제8차 우루과이라운드의 결과로 1995년 WTO(세계무역기구)가 설립되면서 GATT는 공식적으로 해체되었다.

2) 목적

GATT는 관세인하, 수량제한철폐, 비관세장벽 규제 등을 통하여 세계자유무역을 실현하는 것을 목표로 하였다. 아울러 세계무역환경에 있어서 불확실성을 제거하여 세계무역발전의 토대를 형성하고, 회원국들 간 이해관계 침해 방지 및 상호간 원만한 분쟁해결이 주된 목표였다.

3) 기본원칙

① 자유무역원칙(free trade, liberalized trade)
관세는 인하하고 이와 함께 관세 이외의 비관세장벽은 철폐한다는 원칙이다.

② 무차별주의원칙(non – discrimination)
다른 국가와의 개별적인 통상조약의 협상에 있어서 국가 간 차별이 있어서는 안 된다는 원칙으로 최혜국대우 조항(most – favored nation clause)이라고도 한다. 예를 들어 A국이 B국과 통상조약을 체결한 후에, A국이 C국과 통상조약을 체결할 때 A국이 B국보다 유리한 조건을 C국에 제시하였다면, A국은 B국에 대하여서도 C국에 제시했던 동일한 조건을 제시할 의무를 져야 한다.

③ 다자주의(multilateralism)
국제통상의 협상은 개별적·쌍무적 협상이 아니라 다자간 협상을 근간으로 해야 한다는 원칙이다.

4) 성과 및 한계

① 성과

1947년 1차 협상인 제네바라운드 이전에 40% 수준이던 선진국들의 평균관세율이 제8차 협상인 우루과이라운드 종료시점에는 4.3%로 인하되었다. 지속적이고 반복적인 협상을 통하여 대부분의 국가들이 자유무역의 이익을 이해하였고 대공황 이후 관세전쟁의 폐해를 경험하였기 때문에 세율은 지속적으로 낮아졌고 무역과 경제성장은 확대되었다.

② 한계

ⅰ) 비관세장벽

지속적인 협상에 의하여 관세는 인하되었으나 대신 비관세장벽이 높아지게 되었다. 선진국들은 비교우위를 상실한 자국의 사양산업에 대해 적극적인 구조조정을 하기보다는 이들을 보호하기 위해서 각종 비관세 수입규제조치를 취하였다. 다자간 섬유협상, 쌍무적 수출자율규제, 쌍무적 시장질서유지협정 등을 통해서 수입량을 규제하였다. 특히 분쟁이 발생하면, 다자간 협상이 아니라 개별적 협상을 통하여 수출국들인 신흥공업국을 강력히 압박하였다.

ⅱ) 분쟁해결 미흡

GATT는 결정사항에 대하여 강제할 수 있는 강제집행기능, 경찰기능, 사법기능을 갖고 있지 않기 때문에 단순히 체약국가들의 자발적 협조에 의존할 수밖에 없는 한계가 있었다. 체약국가들이 협정을 위반하여 분쟁이 발생하여도 분쟁을 해결할 수 있는 권한이나 기구가 미비하였다.

2 WTO(세계무역기구)

1) 탄생배경 및 역사

1970년대 세계적인 경제불황으로 인해 선진국들은 자국산업을 보호하고 고용을 유지하기 위해서 GATT 협정을 위반하고 각종 비관세장벽을 경쟁적으로 도입하여 GATT 체제를 약화시켰다. 1980년대 미국과 유럽의 대규모 무역수지 적자와 일본의 기록적인 무역수지 흑자에 따라 국가간 무역분쟁이 빈발하였으나 GATT가 천명한 다자간 협상이 아니라 개별적, 쌍무적 협상이 증가하면서 GATT 체제는 더욱 약화되었다. GATT는 그간 자유무역의 확대에 많은 기여를 하였으나 분쟁해결에 무력한 한계가 있으며 새로운 국제무역환경에 따라 새로운 질서를 형성하기 위해 WTO(세계무역기구)를 창설하기로 1994년 우루과이라운드 각료회의에서 합의되었다.

2) 기본원칙

① 무차별원칙

어떤 국가에 특별한 혜택을 주는 것이 아니고 모든 국가를 동등하게 대우(최혜국대우)해야 하며 자국상품과 외국상품 간에 차별을 두어서는 안 된다(내국민대우).

② 예측과 개선

개도국에게 점진적 개방을 허용하는 대신 미리 약정을 통해서 예측가능성을 제고한다.

③ 공정한 경쟁 촉진

각종 비관세장벽 완화를 통하여 공정한 경쟁을 촉진하고, 국가 간 무역분쟁 해결을 위해 적극적으로 중재에 나선다.

3) GATT와 WTO의 차이점

① GATT는 협정이지만, WTO는 국제조직으로서 각 회원국들이 국제기구로 비준하였으므로 법률적 힘과 구속력이 있다.

② GATT는 자유로운 무역을 추구하였으나 WTO는 더욱 자유롭고 공정한 무역을 목표로 하고 있다.

③ GATT는 주로 상품교역의 확대에 초점을 두었으나 WTO는 개방의 대상으로 상품교역 이외에도 서비스교역, 지적재산권 등 새로운 분야를 포괄하고 있다.

④ GATT는 무역분쟁을 해결하기에 강제력, 사법권, 경찰권 등이 미비하여 무력하였으나 WTO는 분쟁해결을 위한 공식적이고 효과적인 절차를 보유하고 있다.

> ※ 물론 여전히 WTO의 심판결과를 준수하지 않은 경우 이를 강제로 집행할 권한은 없다. 그러나 불복국가에 대해서는 상대국가가 보복관세를 부과할 수 있는 권한을 인정하였다. 현재는 불공정무역 제소가 있는 경우 WTO 판결까지 가지 않고 사전에 국가 간 협의로 해결되며, 판결까지 가더라도 대부분 국가들이 이를 받아들이고 있다.

4) DDA(Doha Development Agenda, 도하개발어젠다 협상)

우루과이라운드에 이은 9번째 다자간 무역협상으로서 WTO 출범 이후 최초의 다자간 협상이다. 농산물, 서비스분야, 분쟁해결, 환경, 지식재산권, 개도국 개발문제 등을 주요 협상의제로 하였다. 특히, 협상의 명칭에 개발을 공식적으로 포함함으로써 개도국 경제개발문제가 의제로 등장하였다. 그러나 개도국들은 무역자유화가 선진국에게만 유리할 뿐 개도국의 경제개발에는 무용하다고 주장하였으며 이로 인해 개도국에 대해 특별대우를 해야 한다는 점이 모든 협상분야의 고려사항이 되었다.

02

국제금융이론

Chapter 05 국제수지론

THEME 01 국제수지

1 의의

1) 국제수지

국제수지란 일정 기간 동안에 일국의 거주자와 타국의 거주자들 사이에서 발생한 모든 경제적 거래에 수반되는 자금의 흐름을 의미한다.

2) 국제수지표

국제수지표란 일정 기간 동안에 일국의 거주자와 타국의 거주자들 사이에서 발생한 모든 경제적 거래와 그에 수반되는 자금의 흐름을 체계적으로 분류하고 기록한 표를 말한다.

① 일정한 기간

국제수지표상 국제수지는 저량이 아닌 유량변수로서 1개월, 분기, 1년 등을 단위로 하여 측정된다.

② 일국의 거주자와 여타국의 거주자

국제수지표상 경제적 거래는 국적에 관계없이 국경을 기준으로 한다. 국내에 있는 자국인과 외국에 있는 외국인 간의 거래는 국제수지표에 기록되지만, 국내에 있는 자국인과 국내에 있는 외국인 간의 거래는 국제수지표에 기록되지 않는다.

③ 모든 경제적 거래

국제수지표상 경제적 거래는 실물거래, 금융거래를 모두 포함하는 개념이다.

④ 체계적 분류

국제수지표상 경제적 거래는 거래의 성격에 따라서 재화의 거래, 서비스의 거래, 자본거래 등으로 분류하여 복식부기 원리로 기록된다.

2 국제수지표의 구성

1) 경상수지

① 상품수지

재화의 수출과 수입으로서 무역수지를 말한다. 다만, 엄밀하게는 상품수지는 본선인도기준인 반면 무역수지는 통관기준, 운임 및 보험료 포함 기준이라는 점에서 미세한 차이는 있다. 참고로 금을 거래하는 것은 재화의 수출입으로 간주해 상품수지에 포함시킨다.

② 서비스수지

서비스의 국가 간 거래로서 운송, 여행, 보험서비스, 지적재산권 사용료 등이 포함된다. 참고로 특허권 매매 자체는 특허권이라는 자본을 사고 판 것으로 자본수지에 포함되지만 특허권의 사용은 무형자산의 사용료로 경상수지의 서비스수지에 포함된다.

③ 본원소득수지

거주자와 비거주자 간에 급료 및 임금 또는 투자의 대가로 받은 배당금이나 이자소득의 차액을 기록한 것으로서 우리 국민이 외국에서 벌어들인 소득과 외국인이 우리나라에서 벌어간 소득이 포함된다. 임금이나 이자는 노동과 자본의 서비스 사용에 대한 대가로 생각할 수 있지만, 소득의 발생이라는 관점에서 서비스수지가 아닌 소득수지라는 별개의 항목에 기입한다. 투자를 위한 자본의 이동은 자본금융계정이지만, 이로 인한 소득의 발생은 경상수지의 본원소득수지에 해당한다는 점에 유의해야 한다.

④ 이전소득수지

대가없는 송금, 구호 및 원조를 위한 식량, 의약품, 국제기구 출연금 등이 포함된다. 이전소득수지란 '이전'이란 말에서 알 수 있듯이 거주자와 비거주자 간에 아무런 대가 없이 주고받은 거래의 수지를 뜻한다. 이는 아무 대가 없이 주고받은 것이기 때문에 경제적 의미의 거래라고 보기 어렵지만 경상수지에 기록한다. 특히, 대외송금이나 국제기구 출연금은 자본의 이동으로 생각하기 쉽지만 아무런 대가 없이 오가는 거래로 보아 경상이전수지에 포함시킨다.

2) 자본금융계정

① 자본수지

자본수지 혹은 자본계정은 과거 기타자본수지 항목을 의미하는 것으로, 자본이전과 비생산·비금융자산으로 구분된다. 자본이전은 해외 이주비, 투자보조금 지급이나 채무면제 등이 포함된다. 비생산·비금융자산은 토지, 지하자원 등 비생산유형자산의 거래와 특허권, 저작권, 상표권 등의 비생산무형자산의 취득 및 처분거래(매매)를 기록한 것이다. 참고로 민간의 별장이나 주택과 같은 해외부동산 취득은 직접투자에 계상되지만, 토지나 지하자원 등의 거래는 자본수지의 비생산·비금융자산에 기록된다.

② 금융계정

ⅰ) 직접투자

해외기업에 대한 경영참여 등과 같은 장기적인 대외투자가 포함된다. 직접투자는 경영참여 등 영속적인 이익을 취득하기 위해 행하는 대외투자로서 주식 구입이나 자금대여 등의 채무거래를 포함한다.

ⅱ) 증권투자

외국과의 주식 및 채권거래가 포함된다. 증권투자는 투자자본의 가치 증가 또는 이윤획득만을 목적으로 한 대외투자로, 외국과의 주식·채권거래가 여기에 해당한다. 이때 주의할 점은 똑같은 주식 구입이라고 해도 목적에 따라 서로 다른 항목(직접투자와 증권투자)으로 계산된다는 점이다. 투자대상기업의 의결권을 10% 이상 보유하고 있는 경우에는 직접투자로 분류한다.

ⅲ) 파생금융상품투자

외국과의 파생상품거래로부터의 손익이 포함된다.

ⅳ) 기타투자

직접투자, 증권투자, 파생금융상품투자에 포함되지 않는 외국과의 모든 금융거래로서 대출, 차입, 외상수출입 시 발생하는 무역신용, 현금 및 예금 등의 금융거래 등이 포함된다. 예를 들어 재화를 1억 달러 수출을 하고 수출대금을 현금으로 받았다면 수출은 경상수지에, 대금수취는 금융계정의 기타투자에 기록한다.

ⅴ) 준비자산

중앙은행의 외환보유액의 변화로서 중앙은행이 외환시장에서 외환을 매입 혹은 매도하는 것을 기록한다. 이는 중앙은행이 국제수지 불균형을 바로 잡기 위해 사용할 수 있는 대외자산의 증감으로서 과거에는 준비자산 증감으로 기록하였으나 현재는 자본금융계정에 포함된다. 참고로 시중은행이 보유하고 있는 외환은 준비자산이 아니라 금융계정에 기록된다.

3) 오차 및 누락

국제수지표는 복식부기 원리에 의하여 작성하기 때문에 경상수지와 자본금융계정을 더하면 0이 된다. 그런데 실제로 작성된 국제수지표에서는 데이터 수집 및 집계과정에서 0이 되지 않을 수도 있는데 그 차이를 오차 및 누락 항목으로 조정하여 0으로 만들게 된다.

3 국제수지 균형

1) 국제수지표와 국제수지 균형

모든 대외거래는 국제수지표상의 경상수지, 자본금융계정에 복식부기로 기입된다. 따라서 국제수지표 전체의 차변의 합과 대변의 합은 항상 같게 되는데 이를 사후적 항등성이라고 한다. 결국 국제수지표상의 대외거래 전부를 기준으로 한 국제수지 균형은 아무런 의미가 없다. 그러므로 국제수지 균형은 대외거래 전체가 아니라 자율적 거래를 기준으로 판단한다.

2) 자율적 거래

자율적 거래란 국가 간의 가격, 소득, 이자율 등 경제적 요인에 의해 발생하는 거래를 의미한다. 예를 들어 어떤 국가가 1년 동안 다른 국가와의 무역거래에서 100억 달러어치를 수출하고, 120억 달러어치를 수입했다고 가정하자. 그리고 무역거래에서 부족한 대금지급을 위해서 단기자금으로 20억 달러를 차입했다고 가정하자. 이때 자율적 거래를 기준으로 할 경우 20억 달러 적자가 되지만, 전체 거래를 기준으로 할 경우 국제수지는 기계적으로 균형을 이룬다. 따라서 국제수지 균형은 자율적 거래를 기준으로 판단해야 하며 대체로 국제수지표상 위쪽에 위치한 항목일수록 자율적 성격이 강하다.

3) 보정적 거래

보정적 거래란 자율적 거래를 뒷받침하기 위해 보조적으로 발생하는 거래로서 국제수지표상 아래쪽에 위치한 항목일수록 보정적 성격이 강하다. 예를 들어 어떤 국가가 1년 동안 다른 국가와의 무역거래에서 100억 달러어치를 수출하고, 120억 달러어치를 수입했다고 가정하자. 그리고 무역거래에서 부족한 대금 지급을 위해서 단기자금으로 20억 달러를 차입했다고 가정하자. 이때, 보정적 거래를 기준으로 할 경우 20억 달러 흑자가 된다. 그러나 이를 두고서 국제수지 흑자 혹은 모든 거래를 기준으로 하여 국제수지 균형으로 보지는 않는다.

4) 구별기준

현실에서 자율적 거래와 보정적 거래를 명확히 구분하는 기준은 없다. 다만 국제수지표상에서 적당한 경계선을 그어서 선 위의 거래를 자율적 거래로 그리고 선 아래의 거래를 보정적 거래로 구분하고 있을 뿐이다. 국제수지 균형의 판단을 위해서는 자율적 거래를 기준으로 하여 자율적 거래에서 수입과 지출이 같다면 국제수지 균형이지만 수입이 더 많다면 국제수지 흑자, 반대로 지출이 더 많다면 국제수지 적자로 본다.

🗐 필수예제

한국의 경상수지에 기록되지 않는 항목은?
▶ 2016년 감정평가사

① 한국에서 생산된 쌀의 해외수출
② 중국인의 한국 내 관광지출
③ 한국의 해외빈국에 대한 원조
④ 한국 노동자의 해외 근로소득 국내송금
⑤ 한국인의 해외주식 취득

출제이슈 국제수지표
핵심해설 정답 ⑤

국제수지표는 일정 기간 동안에 일국의 거주자와 여타국의 거주자들 사이에 발생한 모든 경제적 거래를 체계적으로 분류한 표를 의미한다. 국제수지표는 경상수지와 자본금융계정으로 구성되어 있다. 특히 경상수지의 구성은 다음과 같다.

① **상품수지** : 상품의 수출과 수입
② **서비스수지** : 서비스의 국가 간 거래(운송, 여행, 통신, 보험, 지적재산권 사용료, 정부서비스 등)
③ **본원소득수지** : 우리가 외국에서 벌어들인 소득과 외국인이 우리나라에서 벌어간 소득(근로소득, 이자소득, 배당소득 등)
④ **이전소득수지** : 대가없는 송금, 구호 및 원조를 위한 식량, 의약품, 국제기구 출연금 등

위의 내용에 근거하여 설문을 검토하면 다음과 같다.

① 경상수지
한국에서 생산된 쌀의 해외수출은 상품수지로서 경상수지에 해당한다.

② 경상수지
중국인의 한국 내 관광지출은 서비스수지로서 경상수지에 해당한다.

③ 경상수지
한국의 해외빈국에 대한 원조는 이전소득수지로서 경상수지에 해당한다.

④ 경상수지
한국 노동자의 해외 근로소득 국내송금은 본원소득수지로서 경상수지에 해당한다.

⑤ 자본금융계정
한국인의 해외주식 취득은 증권투자로서 자본금융계정에 해당하며 경상수지에 해당하지 않는다.

> 국제수지표의 금융계정(financial account)에 포함되는 거래가 아닌 것은? ▸ 2018년 감정평가사
>
> ① 한국 기업이 외국인 투자자에게 배당금을 지불한다.
> ② 한국 기업이 베트남 기업에 대해 50% 이상의 주식지분을 매입한다.
> ③ 외국 금융기관이 한국 국채를 매입한다.
> ④ 한국 금융기관이 외화자금을 차입한다.
> ⑤ 한국은행이 미국 재무성채권을 매입한다.

출제이슈 국제수지표
핵심해설 정답 ①

국제수지표는 일정 기간 동안에 일국의 거주자와 여타국의 거주자들 사이에 발생한 모든 경제적 거래를 체계적으로 분류한 표를 의미한다. 국제수지표는 경상수지와 자본금융계정으로 구성되어 있다. 특히 자본금융계정의 구성은 다음과 같다.

① 자본수지
  ⅰ) 토지, 지하자원 등 비생산유형자산 거래
  ⅱ) 채무면제, 해외이주비, 투자보조금 지급(고정자산 취득과 관련) 등

② 금융계정
  ⅰ) 직접투자 : 해외기업에 대한 경영참여 등과 같은 장기적인 대외투자
  ⅱ) 증권투자 : 외국과의 주식 및 채권거래
  ⅲ) 파생금융상품투자 : 외국과의 파생상품거래
  ⅳ) 기타투자 : 직접투자, 증권투자, 파생금융상품투자에 포함되지 않는 외국과의 모든 금융거래(대출, 차입, 외상수출입 시 발생하는 무역신용 등)
  ⅴ) 준비자산 : 중앙은행의 외환보유액의 변화(중앙은행이 외환시장에서 외환 매입, 매도)

위의 내용에 근거하여 설문을 검토하면 다음과 같다.

① 경상수지에 해당한다.
  한국 기업이 외국인 투자자에게 배당금을 지불하는 경우, 이는 본원소득수지로서 경상수지에 해당한다.

② 자본금융계정에 해당한다.
  한국 기업이 베트남 기업에 대해 주식지분을 매입하는 경우, 이는 증권투자로서 금융계정에 해당한다. 다만, 장기적으로 경영권 참여가 목적인 경우 직접투자로 고려될 수 있다.

③ 자본금융계정에 해당한다.
  외국 금융기관이 한국 국채를 매입하는 경우, 이는 증권투자로서 금융계정에 해당한다.

④ 자본금융계정에 해당한다.
  한국 금융기관이 외화자금을 차입하는 경우, 이는 기타투자로서 금융계정에 해당한다.

⑤ 자본금융계정에 해당한다.

한국은행이 미국 재무성채권을 매입하는 경우, 이는 기타투자 및 준비자산으로서 금융계정에 해당한다. 참고로 준비자산이란 통화당국이 국제수지 불균형을 직접 보전하거나 또는 외환시장 개입을 통해서 국제수지 불균형을 조정하기 위해 사용되는 자산을 말한다. 이는 금, SDR, 달러화뿐만 아니라 각종 외화자산(예금 및 증권)도 포함된다. 한국은행의 외환보유액 변화는 바로 준비자산의 변화이다. 구별할 것으로 시중은행이 보유하고 있는 외환은 준비자산이 아닌 기타투자로서 금융계정에 해당한다. 이는 바로 위 ④에서 본 바 있다.

国제거래 중 우리나라의 경상수지 흑자를 증가시키는 것은? ▶ 2012년 감정평가사

① 외국인이 우리나라 기업의 주식을 매입하였다.
② 우리나라 학생의 해외 유학이 증가하였다.
③ 미국 기업이 우리나라에 자동차 공장을 건설하였다.
④ 우리나라 기업이 중국 기업으로부터 특허료를 지급받았다.
⑤ 우리나라 기업이 외국인에게 주식투자에 대한 배당금을 지급하였다.

출제이슈 국제수지표
핵심해설 정답 ④

국제수지표는 일정 기간 동안에 일국의 거주자와 여타국의 거주자들 사이에 발생한 모든 경제적 거래를 체계적으로 분류한 표를 의미한다. 국제수지표는 다음과 같이 경상수지와 자본금융계정으로 구성되어 있다.

1) 경상수지
　① 상품수지 : 상품의 수출과 수입
　② 서비스수지 : 서비스의 국가 간 거래(운송, 여행, 통신, 보험, 지적재산권 사용료, 정부서비스 등)
　③ 본원소득수지 : 우리가 외국에서 벌어들인 소득과 외국인이 우리나라에서 벌어간 소득(근로소득, 이자소득, 배당소득 등)
　④ 이전소득수지 : 대가없는 송금, 구호 및 원조를 위한 식량, 의약품, 국제기구 출연금 등

2) 자본금융계정
　① 자본수지
　　ⅰ) 토지, 지하자원 등 비생산유형자산 거래
　　ⅱ) 채무면제, 해외이주비, 투자보조금 지급(고정자산 취득과 관련) 등

　② 금융계정
　　ⅰ) 직접투자 : 해외기업에 대한 경영참여 등과 같은 장기적인 대외투자
　　ⅱ) 증권투자 : 외국과의 주식 및 채권거래
　　ⅲ) 파생금융상품투자 : 외국과의 파생상품거래
　　ⅳ) 기타투자 : 직접투자, 증권투자, 파생금융상품투자에 포함되지 않는 외국과의 모든 금융거래(대출, 차입, 외상수출입 시 발생하는 무역신용 등)
　　ⅴ) 준비자산 : 중앙은행의 외환보유액의 변화(중앙은행이 외환시장에서 외환 매입, 매도)

위의 내용에 근거하여 설문을 검토하면 다음과 같다.

① 틀린 내용이다.
　자본금융계정에서 금융계정에 해당하며 강학상 자본수지 개선에 해당한다.

② 틀린 내용이다.
　경상수지에서 서비스수지에 해당하며 경상수지 악화에 해당한다.

③ 틀린 내용이다.
　자본금융계정에서 금융계정에 해당하며 강학상 자본수지 개선에 해당한다.

④ 옳은 내용이다.
　경상수지에서 서비스수지에 해당하며 경상수지 개선에 해당한다.

⑤ 틀린 내용이다.
　경상수지에서 본원소득수지에 해당하며 경상수지 악화에 해당한다.

THEME 02 국제수지와 국민소득 : 흡수접근법

1 의의

자국의 생산량보다 더 많은 재화를 소비하는 경우 외국으로부터 재화를 수입해야 하므로 국제수지
적자가 발생하고 반대로 자국의 생산량보다 더 적은 재화를 소비하는 경우 외국으로 재화를 수출하게
되므로 국제수지 흑자가 발생한다. 이와 같은 접근방식은 국제수지의 결정에 있어서 국내총생산과
국내총지출(흡수, absorption)의 역할을 강조하는 것으로서 흡수접근법(absorption approach)이
라고 한다.

2 수출입과 국민소득의 결정

1) 폐쇄경제에서 국민소득의 결정

$Y = C + I + G$ (C : 소비, I : 투자, G : 정부지출)

2) 개방경제에서 국민소득의 결정

$Y = C + I + G + X - M$ (C : 소비, I : 투자, G : 정부지출, X : 수출, M : 수입)

이때 총수요는 $Y^D = C + I + G + X - M$로서 국제수지(순수출)가 총수요항목을 구성하며, 순
수출이 클수록 국민소득이 증대됨을 알 수 있다.

3 국제수지의 결정요인

1) 수리적 접근 1

$AD = C + I + G$ (AD : 국내총지출) $\therefore Y - A = X - M$
국제수지는 총생산과 국내총지출의 차이로 결정된다.

2) 수리적 접근 2

$Y = C + I + G + X - M$ (C : 소비, I : 투자, G : 정부지출, X : 수출, M : 수입)

이때 국내총생산 혹은 국민소득은 $Y = C + S + T$이므로 이를 이용하여 개방경제 국민소득 결
정식을 변형하면 다음과 같다.

$Y - C - I - G = X - M$ 따라서 $S - I + T - G = X - M$이 된다.
(단, $(S - I)$: 민간저축, $(T - G)$: 정부저축)

3) 해석

국제수지는 $X - M = Y - A$이므로 국내총생산이 국내총지출보다 큰 경우에는 국제수지 흑자가 되고 반대로 국내총생산이 국내총지출에 미달하는 경우에는 국제수지 적자가 발생함을 알 수 있다. 또한 국제수지는 $(X - M) = (S - I) + (T - G)$이므로 민간저축과 정부저축에 의해 국제수지가 결정된다고 해석할 수 있다.

필수예제

국민소득 항등식을 기초로 하여 경상수지가 개선되는 경우로 옳은 것을 모두 고른 것은?

▶ 2017년 감정평가사

ㄱ. 민간소비 증가
ㄴ. 민간저축 증가
ㄷ. 민간투자 감소
ㄹ. 재정적자 감소

① ㄱ, ㄴ   ② ㄴ, ㄷ   ③ ㄴ, ㄹ
④ ㄱ, ㄷ, ㄹ   ⑤ ㄴ, ㄷ, ㄹ

출제이슈 국제수지와 국민소득
핵심해설 정답 ⑤

폐쇄경제에서 국민소득은 다음과 같이 결정된다.
$Y = C + I + G$ (C : 소비, I : 투자, G : 정부지출)

한편 수출입을 고려한 개방경제에서 국민소득은 다음과 같이 결정된다.
$Y = C + I + G + X - M$ (C : 소비, I : 투자, G : 정부지출, X : 수출, M : 수입)

위의 식을 다음과 같이 변형해 보자.

1) 소득 - 지출 접근법

$AD = C + I + G$ (AD : 국내총지출)를 도입하면 $Y - A = X - M$이 된다.

이는 (소득-지출)=(수출-수입)임을 의미하며, 소득이 지출보다 크면 수출이 수입보다 크다는 뜻이다.

2) 저축 - 투자 접근법

$Y = C + I + G + X - M$ (C : 소비, I : 투자, G : 정부지출, X : 수출, M : 수입)에서
$Y \equiv C + S + T$ 로서 항등식이다.

따라서 개방경제의 국민소득 결정식을 변형해보면 다음과 같다.
$S + T + M = I + G + X$ 가 되어 $(S - I) + (T - G) = (X - M)$이 된다.

이는 (저축-투자)=(수출-수입)임을 의미하며, 저축이 투자보다 크면 수출이 수입보다 크다는 뜻이다.

한 나라의 국내저축이 증가할 때, 국내투자에 변화가 없다면 (저축-투자)=(수출-수입)에서 순수출이 증가함을 의미한다. 또한 투자되는 자본보다 더 많이 저축될 경우 그 초과자본은 유출되어야만 수출증가가 가능해진다는 뜻이다.

국제수지 결정식 (저축−투자)=(수출−수입)에서 만일 저축이 투자보다 크면, 투자를 초과하는 만큼의 자본이 해외로 유출되어야만 순수출이 증가할 수 있음을 의미한다. 한편, 이를 보정적 거래 관점에서 보면, 자율적 거래로 발생한 경상수지가 복식부기 원리에 의한 보정적 거래에 의해 상쇄된다. 특히 해당 보정적 거래는 자본수지로 기록되므로 경상수지와 반대방향의 보정적 거래의 자본수지가 된다. 따라서 순수출은 보정적 거래로서의 순자본 유출과 매칭이 되므로 주의해야 한다.

위의 내용을 바탕으로 설문을 검토하면 다음과 같다.

개방경제의 국민소득 결정식을 변형하면 $(S-I)+(T-G)=(X-M)$이 된다.
이때, 경상수지가 개선되기 위해서 민간저축이 투자보다 크거나 재정적자가 감소하여야 한다.

ㄱ. 틀린 내용이다.
　　민간소비가 증가하면 민간저축이 감소하므로 경상수지가 악화된다.

ㄴ, ㄷ, ㄹ. 모두 옳은 내용이다.
　　민간저축이 증가하거나, 민간투자가 감소하거나 재정적자가 감소하는 경우 $(S-I)+(T-G)=(X-M)$의 좌변을 모두 증가시키기 때문에 경상수지는 개선된다.

재정적자가 증가한 경우 민간저축에 변화가 없었다면, (　)에 들어갈 내용을 순서대로 옳게 연결한 것은?

▶ 2013년 감정평가사

- 투자와 순수출의 합계가 (　ㄱ　)하였다.
- 정부저축이 (　ㄴ　)하였다.
- 국민저축이 (　ㄷ　)하였다.

① ㄱ : 감소, ㄴ : 감소, ㄷ : 감소　　② ㄱ : 감소, ㄴ : 감소, ㄷ : 증가

③ ㄱ : 증가, ㄴ : 증가, ㄷ : 감소　　④ ㄱ : 증가, ㄴ : 감소, ㄷ : 감소

⑤ ㄱ : 증가, ㄴ : 증가, ㄷ : 증가

출제이슈 국제수지와 국민소득

핵심해설 정답 ①

폐쇄경제에서 국민소득은 다음과 같이 결정된다.
$Y = C + I + G$ (C : 소비, I : 투자, G : 정부지출)

한편 수출입을 고려한 개방경제에서 국민소득은 다음과 같이 결정된다.
$Y = C + I + G + X - M$ (C : 소비, I : 투자, G : 정부지출, X : 수출, M : 수입)

위의 식을 다음과 같이 변형해 보자.

1) 소득 – 지출 접근법

$AD = C + I + G$ (AD : 국내총지출)를 도입하면 $Y - A = X - M$이 된다.

이는 (소득 – 지출) = (수출 – 수입)임을 의미하며, 소득이 지출보다 크면 수출이 수입보다 크다는 뜻이다.

2) 저축 – 투자 접근법

$Y = C + I + G + X - M$ (C : 소비, I : 투자, G : 정부지출, X : 수출, M : 수입)에서
$Y \equiv C + S + T$ 로서 항등식이다.

따라서 개방경제의 국민소득 결정식을 변형해보면 다음과 같다.
$S + T + M = I + G + X$ 가 되어 $(S - I) + (T - G) = (X - M)$ 이 된다.

이는 (저축 – 투자) = (수출 – 수입)임을 의미하며, 저축이 투자보다 크면 수출이 수입보다 크다는 뜻이다.

한 나라의 국내저축이 증가할 때, 국내투자에 변화가 없다면 (저축 – 투자) = (수출 – 수입)에서 순수출이 증가함을 의미한다. 또한 투자되는 자본보다 더 많이 저축될 경우 그 초과자본은 유출되어야만 수출증가가 가능해진다는 뜻이다.

국제수지 결정식 (저축−투자)=(수출−수입)에서 만일 저축이 투자보다 크면, 투자를 초과하는 만큼의 자본이 해외로 유출되어야만 순수출이 증가할 수 있음을 의미한다. 한편, 이를 보정적 거래 관점에서 보면, 자율적 거래로 발생한 경상수지가 복식부기 원리에 의한 보정적 거래에 의해 상쇄된다. 특히 해당 보정적 거래는 자본수지로 기록되므로 경상수지와 반대방향의 보정적 거래의 자본수지가 된다. 따라서 순수출은 보정적 거래로서의 순자본 유출과 매칭이 되므로 주의해야 한다.

위의 내용을 바탕으로 설문을 검토하면 다음과 같다.

개방경제의 국민소득 결정식의 변형인 $(S-I)+(T-G)=(X-M)$에서 만일 설문에서처럼 재정적자가 증가한 경우 민간저축에 변화가 없었다면, 순수출은 감소함을 의미한다.

그리고 재정적자가 증가하였으므로 정부저축은 감소함을 의미하고, 정부저축이 감소하고 민간저축이 불변이라면 국민저축이 감소함을 의미한다.

개방경제의 국민소득계정에 관한 설명으로 옳은 것을 모두 고른 것은?　▶ 2012년 감정평가사

ㄱ. 국민소득이 소비, 투자, 정부지출의 합보다 큰 경우에 순수출은 반드시 양(+)이 된다.
ㄴ. 민간투자가 민간저축보다 더 큰 경우에 순수출은 반드시 양(+)이 된다.
ㄷ. 정부세금 수입이 지출보다 더 큰 경우에 순수출은 반드시 양(+)이 된다.

① ㄱ　　　　　　　　② ㄴ　　　　　　　　③ ㄷ
④ ㄱ, ㄴ　　　　　　⑤ ㄴ, ㄷ

출제이슈 국제수지와 국민소득
핵심해설 정답 ①

폐쇄경제에서 국민소득은 다음과 같이 결정된다.
$Y = C + I + G$ (C : 소비, I : 투자, G : 정부지출)

한편 수출입을 고려한 개방경제에서 국민소득은 다음과 같이 결정된다.
$Y = C + I + G + X - M$ (C : 소비, I : 투자, G : 정부지출, X : 수출, M : 수입)

위의 식을 다음과 같이 변형해 보자.

1) 소득 – 지출 접근법

　　$AD = C + I + G$ (AD : 국내총지출)를 도입하면 $Y - A = X - M$이 된다.

　　이는 (소득－지출)=(수출－수입)임을 의미하며, 소득이 지출보다 크면 수출이 수입보다 크다는 뜻이다.

2) 저축 – 투자 접근법

　　$Y = C + I + G + X - M$ (C : 소비, I : 투자, G : 정부지출, X : 수출, M : 수입)에서
　　$Y \equiv C + S + T$ 로서 항등식이다.

　　따라서 개방경제의 국민소득 결정식을 변형해보면 다음과 같다.
　　$S + T + M = I + G + X$ 가 되어 $(S - I) + (T - G) = (X - M)$이 된다.

　　이는 (저축－투자)=(수출－수입)임을 의미하며, 저축이 투자보다 크면 수출이 수입보다 크다는 뜻이다.

한 나라의 국내저축이 증가할 때, 국내투자에 변화가 없다면, (저축−투자)＝(수출−수입)에서 순수출이 증가함을 의미한다. 또한 투자되는 자본보다 더 많이 저축될 경우 그 초과자본은 유출되어야만 수출증가가 가능해진다는 뜻이다.

국제수지 결정식 (저축−투자)＝(수출−수입)에서 만일 저축이 투자보다 크면, 투자를 초과하는 만큼의 자본이 해외로 유출되어야만 순수출이 증가할 수 있음을 의미한다. 한편, 이를 보정적 거래 관점에서 보면, 자율적 거래로 발생한 경상수지가 복식부기 원리에 의한 보정적 거래에 의해 상쇄된다. 특히 해당 보정적 거래는 자본수지로 기록되므로 경상수지와 반대방향의 보정적 거래의 자본수지가 된다. 따라서 순수출은 보정적 거래로서의 순자본유출과 매칭이 되므로 주의해야 한다.

위의 내용을 바탕으로 설문을 검토하면 다음과 같다.

ㄱ. 옳은 내용이다.
수출입을 고려한 개방경제에서 국민소득은 다음과 결정된다.
$Y = C + I + G + X - M$ (C : 소비, I : 투자, G : 정부지출, X : 수출, M : 수입)
따라서 국민소득이 소비, 투자, 정부지출의 합보다 큰 경우에 순수출은 반드시 양(+)이 된다.

ㄴ. 틀린 내용이다.
개방경제의 국민소득 결정식을 변형해보면 $S + T + M = I + G + X$ 가 되어 $(S - I) + (T - G) = (X - M)$ 이 된다. 따라서 민간투자가 민간저축보다 더 큰 경우에 순수출의 부호는 정부저축의 크기에 달려있다. 만일 민간투자가 민간저축보다 더 크고 정부저축도 음수라면 순수출은 음(−)이 될 수 있다. 따라서 반드시 순수출이 양(+)이라는 것은 틀린 내용이다.

ㄷ. 틀린 내용이다.
개방경제의 국민소득 결정식을 변형해보면 $S + T + M = I + G + X$ 가 되어 $(S - I) + (T - G) = (X - M)$ 이 된다. 따라서 정부세금 수입이 지출보다 더 큰 경우에 순수출의 부호는 민간저축의 크기에 달려있다. 만일 정부세금 수입이 지출보다 더 크지만 민간저축이 절대값 측면에서 재정흑자보다 훨씬 더 마이너스 방향으로 크다면 순수출은 음(−)이 될 수 있다. 따라서 반드시 순수출이 양(+)이라는 것은 틀린 내용이다.

THEME 03 국제수지와 환율 : 탄력성 접근법

1 의의

수출과 수입은 수출재와 수입재의 가격에 의해 결정된다. 그리고 수출재와 수입재의 가격은 환율에 영향을 받기 때문에 국제수지는 환율에 영향을 받는다고 할 수 있다. 이러한 접근방식을 환율접근법 혹은 탄력성 접근법이라고 한다. 이때, 국제수지의 불균형은 환율에 의해 조정될 수 있다.

2 환율과 수출입

1) 환율과 수출

수출을 수출재의 가격과 환율을 이용하여 함수식으로 표시하면 다음과 같다.

수출함수 $X = X(\dfrac{P}{e})$ $(e$: 환율, $\dfrac{P}{e}$: 외국화폐로 표시한 수출재화가격$)$

이때 환율이 상승하게 되면 외국화폐로 표시된 수출재화가격이 하락하므로 외국에서 수출수요가 증가한다. 따라서 수출금액은 환율상승 시 수출재화가격 하락효과와 수출수요 증가효과를 모두 반영하여 결정된다.

2) 환율과 수입

수입을 수입재의 가격과 환율을 이용하여 함수식으로 표시하면 다음과 같다.

수입함수 $M = M(e \cdot P^*)$ $(e$: 환율, eP^* : 자국화폐로 표시한 수입재화가격$)$

이때 환율이 상승하게 되면 자국화폐로 표시된 수입재화가격이 상승하므로 자국에서 수입수요가 감소한다. 따라서 수입금액은 환율상승 시 수입재화가격 상승효과와 수입수요 감소효과를 모두 반영하여 결정된다.

3 국제수지와 환율의 관계

국제수지(balance of payment, BOP)를 수출금액과 수입금액의 차이로 표시하면 다음과 같다.

국제수지 $BOP = X - M = X(\dfrac{P}{e}) - M(eP^*)$

이때 환율이 상승하게 되면 환율상승이 수출재화 및 수입재화의 가격과 물량에 미치는 효과를 모두 고려해야만 환율상승으로 인한 국제수지의 변화방향을 알 수 있게 된다.

4 국제수지의 결정요인

1) 환율상승과 수출

환율상승 시 수출금액은 수출재화가격 하락과 이에 따른 수출수요 증가에 의해 결정된다. 만일 수출재화가격 하락효과보다 수출수요 증가가 큰 경우에는 수출금액이 증가할 것이다. 그런데 이런 경우는 바로 수출수요가 수출재화가격에 대하여 탄력적인 경우에 해당한다.

2) 환율상승과 수입

환율상승 시 수입금액은 수입재화가격 상승과 이에 따른 수입수요 감소에 의해 결정된다. 만일 수입재화가격 상승효과보다 수입수요 감소가 큰 경우에는 수입금액이 감소할 것이다. 그런데 이런 경우는 바로 수입수요가 수입재화가격에 대하여 탄력적인 경우에 해당한다.

3) 마샬 – 러너 조건

환율상승 시 수출금액 증가·감소 효과와 수입금액의 감소·증가 효과를 모두 고려하여 환율상승이 경상수지를 개선시키는지 여부가 결정된다. 특히 마샬 – 러너 조건에 의하면 환율상승 시 경상수지가 개선되기 위해서는 외국의 수입수요탄력성(외국의 자국수출재에 대한 수요탄력성)과 자국의 수입수요탄력성의 합이 1보다 더 커야 한다.

4) J – curve 효과

환율상승에 따라서 수출공급이 늘어나기 위해서는 생산이 증가해야 한다. 그러나 현실에서는 곧바로 생산이 증가하지 못하고 상당한 시간이 소요될 수 있다. 이에 따라 환율이 상승하더라도 단기적으로는 수출이 늘지 못하고 외화표시 수출가격만 하락하게 되어 국제수지가 악화될 수 있다. 그러나 점차로 생산이 증가하고 수출이 증가하게 되면 일시적으로 악화되었던 국제수지는 차츰 개선되어 가는데 이를 J – curve 효과라고 한다.

⬚ 필수예제

다음 ( ) 안에 들어갈 내용이 순서대로 올바른 것은?
▶ 2011년 감정평가사

> J-curve 효과는 환율이 (ㄱ)하면 '한국의 경상수지가 초기에는 (ㄴ)되고 시간이 경과된 후에는(도) (ㄷ)되는 효과가 나타나는 것'을 의미한다. (단, 환율은 미국달러에 대한 원화의 환율 : W/$, 양국의 물가수준은 불변)

① ㄱ. 상승, ㄴ. 악화, ㄷ. 개선   ② ㄱ. 상승, ㄴ. 개선, ㄷ. 개선

③ ㄱ. 상승, ㄴ. 악화, ㄷ. 악화   ④ ㄱ. 하락, ㄴ. 악화, ㄷ. 개선

⑤ ㄱ. 하락, ㄴ. 악화, ㄷ. 불변

출제이슈 J-curve 효과
핵심해설 정답 ①

환율상승 시 수출금액은 수출재화가격 하락과 이에 따른 수출수요 증가에 의해 결정된다. 만일 수출재화가격 하락효과보다 수출수요 증가가 큰 경우에는 수출금액이 증가할 것이다. 그런데 이런 경우는 바로 수출수요가 수출재화가격에 대하여 탄력적인 경우에 해당한다.

환율상승 시 수입금액은 수입재화가격 상승과 이에 따른 수입수요 감소에 의해 결정된다. 만일 수입재화가격 상승효과보다 수입수요 감소가 큰 경우에는 수입금액이 감소할 것이다. 그런데 이런 경우는 바로 수입수요가 수입재화가격에 대하여 탄력적인 경우에 해당한다.

환율상승 시 수출금액 증가·감소 효과와 수입금액의 감소·증가 효과를 모두 고려하여 환율상승이 경상수지를 개선시키는지 여부가 결정된다. 특히 마샬-러너 조건에 의하면 환율상승 시 경상수지가 개선되기 위해서는 외국의 수입수요탄력성(외국의 자국수출재에 대한 수요탄력성)과 자국의 수입수요탄력성의 합이 1보다 더 커야 한다.

환율상승에 따라서 수출공급이 늘어나기 위해서는 생산이 증가해야 한다. 그러나 현실에서는 곧바로 생산이 증가하지 못하고 상당한 시간이 소요될 수 있다. 이에 따라 환율이 상승하더라도 단기적으로는 수출이 늘지 못하고 외화표시 수출가격만 하락하게 되어 국제수지가 악화될 수 있다. 그러나 점차로 생산이 증가하고 수출이 증가하게 되면 일시적으로 악화되었던 국제수지는 차츰 개선되어 가는데 이를 J-curve 효과라고 한다.

다음 ⊙, ⓒ에 들어갈 내용으로 옳은 것은?   ▸ 2015년 국가직 9급

원/달러 환율상승이 순수출을 증가시키기 위해서는 수출과 수입의 가격탄력성의 합이 (⊙)
보다 커야 하고, 이를 (ⓒ)이라고 한다.

      ⊙   ⓒ
①   0   구매력 평가설
②   1   구매력 평가설
③   0   마샬 – 러너 조건
④   1   마샬 – 러너 조건

출제이슈 마샬 – 러너 조건
핵심해설 정답 ④

1) 환율상승에 따른 수출금액의 변화

환율을 반영하여 수출함수를 나타내면 다음과 같다.

$X = X(\dfrac{P}{e})$ (e : 환율, $\dfrac{P}{e}$: 외국화폐로 표시한 수출재화가격)

환율상승 시 외국화폐로 표시된 수출재화가격이 하락하므로 외국에서 수출수요가 증가한다.
환율상승 시 총수출금액은 수출재화가격 하락과 이에 따른 수출수요 증가에 의해 결정된다.
만일 수출재화가격 하락효과보다 수출수요 증가가 큰 경우에는 총수출금액이 증가한다.

2) 환율상승에 따른 수입금액의 변화

환율을 반영하여 수입함수를 나타내면 다음과 같다.

$M = M(e \cdot P^*)$ (e : 환율, eP^* : 자국화폐로 표시한 수입재화가격)

환율상승 시 자국화폐로 표시된 수입재화가격이 상승하므로 자국에서 수입수요가 감소한다.
환율상승 시 총수입금액은 수입재화가격 상승과 이에 따른 수입수요 감소에 의해 결정된다.
만일 수입재화가격 상승효과보다 수입수요 감소가 큰 경우에는 총수입금액이 감소한다.

3) 환율상승에 따른 경상수지의 변화와 마샬 – 러너 조건

환율상승에 따른 경상수지의 변화는 환율상승에 따른 수출금액의 변화와 수입금액의 변화를 모두 고려해야
한다. 마샬 – 러너조건에 의하면 환율상승 시 경상수지가 개선되기 위해서 외국의 수입수요탄력성(외국의
자국수출재에 대한 수요탄력성)과 자국의 수입수요탄력성의 합이 1보다 더 커야 한다.

THEME 04 국제수지와 통화 : 화폐적 접근법

1 의의

국제수지에 대한 화폐적 접근법에 따르면 국제수지의 불균형이란 화폐에 대한 수요와 공급이 불일 치하여 나타나는 현상이다. 화폐시장에서 초과공급이 발생하면 국제수지는 적자가 되고 반대로 초 과수요가 발생하면 국제수지는 흑자가 된다.

2 국제수지와 외화자산

1) 중앙은행의 여신과 외화자산

중앙은행의 대차대조표에 의하면 중앙은행의 자산은 국내여신(DC), 외화자산(NFA)으로 구성 되어 있다. 이에 대응하는 중앙은행의 부채는 본원통화(H)가 된다.

따라서 $H = DC + NFA$이고 $\Delta H = \Delta DC + \Delta NFA$가 된다.

2) 국제수지와 중앙은행의 외화자산

국제수지를 발생시키는 모든 대외거래는 외화거래를 수반하므로 국제수지의 불균형은 외화자산 을 변화시킨다. 국제수지가 흑자이면 외화자산이 증가하고, 국제수지가 적자이면 외화자산이 감 소한다.

따라서 $BOP = \Delta NFA$가 된다.

3 국제수지와 통화량의 관계

앞에서 본원통화의 변화는 $\Delta H = \Delta DC + \Delta NFA$이고 국제수지는 $BOP = \Delta NFA$임을 살펴 보았다. 이 둘을 동시에 고려하면 $\Delta H = \Delta DC + BOP$가 되는데, 이는 국제수지가 흑자(적자)이 면 본원통화가 증가(감소)하여 통화공급량이 증가(감소)한다고 해석할 수 있다. 만일 국제수지 흑자 로 인하여 통화공급량이 증가하여 국내에 인플레이션이 우려되는 경우 증가한 통화량을 국내여신의 감소로 상쇄하여 $\Delta H = 0$으로 만들 수 있는데 이러한 정책을 불태화정책(sterilization policy) 혹 은 중화정책이라고 한다. 반대로 국제수지로 인하여 국내통화공급량이 변화하는 것을 그대로 용인 하는 경우를 태화정책(non-sterilization policy) 혹은 비중화정책이라고 한다.

4 국제수지의 결정요인

1) 화폐시장과 국제수지

화폐공급을 나타내는 통화공급방정식은 $M = mH$이므로 $\Delta M = m\Delta H$이 성립한다. 여기에 화폐시장균형을 고려하면 $\Delta M^D = m\Delta H$가 된다. 한편, 앞에서 살펴본 바 $\Delta H = \Delta DC + BOP$이므로 결국 $\Delta M^D = m(\Delta DC + BOP)$가 된다. 따라서 국제수지는 $BOP = \dfrac{\Delta M^D}{m} - \Delta DC$가 됨을 알 수 있다.

2) 해석

$BOP = \dfrac{\Delta M^D}{m} - \Delta DC$에 의하면 화폐수요가 증가하면 국제수지는 흑자가 되고, 반대로 화폐공급이 증가하면 국제수지는 적자가 된다. 국제수지의 불균형은 화폐시장의 불균형에 의하여 결정되며 이와 같이 국제수지의 불균형의 원인으로 화폐시장을 강조하는 방식을 화폐적 접근법이라고 한다.

환율이론

환율과 환율의 결정

1 의의

국내통화와 외국통화 간의 교환비율을 환율 혹은 명목환율이라고 한다. 환율은 외화의 자국화폐로 표시한 가격으로서 보통의 경우 외국화폐와 교환되는 국내화폐의 양으로 표시한다.

2 환율과 수출입

환율이 변하면 수출재와 수입재의 가격이 변하여 수출입에 영향을 주게 되는데 이하에서 자세히 살펴보기로 한다.

1) 환율과 수입재의 가격

수입재의 원화표시가격은 수입재의 외화표시가격에 환율을 곱하여 다음과 같이 표시할 수 있다.

수입재의 국내가격 $= eP^*$, 수입재의 국외가격 $= P^*$

이때, 환율(e)이 상승하면 수입재의 국내가격이 상승하므로 수입수요는 감소한다. 반대로 환율(e)이 하락하면 수입재의 국내가격이 하락하므로 수입수요는 증가한다.

2) 환율과 수출재의 가격

수출재의 외화표시가격은 수출재의 원화표시가격을 환율로 나누어 다음과 같이 표시할 수 있다.

수출재의 국외가격 $= \dfrac{P}{e}$, 수출재의 국내가격 $= P$

이때, 환율(e)이 상승하면 수출재의 국외가격이 하락하므로 수출수요는 증가한다. 반대로 환율(e)이 하락하면 수출재의 국외가격이 상승하므로 수출수요는 감소한다.

3) 수출재의 수입재에 대한 상대가격

수출재의 국내가격을 P, 수입재의 국외가격을 P^*라고 하자. 그리고 수입재의 국내가격은 환율을 이용하여 표시하면 eP^*가 된다. 따라서 수출재와 수입재의 상대가격은 $\dfrac{P}{eP^*}$라고 표시할 수 있다. 이때, 환율(e)이 상승하면 수출재의 상대가격이 하락하므로 수출수요가 증가하고, 반대로 환율(e)이 하락하면 수출재의 상대가격이 상승하므로 수출수요가 감소하게 된다.

3 실질환율

1) 의의

국내통화와 외국통화 간의 교환비율을 명목환율이라고 하는 반면, 국내재화와 외국재화 간의 교환비율은 실질환율이라고 한다. 나중에 배우게 될 구매력 평가설에 의하면, 일물일가의 법칙에 기하여 국내재화와 외국재화 간에 일대일 교환이 가능하고 이 과정에서 명목환율은 양국의 물가수준 혹은 구매력에 의하여 결정된다. 그러나 현실에서 환율은 양국의 구매력을 충분히 반영하지 못하여 양국의 구매력에 차이가 발생하고 일대일 교환이 어렵게 될 수 있다. 이렇게 현실에서 나타나는 구매력의 차이를 나타내는 척도가 바로 실질환율이 될 수 있다.

2) 산식

실질환율은 양국의 물가와 명목환율을 이용하여 다음과 같이 표시할 수 있다.

$q = \dfrac{e P^*}{P}$ (q : 실질환율, e : 명목환율, P : 자국의 물가, P^* : 외국의 물가)

3) 실질환율의 변화

실질환율은 $q = \dfrac{e P^*}{P}$ 이므로 변화율로 표시하면 $\hat{q} = \hat{e} + \widehat{P^*} - \hat{P}$ 가 된다. 이를 해석하면 다음과 같다.

명목환율이 상승하면 실질환율은 상승한다. 실질환율은 외국재화의 자국재화에 대한 상대가격이므로 실질환율의 상승은 외국재화의 상대가격이 상승하는 것이며, 실질환율의 하락은 외국재화의 상대가격이 하락하는 것을 의미한다. 따라서 실질환율은 자국재화의 수출경쟁력을 나타내게 되어, 실질환율이 높을수록 수출경쟁력이 높다.

만일 자국의 물가수준이 내려가더라도 자국의 명목환율이 같은 비율로 하락한다면 실질환율은 불변이므로 자국의 물가수준이 내려가도 수출경쟁력은 변화가 없게 되는 것이다. 따라서 진정한 수출경쟁력은 명목환율이 아니라 실질환율에 의해 판단해야 한다.

4 실효환율

1) 의의

명목환율은 두 국가 간 통화의 상대적 가치만을 알려줄 뿐이다. 여러 나라를 모두 고려하여 자국 통화의 전반적인 가치를 구하려면 외국의 여러 통화와 동시에 비교를 해야만 한다. 이때, 자국 통화의 전반적인 가치를 나타내는 지표가 실효환율이며 이는 자국과 1개의 외국이 아니라 여러 개의 외국통화를 동시에 고려한 환율이다.

2) 실효환율지수

① 명목실효환율지수

자국통화와 외국통화 간 개별적인 명목환율을 교역량을 가중치로 하여 평균한 것이다.

② 실질실효환율지수

자국통화와 외국통화 간 개별적인 실질환율을 교역량을 가중치로 하여 평균한 것이다.

5 환율의 결정과 변화

1) 환율의 결정

환율은 외환시장에서 거래되는 상품인 외환의 가격이므로 기본적으로 외환시장의 수요와 공급에 의해서 결정된다고 할 수 있다. 환율결정이론은 외환 수요와 공급이 어떤 변수에 의해 영향을 받으며 그러한 변수들 사이에 어떤 관계가 있는지를 설명하는 것이다. 외환 수요와 공급에 영향을 주는 대표적인 변수로는 국제수지를 들 수 있다. 1970년대까지는 국제적 자본이동이 통제되었기 때문에 국제수지는 주로 경상수지에 의하여 결정되었다. 따라서 환율은 경상수지의 영향을 많이 받았다. 그러나 1980년대에 들어서부터 오늘날은 국제 간 자본이동이 매우 활발하여 그 규모가 엄청나게 커졌다. 따라서 환율은 자본수지의 영향을 많이 받고 있다고 할 수 있다.

2) 환율의 상승요인

① 미국의 기준금리 인상
② 외국의 기관투자가들이 우리나라 주식을 매각
③ 국제금융시장의 불확실성 증가로 달러수요 증가
④ 대미 달러 환율상승의 기대로 인한 달러가수요 증가
⑤ 소규모 국가에서 대규모 자본도피 발생
⑥ 외국인의 국내주식 투자 위축
⑦ 자국 은행의 해외대출 증가
⑧ 실질환율 불변인 상황에서 자국의 인플레이션율만 상승

3) 환율의 하락요인

① 대규모 외국인 직접투자

② 우리나라의 이자율만 상대적으로 상승

③ 우리나라 채권에 대한 미국투자자들의 수요가 증가

④ 외국인의 우리나라 주식투자 확대

⑤ 확장적 재정정책, 긴축적 통화정책

⑥ 원유수입액의 감소

⑦ 반도체 수출액의 증가

필수예제

원/달러 환율의 하락(원화 강세)을 야기하는 요인으로 옳은 것은? ▶ 2017년 감정평가사

① 재미교포의 국내송금 감소
② 미국인의 국내주식에 대한 투자 증가
③ 미국산 수입품에 대한 국내수요 증가
④ 미국 기준금리 상승
⑤ 미국인 관광객의 국내 유입 감소로 인한 관광수입 감소

출제이슈 환율변화의 원인
핵심해설 정답 ②

환율변화의 원인을 살펴보면 다음과 같다.

1) 환율상승의 원인

① 미국의 기준금리 인상
② 외국의 기관투자가들이 우리나라 주식을 매각
③ 국제금융시장의 불확실성 증가로 달러수요 증가
④ 대미 달러 환율상승의 기대로 인한 달러가수요 증가
⑤ 소규모 국가에서 대규모 자본도피 발생
⑥ 외국인의 국내주식 투자 위축
⑦ 자국 은행의 해외대출 증가
⑧ 실질환율 불변인 상황에서 자국의 인플레이션율만 상승

2) 환율하락의 원인

① 대규모 외국인 직접투자
② 우리나라의 이자율만 상대적으로 상승
③ 우리나라 채권에 대한 미국투자자들의 수요가 증가
④ 외국인의 우리나라 주식투자 확대
⑤ 확장적 재정정책, 긴축적 통화정책
⑥ 원유수입액의 감소
⑦ 반도체 수출액의 증가

설문을 검토하면 다음과 같다.

① 환율상승

재미교포의 국내송금 감소는 외환유입의 감소를 초래하므로 환율상승의 원인이 된다.

② 환율하락

미국인의 국내주식에 대한 투자 증가는 외환유입을 가져오므로 환율하락의 원인이 된다.

③ 환율상승

미국산 수입품에 대한 국내수요 증가는 외환에 대한 수요를 증가시키므로 환율상승의 원인이 된다.

④ 환율상승

미국 기준금리 상승은 국내의 외화자본이 미국으로 유출되므로 환율상승의 원인이 된다.

⑤ 환율상승

미국인 관광객의 국내 유입 감소로 인한 관광수입 감소는 외환유입의 감소를 초래하므로 환율상승의 원인이 된다.

A국은 교역의존도가 높은 경제로 변동환율제도를 채택하고 있다. 다른 조건이 일정할 때 A국 통화의 가치를 단기적으로 상승시키는 사건은? (단, 모든 사건은 외생적으로 발생하였다고 가정한다.)

▶ 2021년 국가직 7급

① 국내 물가의 상승
② 수입품에 대한 국내 수요 감소
③ 해외 경기의 침체
④ 외국인 주식투자액 한도의 축소
⑤ 미국의 기준금리 인상

출제이슈 환율변화의 원인
핵심해설 정답 ②

대표적인 환율변화의 원인을 살펴보면 다음과 같다.

1) 환율상승의 원인

① 미국의 기준금리 인상
② 외국의 기관투자가들이 우리나라 주식을 매각
③ 국제금융시장의 불확실성 증가로 달러수요 증가
④ 대미 달러 환율상승의 기대로 인한 달러가수요 증가
⑤ 소규모 국가에서 대규모 자본도피 발생
⑥ 외국인의 국내주식 투자 위축
⑦ 자국 은행의 해외대출 증가
⑧ 실질환율 불변인 상황에서 자국의 인플레이션율만 상승

2) 환율하락의 원인

① 대규모 외국인 직접투자
② 우리나라의 이자율만 상대적으로 상승
③ 우리나라 채권에 대한 미국투자자들의 수요가 증가
④ 외국인의 우리나라 주식투자 확대
⑤ 확장적 재정정책, 긴축적 통화정책
⑥ 원유수입액의 감소
⑦ 반도체 수출액의 증가

설문을 검토하면 다음과 같다.

① 환율상승의 원인이다.
국내 물가가 상승할 경우 실질통화량이 감소하여 이자율은 하락한다. 따라서 자본이 해외로 유출되면서 외환의 공급이 감소하여 환율은 상승하게 된다.

② 환율하락의 원인이다.
수입품에 대한 국내 수요가 감소할 경우, 수입을 위한 외환에 대한 수요가 감소하여 환율은 하락한다.

③ 환율상승의 원인이다.
해외 경기가 침체될 경우 외국으로의 수출이 감소하게 되어 국내 순수출이 감소하게 되어 경상수지가 악화되면서 외환공급이 감소하여 환율은 상승하게 된다.

④ 환율상승의 원인이다.
외국인 주식투자액 한도가 축소될 경우, 외국으로부터의 자본유입이 감소하게 되므로 외환공급의 감소로 인하여 환율은 상승하게 된다.

⑤ 환율상승의 원인이다.
미국의 기준금리 인상으로 인하여 외국으로 자본이 유출되면서 외환공급이 감소하여 환율은 상승하게 된다.

자국통화를 지속적으로 저평가(undervaluation)할 때, 나타나는 현상으로 옳은 것은?

▶ 2014년 감정평가사

① 자국통화의 공급이 감소된다.
② 디플레이션이 발생한다.
③ 국내재화와 서비스의 가격이 상승한다.
④ 자국 이자율이 하락한다.
⑤ 외환보유고가 고갈된다.

출제이슈 평가절하의 효과
핵심해설 정답 ③, ④

자국통화를 지속적으로 평가절하한다는 것은 곧 환율상승을 의미한다. 이를 위해서는 외환시장에서 외환당국이 지속적으로 외환을 매수해야 한다. 이 과정에서 본원통화가 공급되어 통화량 공급이 증가하여 물가가 상승하게 된다. 통화량 공급의 증가로 이자율은 하락한다.

> 한국과 미국의 연간 물가상승률은 각각 4%와 6%이고 환율은 달러당 1,200원에서 1,260원으로 변하였다고 가정할 때, 원화의 실질환율의 변화는?
>
> ▶ 2019년 감정평가사
>
> ① 3% 평가절하 ② 3% 평가절상 ③ 7% 평가절하
>
> ④ 7% 평가절상 ⑤ 변화없다.

출제이슈 실질환율
핵심해설 정답 ③

1) 실질환율의 개념

명목환율은 자국통화와 외국통화의 교환비율로서 이는 외국화폐 1단위와 교환되는 자국화폐의 양으로 표시할 수 있다. 쉽게 말하면 외국화폐의 가격이 명목환율이다. 구매력 평가설에 의하면, 명목환율은 양국의 물가수준에 의하여 결정된다.

그러나 현실에서 환율은 양국의 구매력을 충분히 반영하지 못하는 경우가 많다. 따라서 양국의 구매력의 차이를 나타내는 척도가 필요한데 이를 실질환율이라고 하며, 자국상품과 외국상품의 교환비율을 의미한다.

실질환율은 외국상품 1단위와 교환되는 자국상품의 양으로서 $q = \dfrac{e P^*}{P}$ 로 표시할 수 있다.

실질환율은 외국재화의 자국재화에 대한 상대가격으로서 실질환율의 상승은 외국재화의 상대가격이 상승하는 것이고 실질환율의 하락은 외국재화의 상대가격이 하락하는 것이다. 따라서 실질환율은 자국재화의 수출경쟁력을 의미하며, 높을수록 수출경쟁력이 높다.

2) 실질환율의 변화

실질환율은 $q = \dfrac{e P^*}{P}$ 이며 이를 변화율로 표시하면, $\hat{q} = \hat{e} + \hat{P^*} - \hat{P}$ 가 된다. 이를 해석하면 다음과 같다.

먼저 양국의 물가수준에 변화가 없는 경우 명목환율이 상승하면 실질환율은 상승하고 명목환율이 하락하면 실질환율은 하락한다.

자국의 물가수준이 내려가더라도 자국의 명목환율이 같은 비율로 하락한다면 실질환율은 불변이다. 즉, 자국의 물가수준이 내려가도 수출경쟁력이 강화되는 것은 아니고 불변인 것이다. 한편 자국의 물가수준이 오르더라도 자국의 명목환율이 같은 비율로 상승한다면 실질환율은 불변이다. 즉, 자국의 물가수준이 올라도 수출경쟁력이 악화되는 것은 아니고 불변인 것이다.

위의 내용에 따라서 설문을 분석하면 다음과 같다.
한국과 미국의 연간 물가상승률은 각각 4%와 6%이고 환율은 달러당 1,200원에서 1,260원으로 변하였다고 하였으므로 명목환율은 5% 상승하였다. 따라서 실질환율의 변화율은 $\hat{q} = \hat{e} + \hat{P^*} - \hat{P}$ 에 의하여 $\hat{q} = 5 + 6 - 4 = 7(\%)$이므로 7%가 상승하며, 7% 평가절하된 것으로 해석할 수 있다.

국내물가가 4% 상승하고 외국물가가 6% 상승했으며 명목환율이 10% 하락한 경우에 실질환율의 하락 정도는? (단, 명목환율은 외국화폐 단위당 자국화폐의 교환비율이다.) ▶ 2012년 감정평가사

① 4% ② 6% ③ 8%
④ 10% ⑤ 12%

출제이슈 실질환율
핵심해설 정답 ③

1) 실질환율의 개념

명목환율은 자국통화와 외국통화의 교환비율로서 이는 외국화폐 1단위와 교환되는 자국화폐의 양으로 표시할 수 있다. 쉽게 말하면 외국화폐의 가격이 명목환율이다. 구매력 평가설에 의하면, 명목환율은 양국의 물가수준에 의하여 결정된다.

그러나 현실에서 환율은 양국의 구매력을 충분히 반영하지 못하는 경우가 많다. 따라서 양국의 구매력의 차이를 나타내는 척도가 필요한데 이를 실질환율이라고 하며, 자국상품과 외국상품의 교환비율을 의미한다.

실질환율은 외국상품 1단위와 교환되는 자국상품의 양으로서 $q = \dfrac{e\,P^*}{P}$ 로 표시할 수 있다.

실질환율은 외국재화의 자국재화에 대한 상대가격으로서 실질환율의 상승은 외국재화의 상대가격이 상승하는 것이고 실질환율의 하락은 외국재화의 상대가격이 하락하는 것이다. 따라서 실질환율은 자국재화의 수출경쟁력을 의미하며, 높을수록 수출경쟁력이 높다.

2) 실질환율의 변화

실질환율은 $q = \dfrac{e\,P^*}{P}$ 이며 이를 변화율로 표시하면, $\hat{q} = \hat{e} + \widehat{P^*} - \hat{P}$ 가 된다. 이를 해석하면 다음과 같다.

먼저 양국의 물가수준에 변화가 없는 경우 명목환율이 상승하면 실질환율은 상승하고 명목환율이 하락하면 실질환율은 하락한다.

자국의 물가수준이 내려가더라도 자국의 명목환율이 같은 비율로 하락한다면 실질환율은 불변이다. 즉, 자국의 물가수준이 내려가도 수출경쟁력이 강화되는 것은 아니고 불변인 것이다.

한편 자국의 물가수준이 오르더라도 자국의 명목환율이 같은 비율로 상승한다면 실질환율은 불변이다. 즉, 자국의 물가수준이 올라도 수출경쟁력이 악화되는 것은 아니고 불변인 것이다.

위의 내용에 따라서 설문을 분석하면 다음과 같다.
자국과 외국의 물가상승률은 각각 4%와 6%이고 명목환율이 10% 하락하였다. 따라서 실질환율의 변화율은 $\hat{q} = \hat{e} + \widehat{P^*} - \hat{P}$ 에 의하여 $\hat{q} = -10 + 6 - 4 = -8(\%)$ 이므로 8% 하락하였다.

소규모 개방국가인 A국과 B국의 통화량 증가율은 매년 각각 5%와 3%이다. 두 국가의 실질 GDP 증가율은 매년 2%로 일정하고 여타 면에서도 서로 동일하다. 이때, 두 국가의 장기균형에 관한 설명으로 옳지 않은 것은? (단, 두 국가의 명목환율은 A국 통화 1단위와 교환되는 B국 통화의 양으로 정의한다.)

▶ 2014년 감정평가사

① 명목환율은 하락할 것이다.

② A국의 물가상승률이 B국보다 더 높을 것이다.

③ B국의 명목이자율이 A국보다 더 낮을 것이다.

④ A국의 명목 GDP 성장률이 B국보다 더 높을 것이다.

⑤ A국은 무역수지 흑자, B국은 무역수지 적자가 발생할 것이다.

출제이슈 명목환율과 실질환율, 구매력 평가설 및 기타 거시경제변수 간 관계

핵심해설 정답 ⑤

① 옳은 내용이다.

통화량 증가율과 물가상승률은 비례하므로 A국과 B국의 통화량 증가율이 매년 각각 5%와 3%이면, A국의 물가상승률이 B국의 물가상승률보다 더 높을 것이다. 그리고 장기에 있어서 명목환율의 변화율은 자국 B국 물가의 상승률과 외국 A국 물가의 상승률의 차이에 의하여 결정된다. 따라서 A국의 물가상승률이 B국의 물가상승률보다 더 높으면 명목환율의 변화율은 음수가 되므로 명목환율은 하락할 것으로 예상된다.

② 옳은 내용이다.

통화량 증가율과 물가상승률은 비례하므로 A국과 B국의 통화량 증가율이 매년 각각 5%와 3%이면, A국의 물가상승률이 B국의 물가상승률보다 더 높을 것이다.

③ 옳은 내용이다.

장기에 있어서 물가상승률은 기대인플레이션과 동일하다. 따라서 위 ②에서 A국의 물가상승률이 B국의 물가상승률보다 더 높을 것이므로 A국의 기대인플레이션은 B국보다 더 높을 것이다. 그리고 기대인플레이션은 명목이자율과 비례하므로 A국의 명목이자율은 B국보다 더 높을 것이다.

④ 옳은 내용이다.

두 국가의 실질 GDP 증가율이 동일하다면, 두 국가의 명목 GDP 성장률은 물가상승률에 의하여 결정된다. 따라서 위 ②에서 A국의 물가상승률이 B국의 물가상승률보다 더 높을 것이므로 A국의 명목 GDP 성장률이 B국보다 더 높을 것이다.

⑤ 틀린 내용이다.

장기에 있어서 환율의 결정은 구매력에 의하여 이루어지며 이 경우 실질환율은 항상 일정하게 된다. 따라서 양국의 순수출은 불변으로 유지될 것이다.

THEME 02 환율과 경상수지

1 의의

환율은 경상수지에 의한 외환의 수요와 공급에 의해서 결정된다.

2 수출입과 환율

1) 수출과 외환공급

수출이라는 실물의 흐름 이면에는 수출대금 수취라는 외환의 흐름이 있다. 수출은 외환의 공급 요인이 된다. 한편, 외환의 공급은 통화량을 증가시킬 수 있다.

2) 수입과 외환수요

수입이라는 실물의 흐름 이면에는 수입대금 지급이라는 외환의 흐름이 있다. 수입은 외환의 수요 요인이 된다. 한편, 외환의 수요는 통화량을 감소시킬 수 있다.

3) 경상수지와 환율

경상수지가 흑자인 경우 외환공급이 외환수요보다 더 커서 환율이 하락하고, 경상수지가 적자인 경우 외환수요가 외환공급보다 더 커서 환율이 상승한다.

3 환율의 결정요인

1) 경상수지(환율 ← 외환수요공급 ← 경상수지)

환율은 기본적으로 외환의 수요와 공급에 의하여 결정되며 외환의 수요와 공급은 경상수지가 결정한다. 따라서 외환수요와 외환공급이 균형을 이루는 수준, 즉 경상수지가 균형을 이루는 수준에서 환율이 결정된다. 만일 경상수지에 의하여 외환의 초과수요나 초과공급이 발생할 경우에는 환율이 상승 또는 하락한다.

2) 가격, 소득 및 이자율(경상수지 ← 수출, 수입 ← 상대가격, 소득, 이자율)

먼저 국내물가가 상승하는 경우 수출의 가격경쟁력이 하락하여 경상수지가 악화된다. 그리고 소득이 증가하는 경우 수입수요가 증가하여 경상수지가 악화된다. 또한 이자율이 하락하면 수입대금에 대한 차입이 쉬워져서 수입이 증가하므로 경상수지가 악화될 수 있다.

3) 환율결정요인과 환율함수

앞에서 살펴본 환율결정요인들을 모두 포함하여 일반적인 환율함수를 다음과 같이 표시할 수 있다.

$$e = f(P, P^*, Y, Y^*, i, i^*, Z)$$

(단, e : 환율, P : 물가, P^* : 외국물가, Y : 자국소득, Y^* : 외국소득,

　　i : 자국이자율, i^* : 외국이자율, e : 기타 다른 요인들)

4 환율의 안정조건

미시경제이론에서 균형가격이 안정적이기 위해서 가격상승 시 초과수요가 해소되어야 한다. 마찬가지로 환율이론에서 균형환율이 안정적이기 위해서 환율상승 시 외환초과수요가 해소되어야 한다. 외환초과수요는 경상수지적자를 의미하므로 환율이 상승하여 경상수지 불균형이 해소되어야 함을 뜻한다. 이를 위해서는 로빈슨 – 메츨러 안정조건이 성립해야 하며, 이 조건은 일정한 전제하(양국의 수출공급이 무한탄력적)에서는 앞서 살펴본 마샬 – 러너 조건과 동일하다.

THEME 03 환율과 자본수지

1 의의

환율은 자본수지에 의한 외환의 수요와 공급에 의해서 결정된다.

2 이자율과 환율

1) 국내이자율 상승과 환율

국내이자율이 상승하여 국제이자율보다 높을 경우 자본유입이 발생한다. 자본유입은 외환의 공급 증가요인이 되므로 국내이자율 상승 시 자본수지가 개선된다.

2) 국내이자율 하락과 환율

국내이자율이 하락하여 국제이자율보다 낮을 경우 자본유출이 발생한다. 자본유출은 외환의 공급 감소요인이 되므로 국내이자율 하락 시 자본수지가 악화된다.

3) 자본수지와 환율

자본수지가 흑자인 경우 외환공급이 외환수요보다 더 커서 환율이 하락하고, 자본수지가 적자인 경우 외환수요가 외환공급보다 더 커서 환율이 상승한다.

3 환율의 결정요인

1) 자본수지(환율 ← 외환수요공급 ← 자본수지 및 경상수지)

환율은 기본적으로 외환의 수요와 공급에 의하여 결정되며 외환의 수요와 공급은 자본수지 및 경상수지가 결정한다. 따라서 외환수요와 외환공급이 균형을 이루는 수준, 즉 국제수지가 균형을 이루는 수준에서 환율이 결정된다. 만일 국제수지에 의하여 외환의 초과수요와 초과공급이 발생할 경우에는 환율이 상승 또는 하락한다.

2) 가격, 소득 및 이자율(자본수지 및 경상수지 ← 수출, 수입, 이자율 ← 상대가격, 소득)

먼저 국내물가가 상승하는 경우 수출의 가격경쟁력이 하락하여 경상수지가 악화된다. 그리고 소득이 증가하는 경우 수입수요가 증가하여 경상수지가 악화된다. 또한 이자율이 하락하면 수입대금에 대한 차입이 쉬워져서 수입이 증가하므로 경상수지가 악회될 수 있다. 그리고 이자율 하락에 따라 자본유출이 발생하여 자본수지도 악화된다.

3) 환율결정요인과 환율함수

앞에서 살펴본 환율결정요인들을 모두 포함하여 일반적인 환율함수를 다음과 같이 표시할 수 있다.

$e = f(P, \ P^*, \ Y, \ Y^*, \ i, \ i^*, \ Z)$

(단, e : 환율, P : 물가, $P*$: 외국물가, Y : 자국소득, Y^* : 외국소득,

i : 자국이자율, i^* : 외국이자율, e : 기타 다른 요인들)

4 경상수지모형과의 구별

오늘날에 이르기까지 세계적 자본이동의 규모는 지속적으로 확대되어 왔다. 경상수지모형은 경상거래에만 초점을 맞추고 있기 때문에 환율변화를 경상거래 변화만으로 설명하는 것은 한계가 있다. 또한 환율에 영향을 미치는 요인들의 성격에 따라서 동일한 요인이라도 경상수지와 자본수지에 상이한 효과를 줄 수 있음에 주의해야 한다.

예를 들어 확대재정정책에 의하여 소득이 증가하고 이자율이 상승하는 경우 경상수지는 악화되지만 자본수지는 개선될 수 있다. 경상수지의 악화는 환율상승요인으로 작용하는 반면 자본수지의 개선은 환율하락요인으로 작용한다. 확대통화정책에 의하여 소득이 증가하고 이자율이 하락하는 경우 경상수지도 악화되고, 자본수지도 악화될 수 있다. 따라서 이 경우에는 환율상승요인으로 작용한다.

THEME 04 환율과 물가 : 구매력 평가설

1 의의

구매력 평가설에 의하면 환율은 자국과 외국의 물가, 즉 구매력에 의해서 결정된다. 자국의 물가가 상승하면 환율도 상승하는 반면, 외국의 물가가 상승하면 환율은 하락한다.

2 가정

무역에 따른 규제, 운송비, 각종 거래비용 등이 없으며 가격은 신축적인 상황을 가정한다.

3 일물일가의 법칙

1) 의의

국가 간에 무역이 완전히 자유롭다면, 동일한 재화에 대한 자국의 가격과 외국의 가격이 같아진다. 일물일가의 법칙이 성립한다.

2) 산식

자국에서 특정 재화의 가격이 P_i 원이고 외국에서 동일한 재화의 가격이 P_i^* 달러라고 하면, 특정 재화 1단위를 매개로 하여 자국화폐 P_i 원과 외국화폐 P_i^* 달러는 같은 가치를 가지므로 교환이 가능하며 다음과 같이 표시할 수 있다.

자국화폐 P_i 원 $\Leftrightarrow$ 외국화폐 P_i^* 달러

환율은 정의상 외국화폐의 자국화폐로 표시한 가격이므로 이를 위의 교환과정에 도입하면 다음과 같은 환율의 산식을 얻을 수 있다.

환율 $e = \dfrac{P_i}{P_i^*}$

4 절대적 구매력 평가설

1) 의의

자국과 외국 모두 소비패턴이 동일하고 모든 재화에 대한 가중치가 동일한 경우 모든 재화에 대하여 일물일가의 법칙이 성립한다면 환율은 양국의 물가에 의해 결정된다.

2) 산식

절대적 구매력 평가설에 의하면 환율은 $e = \dfrac{P}{P^*}$, 즉 자국물가와 외국물가의 비율이 된다. 이는 또한 구매력의 비율에 의하여도 표시할 수 있다. 즉, 환율은 $e = \dfrac{1/P^*}{1/P} = \dfrac{외국화폐의\ 구매력}{자국화폐의\ 구매력}$ 이 된다.

3) 일물일가의 법칙과 절대적 구매력 평가설

일물일가의 법칙은 개별상품에 대하여 적용된다. 그러나 절대적 구매력 평가설은 모든 재화와 서비스를 한 묶음으로 평가한 일반물가지수에 대해 적용된다. 물가지수 계산에 사용된 재화의 집합과 가중치가 양국 간에 동일하다면, 절대적 구매력 평가설은 성립한다.

4) 한계 및 평가

① 무역장벽과 비교역재

국가 간에는 운송비와 무역장벽이 있어서 일물일가의 법칙이 성립하기 어렵기 때문에 곧바로 절대적 구매력 평가설이 성립한다고 보기 어렵다.

② 소비바스켓과 가중치

설사 일물일가의 법칙이 성립한다고 하더라도 물가지수 계산에 사용되는 재화의 집합과 가중치가 양국 간에 서로 다를 것이므로 절대적 구매력 평가설이 현실에서 성립한다고 보기는 어렵다.

③ 장기환율 결정이론

장기에 있어서는 양국의 구매력을 일치시키는 방향으로 가격과 환율이 변화할 수 있으므로 절대적 구매력 평가설은 장기환율 결정이론으로 볼 수 있다.

5 상대적 구매력 평가설

1) 의의

구매력 평가설을 현실적으로 적용해보면, 반드시 일물일가의 법칙이 성립하지는 않더라도, 즉 절대적 구매력 평가설이 성립하지는 않더라도 양국의 물가와 환율 사이에 일정한 관계가 성립할 수 있다. 이렇게 양국의 물가상승률과 환율상승률 간의 일정한 관계를 상대적 구매력 평가설이라고 한다.

2) 산식

환율 $e = \dfrac{P}{P^*}$ 을 증가율 형태로 변화시키면 $\hat{e} = \hat{P} - \hat{P^*}$ 이 된다. 이는 환율상승률이 자국의 물가상승률에서 외국의 물가상승률을 차감한 것으로 결정됨을 의미한다.

3) 의미

자국의 인플레이션이 외국보다 높으면, 자국화폐가치가 하락하여 환율이 상승한다. 절대적 구매력 평가설이 성립하지 않더라도 두 국가의 물가상승률의 차이는 장기적으로 환율변화에 반영되기 때문에 상대적 구매력 평가설은 성립할 수 있다.

📑 필수예제

구매력 평가설에 관한 설명으로 옳지 않은 것은? ▶ 2011년 감정평가사

① 구매력 평가설에 의하면 일물일가의 법칙이 성립될 수 있도록 환율이 결정된다.
② 절대적 구매력 평가설에 의하면 국내 인플레이션율과 해외 인플레이션율은 항상 같다.
③ 절대적 구매력 평가설이 성립하면 실질환율이 1이 된다.
④ 무역장벽이 높을수록 구매력 평가설의 현실설명력은 감소한다.
⑤ 비교역재(non-tradable goods)의 존재가 구매력 평가설의 현실설명력을 떨어뜨리는 요인이 된다.

출제이슈 구매력 평가설
핵심해설 정답 ②

① 옳은 내용이다.
무역에 따른 규제, 운송비, 각종 거래비용 등이 없는 상황에서 가격이 신축적인 경우, 국가 간에 무역이 완전히 자유롭다면 동일한 재화에 대한 자국의 가격과 외국의 가격이 같아지는 일물일가의 법칙이 성립한다.

만일 모든 재화에 대하여 일물일가의 법칙이 성립한다면, 자국과 외국 모두 소비패턴이 동일하고 모든 재화에 대한 가중치가 동일한 경우 환율은 양국의 물가, 즉 구매력에 의해서 결정된다. 이를 구매력 평가설이라고 한다.

② 틀린 내용이다.
구매력 평가설에 의하면 환율 $e = \dfrac{P}{P^*}$, 즉 자국물가와 외국물가의 비율이 된다. 국내 인플레이션율과 해외 인플레이션율이 항상 같다는 것이 아니다.

③ 옳은 내용이다.
실질환율은 자국상품과 외국상품의 교환비율이므로 외국상품 1단위와 교환되는 자국상품의 양을 의미하며 실질환율은 $q = \dfrac{e\,P^*}{P}$ 로 표시할 수 있다. 따라서 구매력 평가설이 성립하면, 실질환율이 1이 됨을 알 수 있다.

④, ⑤ 모두 옳은 내용이다.
일물일가의 법칙이 성립하고 장기적으로 물가가 신축적인 상황에서 구매력 평가설이 성립한다고 가정하면, 구매력 평가설에 의한 환율이 이론상 명목환율이 되어야 한다. 다만, 실제 현실에서는 국가 간 교역에 있어서 무역장벽이 존재할 뿐만 아니라 비교역재가 존재하기 때문에 구매력 평가설이 성립하기 어려운 한계가 분명히 있다.

구매력 평가설이 성립할 때, 다음 설명 중 옳지 않은 것은?   ▶ 2013년 감정평가사

① 자국의 통화량이 증가할 때, 실질환율은 변화하지 않는다.
② 외국의 양적완화정책으로 외국의 물가가 상승하면, 자국의 실질 순수출이 증가한다.
③ 양국 물가상승률의 차이가 명목환율의 변화율에 영향을 준다.
④ 양국 간 무역에서 재정거래(arbitrage)에 의한 수익을 얻을 수 없다.
⑤ 양국 물가수준의 상대적 비율이 명목환율에 영향을 준다.

출제이슈 구매력 평가설
핵심해설 **정답** ②

① 옳은 내용이다.

무역에 따른 규제, 운송비, 각종 거래비용 등이 없는 상황에서 가격이 신축적인 경우, 국가 간에 무역이 완전히 자유롭다면 동일한 재화에 대한 자국의 가격과 외국의 가격이 같아지는 일물일가의 법칙이 성립한다.

만일 모든 재화에 대하여 일물일가의 법칙이 성립한다면, 자국과 외국 모두 소비패턴이 동일하고 모든 재화에 대한 가중치가 동일한 경우 환율은 양국의 물가, 즉 구매력에 의해서 결정된다. 이를 구매력 평가설이라고 한다.

구매력 평가설에 의하면 환율 $e = \dfrac{P}{P^*}$, 즉 자국물가와 외국물가의 비율이 된다.

혹은 $e = \dfrac{1/P^*}{1/P} = \dfrac{\text{외국화폐의 구매력}}{\text{자국화폐의 구매력}}$ 이 된다.

한편, 실질환율은 자국상품과 외국상품의 교환비율이므로 외국상품 1단위와 교환되는 자국상품의 양을 의미하며 실질환율은 $q = \dfrac{e P^*}{P}$ 로 표시할 수 있다. 따라서 구매력 평가설이 성립하면, 실질환율이 1이 됨을 알 수 있다. 따라서 구매력 평가설이 성립하면, 자국의 통화량이 증가하더라도 실질환율은 불변이다.

② 틀린 내용이다.

위 ①에서 살펴본 바대로, 구매력 평가설이 성립하면 외국의 양적완화정책으로 외국의 물가가 상승하더라도 실질환율은 불변이다. 따라서 자국의 실질 순수출은 실질환율에 영향을 받기 때문에 실질환율이 불변인 한은 실질 순수출도 불변이다.

③ 옳은 내용이다.

구매력 평가설에 의하면 환율 $e = \dfrac{P}{P^*}$, 즉 자국물가와 외국물가의 비율이 된다. 따라서 명목환율의 변화율은 자국의 물가상승률과 외국의 물가상승률의 차이에 의하여 결정된다.

④ 옳은 내용이다.

무역에 따른 규제, 운송비, 각종 거래비용 등이 없는 상황에서 가격이 신축적인 경우, 국가 간에 무역이 완전히 자유롭다면 동일한 재화에 대한 자국의 가격과 외국의 가격이 같아지는 일물일가의 법칙이 성립한다. 따라서 양국 간 무역에서 재정거래(arbitrage)에 의한 수익을 얻을 수 없다.

⑤ 옳은 내용이다.

구매력 평가설에 의하면 환율 $e = \dfrac{P}{P^*}$, 즉 자국물가와 외국물가의 비율이 된다. 따라서 양국 물가수준의 상대적 비율이 명목환율에 영향을 준다.

2015년과 2020년 빅맥가격이 아래와 같다. 일물일가의 법칙이 성립할 때, 옳지 않은 것은? (단, 환율은 빅맥가격을 기준으로 표시한다.)

▶ 2020년 감정평가사

2015년		2020년	
원화가격	달러가격	원화가격	달러가격
5,000원	5달러	5,400원	6달러

① 빅맥의 원화가격은 두 기간 사이에 8% 상승했다.
② 빅맥의 1달러당 원화가격은 두 기간 사이에 10% 하락했다.
③ 달러 대비 원화의 가치는 두 기간 사이에 10% 상승했다.
④ 달러 대비 원화의 실질환율은 두 기간 사이에 변하지 않았다.
⑤ 2020년 원화의 명목환율은 구매력 평가 환율보다 낮다.

출제이슈 구매력 평가설과 빅맥환율
핵심해설 정답 ⑤

무역에 따른 규제, 운송비, 각종 거래비용 등이 없는 상황에서 가격이 신축적인 경우, 국가 간에 무역이 완전히 자유롭다면 동일한 재화에 대한 자국의 가격과 외국의 가격이 같아지는 일물일가의 법칙이 성립한다. 만일 모든 재화에 대하여 일물일가의 법칙이 성립한다면, 자국과 외국 모두 소비패턴이 동일하고 모든 재화에 대한 가중치가 동일한 경우 환율은 양국의 물가, 즉 구매력에 의해서 결정된다. 이를 구매력 평가설이라고 한다.

구매력 평가설에 의하면 환율 $e = \dfrac{P}{P^*}$, 즉 자국물가와 외국물가의 비율이 된다.

혹은 $e = \dfrac{1/P^*}{1/P} = \dfrac{외국화폐의\ 구매력}{자국화폐의\ 구매력}$ 이 된다.

설문에서 주어진 빅맥가격은 각국에서 판매되고 있는 빅맥의 국가별 가격을 의미한다. 빅맥가격을 이용하여 구매력 평가설에 의한 환율을 구하면 $e = \dfrac{P}{P^*}$와 같이 구할 수 있다. 이때 환율은 1달러를 각국의 화폐로 표현한 것을 의미한다.

1) 2015년의 환율
   동일한 빅맥이 2015년 미국에서는 5달러, 한국에서는 5,000원에 판매되고 있다.
   따라서 빅맥가격을 이용한 구매력 평가설에 의한 환율 $e = \dfrac{P}{P^*} = \dfrac{5,000}{5} = 1,000$(원/달러)가 된다.

2) 2020년의 환율
   동일한 빅맥이 2020년 미국에서는 6달러, 한국에서는 5,400원에 판매되고 있다.
   따라서 빅맥가격을 이용한 구매력 평가설에 의한 환율 $e = \dfrac{P}{P^*} = \dfrac{5,400}{6} = 900$(원/달러)가 된다.

위의 내용에 따라서 설문을 검토하면 다음과 같다.

① 옳은 내용이다.

2015년 빅맥의 원화가격은 5,000원, 2020년 빅맥의 원화가격은 5,400원이므로 두 기간 동안 8% 상승하였음을 알 수 있다.

② 옳은 내용이다.

2015년 빅맥가격을 이용한 구매력 평가설에 의한 환율 $e = 1,000$(원/달러)이고, 2020년에는 $e = 900$(원/달러)이므로 두 기간 동안에 10% 하락하였음을 알 수 있다.

③ 옳은 내용이다.

위 ②에서 빅맥 구매력 평가설에 의한 환율이 10% 하락하였다는 것은 달러 대비 원화의 가치가 역으로 10% 상승하였음을 의미한다.

④ 옳은 내용이다.

실질환율은 자국상품과 외국상품의 교환비율이므로 외국상품 1단위와 교환되는 자국상품의 양을 의미하며 실질환율은 $q = \dfrac{eP^*}{P}$ 로 표시할 수 있다. 따라서 구매력 평가설이 성립하면, 실질환율은 두 나라 물가수준의 차이에 관계없이 항상 1이 됨을 알 수 있다. 빅맥환율은 구매력 평가설을 적용한 환율이므로 역시 실질환율은 변화가 없음을 알 수 있다.

⑤ 틀린 내용이다.

일물일가의 법칙이 성립하고 장기적으로 물가가 신축적인 상황에서 구매력 평가설이 성립한다고 가정하면, 구매력 평가설에 의한 환율이 이론상 명목환율이 되어야 한다. 다만, 실제 현실에서는 국가 간 교역에 있어서 무역장벽이 존재할 뿐만 아니라 비교역재가 존재하기 때문에 구매력 평가설이 성립하기 어려운 한계가 분명히 있다. 참고로 만일 설문에서 명목환율을 따로 제시하는 경우에는 제시된 명목환율과 구매력 평가설에 의한 환율을 비교하여 통화의 고평가 혹은 저평가 여부를 분석해야 한다.

현재 한국과 미국의 햄버거 가격이 각각 5,000원, 5달러인 경우, 이에 관한 설명으로 옳은 것을 모두 고른 것은? (단, 햄버거를 대표상품으로 한다.)

▶ 2024년 감정평가사

ㄱ. 투기적 공격이 발생하면 국내 통화공급이 감소한다.
ㄴ. 투기적 공격이 발생하면 외환보유고가 감소한다.
ㄷ. 자본이동이 완전히 자유로운 경우, 중앙은행은 독립적으로 통화공급을 결정할 수 없다.
ㄹ. 투자자들이 국내통화의 평가절상을 기대하게 되면, 국내통화로 계산된 외국채권의 기대 수익률이 하락한다.

① ㄱ   ② ㄷ   ③ ㄱ, ㄴ
④ ㄴ, ㄷ   ⑤ ㄱ, ㄴ, ㄷ

출제이슈 구매력 평가설과 빅맥환율
핵심해설 정답 ③

만일 모든 재화에 대하여 일물일가의 법칙이 성립한다면, 자국과 외국 모두 소비패턴이 동일하고 모든 재화에 대한 가중치가 동일한 경우 환율은 양국의 물가, 즉 구매력에 의해서 결정된다. 이를 구매력 평가설이라고 한다. 구매력 평가설에 의하면 환율 $e = \dfrac{P}{P^*}$, 즉 자국물가와 외국물가의 비율이 된다. 문제에서 햄버거가 대표상품이라고 하였고, 한국 햄버거가격이 5,000원, 미국 햄버거가격이 5달러이므로 구매력 평가설에 의한 환율은 1,000원/달러가 된다.

만일 현재 환율이 1,100원/달러라면, 5달러를 가지고 미국에서 햄버거를 사는 것보다는 한국에서 구매하게 되면 500원의 차익을 얻을 수 있다. 따라서 이러한 차익을 노리고 한국의 햄버거 수요가 늘게 되고, 미국의 햄버거 가격과 환율이 변하지 않는다는 전제하에 결국 한국 햄버거 가격은 상승한다.

THEME 05 환율과 이자율 : 이자율 평가설

1 의의

환율은 외환시장에서 외환수요와 외환공급이 균형을 이룰 때 결정된다. 특히 외환수요는 자산으로서의 외국화폐에 대한 수요이므로 해당 자산으로부터 기대되는 수익률과 위험에 의하여 결정된다. 따라서 환율은 외환으로부터의 기대수익률과 대체자산인 원화의 기대수익률 그리고 위험 등에 의하여 결정된다고 할 수 있다. 이자율 평가설에 의하면, 외화자산의 수익률과 원화자산의 수익률이 같아질 때 더 이상의 재정차익거래가 불가능하게 되어 외환시장의 균형이 달성되고 환율이 결정된다.

2 국제자본이동과 이자율 평가

1) 국제자본이동

국제적인 자본의 이동은 크게 해외직접투자와 포트폴리오 투자에 의하여 발생한다. 해외직접투자(FDI)란 경영권 참여 목적으로 지분을 취득하거나 기업을 설립하는 것을 의미하는 반면 포트폴리오 투자란 투자 수익을 얻거나 위험을 분산하기 위한 목적으로 외화표시 증권을 구입하는 것이다.

2) 이자율 평가

국가 간에 자본의 이동이 얼마나 자유롭고 완전한지의 여부는 이자율 평가에 의하여 측정할 수 있다. 만일 국가 간에 자본이동이 완전히 자유롭다면, 자국의 원화예금수익률과 외국의 외화예금수익률이 같아지게 되는데 이를 이자율 평가라고 한다. 이자율 평가는 재화시장의 일물일가법칙이 국제금융시장에 적용된 것으로 해석할 수 있다.

3 이자율 평가의 도출

1) 자국의 원화예금수익률

1원을 자국에 원화로 예금할 경우 1년 후 원리합계가 $(1+r)$원이라고 하자. 이 경우 자국의 원화예금수익률은 이자율 r이 된다.

2) 외국의 외화예금수익률

1원을 외국에 외화로 예금할 경우 먼저 1원을 외화로 환전하는 과정이 필요하다. 즉, 환율이 e라고 하면 1원을 $\frac{1}{e}$ 달러로 환전하여 외국에 예금할 경우 1년 후 원리합계가 $\frac{1}{e}(1+r^*)$ 달러라고 하자. 이제 달러를 다시 원화로 환전하면 $\frac{1}{e}(1+r^*) \times e^e$ 원이 된다. 이때 e^e는 미래의 예상환율이 된다. 따라서 수익률은 $\dfrac{e^e}{e}(1+r^*) - 1 + r^* - r^* = r^* + \dfrac{e^e}{e} - 1 + (\dfrac{e^e}{e}r^* - r^*)$이 된다.

이때 $(\dfrac{e^e}{e}r^* - r^*) = r^*(\dfrac{e^e - e}{e})$은 작은 값이므로 무시하면, $r^* + \dfrac{e^e - e}{e}$가 된다. 따라서

외국의 외화예금기대수익률은 $r^* + \dfrac{e^e - e}{e}$이 된다.

3) 이자율 평형조건

이자율 평가 혹은 이자율 평형조건이란 자국의 원화예금수익률과 외국의 외화예금수익률이 같아지는 조건으로서 $r = r^* + \dfrac{e^e - e}{e}$가 된다. 이에 따르면 자국과 외국의 이자율이 같다고 하더라도 미래 예상환율에 따라서 양국 자산에 대한 기대수익률은 차이가 있음을 알 수 있다.

4 외환시장의 균형

1) 이자율 평가와 외환시장의 균형

이자율 평가가 성립하여 양국의 기대예금수익률이 같아질 때, 더 이상 재정차익거래가 불가능하게 되어 외환시장의 균형이 성립한다.

2) 외환시장과 화폐시장

외환시장의 균형에서 균형환율이 결정되고 이는 양국의 기대예금수익률에 달려있으므로 양국 화폐시장의 균형이 필수적으로 동시에 이루어져야 함을 의미한다.

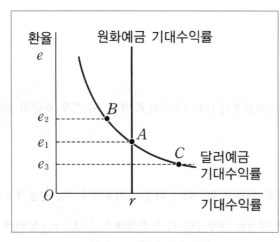

① 자국의 예금수익률 r
환율과 무관하게 일정하므로 수직선의 형태로 예금수익률곡선이 도출된다.

② 외국의 기대예금수익률 $r^* + \dfrac{e^e - e}{e}$
환율과 역의 관계에 있으므로 우하향하는 기대예금수익률곡선으로 도출된다.

③ 외환시장의 균형
자국의 예금수익률곡선과 외국의 기대예금수익률곡선이 교차하는 곳에서 외환시장의 균형이 이루어진다.

그림 6-1 외환시장의 균형

5 환율의 결정요인

1) 자국과 외국의 이자율

자국의 이자율이 낮을수록 그리고 외국의 이자율이 높을수록 자본이 해외로 유출되어 외환시장에서 초과수요가 발생하므로 환율은 상승한다.

2) 예상환율상승률

예상환율상승률이 높을수록 외화예금의 수익률이 커지기 때문에 자본이 유출되어 환율은 상승한다.

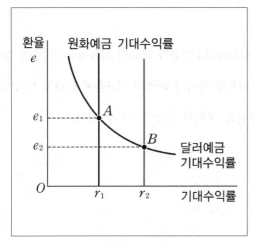

그림 6-2 국내이자율의 상승

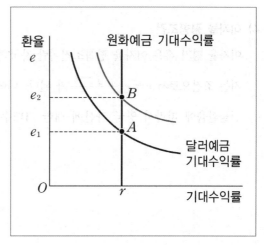

그림 6-3 외국이자율의 상승

6 커버된 이자율 평가설

1) 의의

앞에서 살펴본 이자율 평가는 외국의 외화예금기대수익률에 예상환율 또는 예상환율상승률이 포함되어 있어서 위험을 내포하고 있다. 이 경우 선물환율을 이용하여 위험을 제거할 수 있는데 이와 같이 이자율평가에 선물환율을 사용하여 양국의 기대수익률이 동일해지는 것을 무위험 이자율 평가 혹은 커버된 이자율 평가라고 한다.

2) 자국의 원화예금수익률 r

1원을 자국에 원화로 예금할 경우 1년 후 원리합계가 $(1+r)$원이라고 하자. 이 경우 자국의 원화예금수익률은 이자율 r이 된다.

3) 외국의 외화예금수익률

1원을 외국에 외화로 예금할 경우 먼저 1원을 외화로 환전하는 과정이 필요하다. 즉, 환율이 e 라고 하면 1원을 $\frac{1}{e}$ 달러로 환전하여 외국에 예금할 경우 1년 후 원리합계가 $\frac{1}{e}(1+r^*)$ 달러라고 하자. 이제 달러를 다시 원화로 환전하면 $\frac{1}{e}(1+r^*) \times f$ 원이 된다. 이때 f 는 선물환율이 된다. 따라서 외국의 외화예금기대수익률은 $r^* + \frac{f-e}{e}$ 가 된다. 여기서 $\frac{f-e}{e}$ 가 양이면 선물환 할증률, 음이면 선물환 할인률이라고 한다.

4) 이자율 평형조건

이자율 평가 혹은 이자율 평형조건이란 자국의 원화예금수익률과 외국의 외화예금수익률이 같아지는 조건으로서 $r = r^* + \frac{f-e}{e}$ 가 된다. 이에 따르면 자국과 외국의 이자율이 같다고 하더라도 선물환율에 따라서 양국 자산에 대한 기대수익률은 차이가 있음을 알 수 있다.

필수예제

현재 한국과 미국의 연간 이자율이 각각 4%와 2%이고, 1년 후의 예상환율이 1,122원/달러이다. 양국 간에 이자율평형조건(interest parity condition)이 성립하기 위한 현재 환율은? ▶ 2015년 국가직 7급

① 1,090원/달러

② 1,100원/달러

③ 1,110원/달러

④ 1,120원/달러

출제이슈 이자율 평가설
핵심해설 **정답** ②

국가 간에 자본이동이 완전히 자유롭다면, 자국의 원화예금수익률(투자수익률)과 외국의 외화예금수익률(투자수익률)이 같아지는데 이를 이자율 평형 혹은 이자율 평가라고 한다. 이는 재화시장의 일물일가법칙이 국제금융시장에 적용된 것으로 볼 수 있다. 이자율 평가설에 의하면, 이자율 평가가 성립하여 양국의 기대예금수익률이 같아질 때 더 이상 재정차익거래가 불가능하게 되어 외환시장 균형이 달성되고 환율이 결정된다. 이자율 평가가 성립하면 $i = i^* + \dfrac{e^e - e}{e}$ 가 성립한다.

특히, 위의 이자율 평가는 외국의 외화예금기대수익률에 예상환율상승률이 포함되어 있어서 위험을 내포하고 있다. 따라서 유위험 이자율 평가라고도 한다.

설문에서 현재 한국과 미국의 연간 이자율이 각각 4%와 2%이고, 1년 후의 예상 환율이 1,122원/달러이다. 이를 이자율 평형조건식 $i = i^* + \dfrac{e^e - e}{e}$ 에 대입하면 $0.04 = 0.02 + \dfrac{1,122 - e}{e}$ 가 되고, $e = 1,100$ 이 된다.

> 현재 우리나라 채권의 연간 명목수익률이 5%이고 동일 위험을 갖는 미국채권의 연간 명목수익률이 2.5%일 때, 현물환율이 달러당 1,200원인 경우 연간 선물환율은? (단, 이자율 평가설이 성립한다고 가정한다.)
>
> ▸ 2019년 감정평가사
>
> ① 1,200원/달러 　　　② 1,210원/달러 　　　③ 1,220원/달러
>
> ④ 1,230원/달러 　　　⑤ 1,240원/달러

출제이슈 무위험 이자율 평가
핵심해설 정답 ④

국가 간에 자본이동이 완전히 자유롭다면, 자국의 원화예금수익률(투자수익률)과 외국의 외화예금수익률(투자수익률)이 같아지는데 이를 이자율 평형 혹은 이자율 평가라고 한다. 이는 재화시장의 일물일가법칙이 국제금융시장에 적용된 것으로 볼 수 있다. 이자율 평가설에 의하면, 이자율 평가가 성립하여 양국의 기대예금수익률이 같아질 때 더 이상 재정차익거래가 불가능하게 되어 외환시장 균형이 달성되고 환율이 결정된다. 이자율 평가가 성립하면 $i = i^* + \dfrac{e^e - e}{e}$가 성립한다.

특히, 위의 이자율 평가는 외국의 외화예금기대수익률에 예상환율상승률이 포함되어 있어서 위험을 내포하고 있다. 따라서 유위험 이자율 평가라고도 한다.

한편, 위험을 내포하고 있는 경우 선물환율을 이용하여 위험을 제거할 수 있다. 이와 같이 이자율 평가에 선물환율을 사용하여 양국의 기대수익률이 동일해지는 것을 무위험 이자율 평가 혹은 커버된 이자율 평가라고 한다.

따라서 무위험 이자율 평가식은 예상환율상승률 대신에 선물환율을 사용하므로
$i = i^* + \dfrac{F - S}{S}$ (단, F : 선물환율, S : 현물환율)와 같이 표현된다.

위의 내용에 따라서 풀면 다음과 같다.
설문에서 현재 한국의 채권수익률이 5%이고, 미국의 채권수익률은 2.5%이다. 현재환율은 달러당 1,200원이다.
이를 무위험 이자율 평형조건식 $i = i^* + \dfrac{F - S}{S}$ (단, F : 선물환율, S : 현물환율)에 대입하면 다음과 같다.

$0.05 = 0.025 + \dfrac{F - 1,200}{1,200}$ 가 되고, $F = 1,230$(원/달러)가 된다.

THEME 06 구매력 평가설과 이자율 평가설

1 피셔방정식

피셔방정식에 의하면 명목이자율은 실질이자율에 예상물가상승률을 더한 것이므로 다음과 같다.

$i = r + \pi^e$ (i : 명목이자율, r : 실질이자율, π^e : 예상물가상승률)

이때, 외국을 고려하면 다음과 같다.

$i^* = r^* + \pi^{e^*}$ (i^* : 명목이자율, r^* : 실질이자율, π^{e^*} : 예상물가상승률)

이제 자국과 외국을 동시에 고려하면 다음과 같다.

$(i - i^*) = (r - r^*) + (\pi^e - \pi^{e^*})$

2 구매력 평가설

구매력 평가설에 의하면 환율은 자국과 외국의 물가의 비율로 결정되므로 $e = \dfrac{P}{P^*}$가 된다.

이를 변화율 형태로 바꾸면 $\hat{e} = \hat{P} - \hat{P^*} = \pi - \pi^*$가 된다.

여기에 예상을 고려하면 $\hat{e^e} = \hat{P^e} - \hat{P^{e^*}} = \pi^e - \pi^{e^*}$이므로 $\hat{e^e} = \pi^e - \pi^{e^*}$가 된다.

3 이자율 평가설

이자율 평가설에 의하면 $i = i^* + \dfrac{e^e - e}{e}$이므로 $i - i^* = \dfrac{e^e - e}{e}$가 된다.

$i - i^* = \dfrac{e^e - e}{e}$은 예상환율상승률이므로 $i - i^* = \hat{e^e}$가 된다.

4 양국의 실질이자율의 관계

위의 1, 2, 3의 식들을 정리하면 다음과 같다.

I) 피서방정식 $(i - i^*) = (r - r^*) + (\pi^e - \pi^{c^*})$

2) 구매력 평가설 $\hat{e^e} = \pi^e - \pi^{e^*}$

3) 이자율 평가설 $i - i^* = \widehat{e^e}$

4) 2)와 3)을 1)에 대입하면 $\widehat{e^e} = (r - r^*) + \widehat{e^e}$ **가 된다. 따라서** $r = r^*$ **가 된다.**

따라서 결론적으로 피셔방정식, 구매력 평가설, 이자율 평가설이 성립하는 경우 양국의 실질이자율은 동일하게 된다.

PART · 02

필수예제

한국과 미국의 명목이자율은 각각 3%, 2%이다. 미국의 물가상승률이 2%로 예상되며 현재 원/달러 환율은 1,000원일 때 옳은 것을 모두 고른 것은? (단, 구매력 평가설과 이자율 평가설이 성립한다.)

▶ 2020년 감정평가사

ㄱ. 한국과 미국의 실질이자율은 같다.
ㄴ. 한국의 물가상승률은 3%로 예상된다.
ㄷ. 원/달러 환율은 1,010원이 될 것으로 예상된다.

① ㄱ   ② ㄴ   ③ ㄱ, ㄴ
④ ㄴ, ㄷ   ⑤ ㄱ, ㄴ, ㄷ

출제이슈 구매력 평가설과 이자율 평가설
핵심해설 정답 ⑤

먼저 설문에서 한국과 미국의 명목이자율은 각각 3%, 2%이고 미국의 물가상승률이 2%로 예상되며 현재 원/달러 환율은 1,000원으로 주어져 있다.

① 이자율 평가설에 의하여

$i = i^* + \dfrac{e^e - e}{e}$ 이므로 $0.03 = 0.02 + \dfrac{e^e - e}{e}$ 이 되고, 예상환율상승률은 $\dfrac{e^e - e}{e} = 0.01$ 이 된다.

② 구매력 평가설에 의하여

$\hat{e^e} = \widehat{P^e} - \widehat{P^{e^*}} = \pi^e - \pi^{e^*}$ 이므로 $\hat{e^e} = \pi^e - \pi^{e^*}$, $0.01 = \pi^e - 0.02$ 이 된다.
따라서 한국의 예상물가상승률은 $\pi^e = 0.03$ 이 된다.

③ 피셔방정식에 의하여

한국과 미국의 명목이자율은 각각 3%, 2%이고 한국과 미국의 물가상승률이 3%, 2%로 예상되므로
한국과 미국의 실질이자율은 모두 0%가 된다.

위의 내용에 따라서 설문을 검토하면 다음과 같다.

ㄱ. 옳은 내용이다.

위에서 살펴본 바와 같이 피셔방정식, 구매력 평가설, 이자율 평가설이 성립하는 경우 양국의 실질이자율은 동일하게 된다.

ㄴ. 옳은 내용이다.

$\hat{e}^e = \widehat{P^e} - \widehat{P^{e^*}} = \pi^e - \pi^{e^*}$ 이므로 $\hat{e}^e = \pi^e - \pi^{e^*}$, $0.01 = \pi^e - 0.02$가 된다.

따라서 한국의 예상물가상승률은 $\pi^e = 0.03$이 된다.

ㄷ. 옳은 내용이다.

한국과 미국의 명목이자율은 각각 3%, 2%이고 현재 원/달러 환율은 1,000원으로 주어져 있으므로 이를 이자율 평가설의 산식 $i = i^* + \dfrac{e^e - e}{e}$ 에 대입한다.

이자율 평가설에 의하여 $0.03 = 0.02 + \dfrac{e^e - 1{,}000}{1{,}000}$이 성립하므로 $e^e = 1{,}010$이 된다. 위에서 이미 예상환율상승률이 1%임을 구했으므로 그것을 활용하여도 같은 결과를 얻는다.

이제 위에서 풀어낸 내용을 좀 더 일반적으로 정리하기 위해 피셔방정식, 구매력 평가설, 이자율 평가설 간의 관계를 분석하면 다음과 같다.

1) 피셔방정식

$i = r + \pi^e$ (i : 명목이자율, r : 실질이자율, π^e : 예상물가상승률)

외국을 고려하면 다음과 같다.

$i^* = r^* + \pi^{e^*}$ (i^* : 명목이자율, r^* : 실질이자율, π^{e^*} : 예상물가상승률)

이제 자국과 외국을 동시에 고려하면 다음과 같다. $(i - i^*) = (r - r^*) + (\pi^e - \pi^{e^*})$가 된다.

2) 구매력 평가설

$e = \dfrac{P}{P^*}$이며 이를 변화율 형태의 상대적 구매력 평가설로 바꾸면 $\hat{e} = \hat{P} - \widehat{P^*} = \pi - \pi^*$가 된다.

여기에 예상을 고려하면 $\hat{e}^e = \widehat{P^e} - \widehat{P^{e^*}} = \pi^e - \pi^{e^*}$이므로 $\hat{e}^e = \pi^e - \pi^{e^*}$가 된다.

3) 이자율 평가설

$i = i^* + \dfrac{e^e - e}{e}$이므로 $i - i^* = \dfrac{e^e - e}{e}$가 된다.

$i - i^* = \dfrac{e^e - e}{e}$은 예상환율상승률이므로 $i - i^* = \hat{e}^e$가 된다.

4) 위의 식을 정리하면 다음과 같다.

① 피셔방정식 $(i - i^*) = (r - r^*) + (\pi^e - \pi^{e^*})$

② 구매력 평가설 $\hat{e}^e = \pi^e - \pi^{e^*}$

③ 이자율 평가설 $i - i^* = \hat{e}^e$

④ ②와 ③을 ①에 대입하면 $\hat{e}^e = (r - r^*) + \hat{e}^e$가 된다. 따라서 $r = r^*$가 된다.

5) 결론적으로 피셔방정식, 구매력 평가설, 이자율 평가설이 성립하는 경우 양국의 실질이자율은 동일하게 된다.

한국과 미국의 인플레이션율이 각각 3%와 5%이다. 구매력 평가설과 이자율 평가설(interest parity theory)이 성립할 때, 미국의 명목이자율이 5%이라면 한국의 명목이자율은? (단, 기대인플레이션율은 인플레이션율과 동일하다.)

▶ 2024년 감정평가사

① 1%   ② 2%

③ 3%   ④ 4%

⑤ 5%

출제이슈 구매력 평가설과 이자율 평가설
핵심해설 정답 ③

피셔방정식, 구매력 평가설, 이자율 평가설이 성립하는 경우 양국의 실질이자율은 동일하게 된다.

1) 미국, 피셔방정식

먼저 미국의 경우 인플레이션율이 5%이고, 명목이자율이 5%이므로 피셔방정식에 의하여
5 = 0 + 5가 성립하므로 실질이자율은 0%가 된다.

2) 양국의 실질이자율

양국의 실질이자율은 동일하므로 한국의 실질이자율도 0%가 된다.

3) 한국, 피셔방정식

이제 한국의 경우 인플레이션율이 5%이고, 실질이자율이 0%이므로 피셔방정식에 의하여
3 = 0 + 3가 성립하므로 명목이자율은 3%가 된다.

THEME 07 | 환율과 통화 : 경직적 가격모형

1 | 의의

경직적 가격모형에 의하면 환율은 화폐시장의 균형과 이자율 평가설에 의하여 결정된다.

2 | 화폐수요

자국에서 화폐에 대한 실질수요는 $\dfrac{M^D}{P} = L(Y,\ i)$로서 소득 Y와 이자율 i의 함수이다. 마찬가지로 외국에서 화폐에 대한 실질수요는 $\dfrac{M^{D^*}}{P^*} = L^*(Y^*,\ i^*)$로서 소득 Y^*와 이자율 i^*의 함수이다.

3 | 화폐공급

자국에서 화폐의 실질공급은 $\dfrac{M^S}{P} = \dfrac{M}{P}$로서 외생적으로 결정된다. 마찬가지로 외국에서 화폐의 실질공급은 $\dfrac{M^{S^*}}{P^*} = \dfrac{M^*}{P^*}$로서 외생적으로 결정된다.

4 | 화폐시장의 균형

자국에서 화폐실질수요와 공급이 일치하는 $\dfrac{M}{P} = L(Y,\ i)$에서 자국 화폐시장의 균형이 달성되며 외국에서 화폐실질수요와 공급이 일치하는 $\dfrac{M^*}{P^*} = L^*(Y^*,\ i^*)$에서 외국 화폐시장의 균형이 달성된다.

5 화폐시장의 균형의 변화

화폐공급이 외생적으로 변화하거나 소득이 증가하거나 감소하여 화폐수요가 변화하는 경우에 화폐시장의 균형은 변화한다.

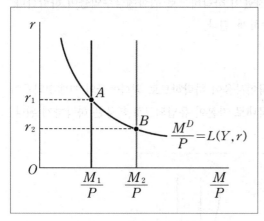

그림 6-4 통화공급 증가

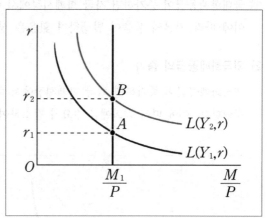

그림 6-5 국민소득 증가

6 단기분석

물가가 경직적인 단기를 상정하고 이자율 평가설을 이용하여 외환시장과 화폐시장의 동시균형을 통해서 다음과 같이 분석할 수 있다. 먼저 자국과 외국의 화폐시장에서 균형을 달성하며 자국과 외국의 이자율이 결정된다. 동시에 이자율 평가설에 의하여 외환시장의 균형이 달성되면서 환율이 결정된다.

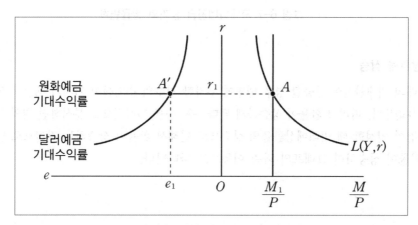

그림 6-6 외환시장과 화폐시장의 동시 균형

7 단기 환율의 결정요인

1) 국내화폐공급의 증가

국내화폐공급이 증가하면 자국 화폐시장에서 이자율이 하락하므로 원화예금수익률이 하락한다. 이에 따라 자본의 유출이 발생하여 환율은 상승하게 된다.

2) 외국화폐공급의 증가

외국화폐공급이 증가하면 외국 화폐시장에서 외국이자율이 하락하므로 외화예금의 기대수익률이 하락한다. 이에 따라 외화예금 수요가 감소하여 국내로 자본이 유입되므로 환율은 하락하게 된다.

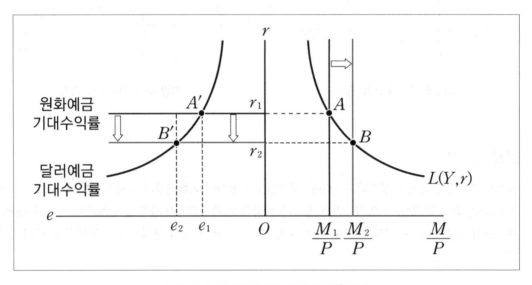

그림 6-7 국내화폐공급 증가와 환율변화

3) 미래예상환율 상승

만약 미래의 기대환율이 상승할 경우 해외에 투자할 경우의 수익률이 커지기 때문에 외환자본이 해외로 유출된다. 따라서 환율이 상승하게 된다. 즉, 이를 기하적으로 분석하면 위의 그래프에서 다른 조건이 일정할 때 미래예상환율의 상승으로 인해서 환율이 상승하는 것이므로 달러예금의 기대수익률이 상승하여 그래프의 좌측 이동으로 나타난다.

📋 필수예제

다음은 이자율 평형조건(interest rate parity condition)과 환율(외국통화 1단위에 대한 자국통화의 교환비율)에 대한 설명이다. (가)와 (나)를 바르게 짝지은 것은? ▶ 2016년 공인회계사

> 이자율 평형조건이 성립하고, 미래의 기대환율이 주어지면, 외국의 이자율도 고정되었다고 하자. 이때, 국내이자율과 환율의 조합을 그래프로 그리면, 국내이자율이 높을수록 환율은 (가)하는 형태로 나타난다. 만약 미래의 기대환율이 상승할 경우 이 그래프는 (나). (단, 그래프의 가로축은 환율, 세로축은 이자율을 나타낸다.)

	(가)	(나)
①	하락	오른쪽으로 이동한다
②	상승	오른쪽으로 이동한다
③	하락	왼쪽으로 이동한다
④	상승	왼쪽으로 이동한다
⑤	하락	움직이지 않는다

출제이슈 이자율 평가설과 외환시장 균형
핵심해설 정답 ①

국가 간에 자본이동이 완전히 자유롭다면, 자국의 원화예금수익률(투자수익률)과 외국의 외화예금수익률(투자수익률)이 같아지는데 이를 이자율 평형 혹은 이자율 평가라고 한다. 이는 재화시장의 일물일가법칙이 국제금융시장에 적용된 것으로 볼 수 있다. 이자율 평가설에 의하면, 이자율 평가가 성립하여 양국의 기대예금수익률이 같아질 때, 더 이상 재정차익거래가 불가능하게 되어 외환시장 균형이 달성되고 환율이 결정된다. 이자율 평가가 성립하면 $i = i^* + \dfrac{e^e - e}{e}$ 가 성립한다.

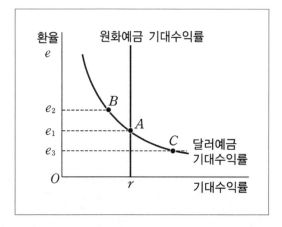

① 자국의 예금수익률 r
환율과 무관하게 일정하므로 수직선의 형태로 예금수익률곡선이 도출된다.

② 외국의 기대예금수익률 $r^* + \dfrac{e^e - e}{e}$
환율과 역의 관계에 있으므로 우하향하는 기대예금수익률곡선이 도출된다.

③ 외환시장의 균형은 자국의 예금수익률곡선과 외국의 기대예금수익률곡선이 교차하는 곳에서 이루어진다.

이자율 평가가 성립하여 양국의 기대예금수익률이 같아질 때, 더 이상 재정차익거래가 불가능하게 되어 외환시장 균형이 성립한다. (설문에서는 가로축이 환율, 세로축이 수익률이지만 내용은 동일하다.)

위의 내용에 따라서 설문을 검토하면 다음과 같다.

1) 이자율과 환율 간 관계
국내이자율이 높을수록 환율은 (하락)하는 형태로서 이자율과 환율 간에 역관계가 나타난다.

2) 미래예상환율 상승의 효과
만약 미래의 기대환율이 상승할 경우 해외에 투자할 경우의 수익률이 커지게 때문에 외환자본이 해외로 유출된다. 따라서 환율이 상승하게 된다. 즉, 이를 기하적으로 분석하면 위의 그래프에서 다른 조건이 일정할 때 미래예상환율의 상승으로 인해서 환율이 상승하는 것이므로 위 그래프의 (우상방 이동으로 나타난다.)

THEME 08 환율과 통화 : 신축적 가격모형

1 의의

신축적 가격모형에 의하면 환율은 화폐시장의 균형과 구매력 평가설에 의하여 결정된다. 즉, 이는 환율이 화폐의 수요 및 공급에 따른 화폐의 가치에 의해서 결정됨을 의미한다.

2 화폐수요

자국에서 화폐에 대한 실질수요는 $\dfrac{M^D}{P} = L(Y,\, i)$로서 소득 Y와 이자율 i의 함수이다. 마찬가지로 외국에서 화폐에 대한 실질수요는 $\dfrac{M^{D*}}{P^*} = L^*(Y^*,\, i^*)$로서 소득 Y^*와 이자율 i^*의 함수이다.

3 화폐공급

자국에서 화폐의 실질공급은 $\dfrac{M^S}{P} = \dfrac{M}{P}$로서 외생적으로 결정된다. 마찬가지로 외국에서 화폐의 실질공급은 $\dfrac{M^{S*}}{P^*} = \dfrac{M^*}{P^*}$로서 외생적으로 결정된다.

4 화폐시장의 균형

자국에서 화폐실질수요와 공급이 일치하는 $\dfrac{M}{P} = L(Y,\, i)$에서 자국 화폐시장의 균형이 달성되며 외국에서 화폐실질수요와 공급이 일치하는 $\dfrac{M^*}{P^*} = L^*(Y^*,\, i^*)$에서 외국 화폐시장의 균형이 달성된다.

5 장기분석

물가가 신축적인 장기를 상정하고 구매력 평가설을 이용하여 다음과 같이 분석할 수 있다. 먼저 자국과 외국의 화폐시장에서 균형을 달성하며 동시에 구매력 평가설에 의하여 장기환율이 다음과 같이 결정된다.

$$e = \frac{P}{P^*} = \frac{M/L(Y,\, i)}{M^*/L^*(Y^*,\, i^*)} = \frac{M\,L^*(Y^*,\, i^*)}{M^*\,L(Y,\, i)}$$

6 장기 환율의 결정요인

1) 화폐수요와 공급

국내화폐공급이 증가하면 자국통화가치가 하락하여 환율이 상승하고, 국내화폐수요가 증가하면
자국통화가치가 상승하여 환율이 하락한다.

2) 소득

국내소득이 증가하면 국내화폐수요가 증가하여 자국통화가치가 상승하므로 환율이 하락하고,
국내소득이 감소하면 국내화폐수요가 감소하여 자국통화가치가 하락하므로 환율이 상승한다.

THEME 09 환율과 통화 : 오버슈팅 모형

1 의의

환율의 오버슈팅이란 어떤 충격(예 통화량 증가)이 있을 때 환율변수가 장기적인 균형 수준에서 크게 이탈한 후에 시간이 흐르면서 장기균형 수준으로 되돌아가는 현상을 말한다.

2 통화량 공급 증가의 단기효과

1) 통화량 공급의 증가와 환율

통화량이 M_1에서 M_2로 증가하게 되면 단기적으로 물가는 경직적이기 때문에 P_1을 유지하게 되므로 이자율은 r_1에서 r_2로 하락한다. 통화량 공급의 증가로 인한 이자율의 하락은 자국의 수익률이 하락함을 의미하므로 자본이 해외로 유출되어 환율은 e_1에서 e_2로 상승하게 된다. 만일 자국의 통화량이 아니라 반대로 외국의 통화량이 증가한다면, 외국의 이자율이 하락하면서 외국 예금의 기대수익률곡선이 우측으로 이동하고 국내로 자금이 유입되어 환율은 하락하게 된다.

2) 통화량 공급에 대한 기대와 환율

그런데 만일 통화량 증가가 앞으로도 계속될 것으로 사람들이 예상한다면 어떻게 될까? 이 경우에는 민간의 예상환율상승률이 높아져서 외국예금의 기대수익률을 높이게 될 것이다. 따라서 외국예금의 기대수익률곡선이 아래의 그래프에서 좌측으로 이동하게 된다. 이로 인해서 환율은 e_2보다 더 높은 e_3까지 상승하게 된다.

즉, 민간이 환율상승을 예상하지 않는 경우에는 통화량이 증가했을 때 환율은 e_1에서 e_2로 상승하지만, 만일 통화공급이 지속적으로 상승할 것으로 예상하여 민간이 예상환율상승률을 더 높이 조정하게 되면 환율은 e_2보다 훨씬 더 높은 e_3수준이 되는데 이렇게 단기적으로 환율이 높이 상승하는 현상을 오버슈팅이라고 한다. 이는 물가가 단기에 경직적이기 때문에 나타나는 현상이다.

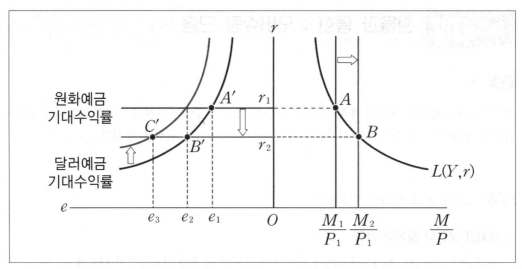

그림 6-8 국내통화공급 증가의 단기효과

3 통화량 공급 증가의 장기효과

통화량이 M_1에서 M_2로 증가할 때 단기적으로 물가는 경직적이기 때문에 P_1을 유지하지만 장기적으로는 물가가 상승하게 된다. 만일 장기에 물가가 P_1에서 P_2로 상승함에 따라서 실질통화량이 $\dfrac{M_2}{P_2}$로 다시 최초의 실질통화량이었던 $\dfrac{M_1}{P_1}$을 회복한다고 하면 이자율도 다시 r_1 수준으로 회귀하게 된다. 이에 따라 통화량 공급 증가로 단기에 e_3 수준까지 상승했던 환율은 장기에 e_4 수준으로 하락한다. 그러나 여전히 최초의 환율 e_1보다는 높은 수준을 유지하게 된다.

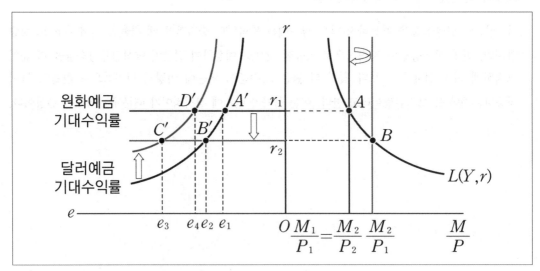

그림 6-9 국내통화공급 증가의 장·단기효과

4 통화량 증가에 대한 거시경제변수의 반응과 오버슈팅

1) 통화량의 증가

t_0 시점에서 통화량이 M_1에서 M_2로 증가하였다고 하자. 그러면 이는 시간과 통화량의 축에서 그림 6-10 그래프와 같이 나타낼 수 있다. 통화량의 증가에 따라서 물가와 이자율 그리고 환율도 변화하게 되는데 시간의 흐름에 따른 이들 거시경제변수의 변화도 역시 그림 6-10 그래프로 나타낼 수 있다.

2) 물가의 상승

t_0 시점에서 통화량이 M_1에서 M_2로 증가하더라도 물가는 단기적으로 P_1 수준을 유지한다. 그러나 시간이 흐름에 따라서 물가가 서서히 상승하여 장기적으로 P_2 수준에 도달하게 된다.

3) 이자율의 변화

t_0 시점에서 통화량이 M_1에서 M_2로 증가하면 화폐시장에서 초과공급($\frac{M_1}{P_1}$에서 $\frac{M_2}{P_1}$로 증가)이 발생하여 이자율은 곧바로 하락하게 된다. 그러나 시간이 흐름에 따라서 물가가 상승(P_1에서 P_2로 상승)하면서 실질통화공급이 감소하여 실질통화공급은 원래 수준으로 회귀($\frac{M_1}{P_1} \to \frac{M_2}{P_1}$ $\to \frac{M_2}{P_2} = \frac{M_1}{P_1}$)하게 된다. 이에 따라 이자율도 다시 서서히 상승하여 원래 수준으로 회귀한다 ($r_1 \to r_2 \to r_1$).

4) 환율의 변화

t_0 시점에서 통화량이 M_1에서 M_2로 증가하면 단기에 이자율이 r_1에서 r_2로 하락하면서 자본이 해외로 유출되어 환율은 상승하게 된다. 이때, 환율상승에 대한 기대를 반영할 경우 국내에 예금할 경우 수익률이 더욱 하락하게 되므로 자본유출이 더 심해져서 환율은 결국 e_1에서 e_3까지 상승하게 된다. 장기에 물가가 상승하면서 실질통화공급과 이자율이 원래 수준으로 회귀하게 되면 환율은 e_3에서 e_4까지 하락한다. 이와 같이 통화량 변화에 따라서 환율이 단기에 급변하여 장기적인 반응보다 더 크게 나타나는 현상을 환율의 오버슈팅(overshooting)이라고 한다.

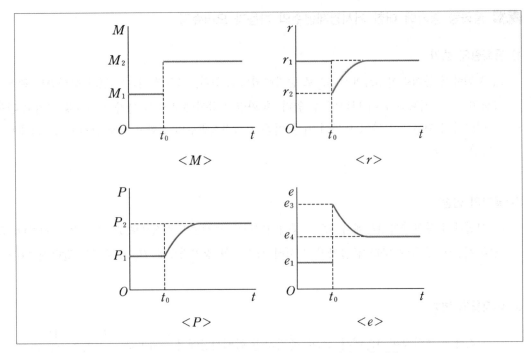

그림 6-10 통화량 증가에 대한 거시경제변수의 반응

개방거시경제이론

THEME 01 개방경제와 BP 곡선

1 BP곡선과 국제수지

1) 경상수지

경상수지는 수출과 수입의 차이로서 순수출이라고도 하며 이는 수출에 의하여 발생하는 자본유입액과 수입에 의하여 발생하는 자본유출액의 차이가 된다. 순수출을 소득 및 실질환율의 함수라고 하면 경상수지는 다음과 같이 표시할 수 있다.

$$CA = CA\left(\frac{eP^*}{P}, Y\right) \quad (CA \,:\, 경상수지, \ \frac{eP^*}{P} \,:\, 실질환율, \ Y \,:\, 소득)$$

2) 자본수지

자본수지는 자본금융거래에 의하여 발생하는 자본유입액과 자본유출액의 차이로서 순자본유입이라고도 한다. 순자본유입을 국가 간 이자율 차이의 함수라고 하면 자본수지는 다음과 같이 표시할 수 있다.

$$KA = KA(r - r^*) \quad (KA \,:\, 자본수지, \ r \,:\, 자국이자율, \ r^* \,:\, 외국이자율)$$

3) 국제수지

국제수지는 경상수지와 자본수지의 합으로서 다음과 같이 표시할 수 있다. 특히 $BP = 0$이면 국제수지 균형, $BP > 0$이면 국제수지 흑자, $BP < 0$이면 국제수지 적자라고 한다.

$$BP = CA + KA = CA\left(\frac{eP^*}{P}, Y\right) + KA(r - r^*) \quad (BP \,:\, 국제수지(balance \ of \ payments))$$

2 BP곡선의 의의

BP곡선이란 국제수지 균형을 달성시키는 국민소득과 이자율의 조합을 연결한 곡선으로서 다음과 같이 표시할 수 있다.

$$BP = CA + KA = CA\left(\frac{eP^*}{P}, Y\right) + KA(r - r^*) = 0$$

1) BP곡선과 구매력 평가설

구매력 평가설이 성립할 경우 실질환율은 1로 고정되어 있다($\frac{eP^*}{P} = 1$). 그런데 BP곡선의 식에서는 경상수지가 실질환율에 영향을 받고 있기 때문에 BP곡선은 실질환율의 변화를 전제로 하는 것이다. 따라서 BP곡선에서 경상수지는 실질환율($\frac{eP^*}{P}$)의 증가함수이며 이는 구매력 평가설이 성립하지 않음을 뜻한다.

2) BP곡선과 이자율 평가설

이자율 평가설이 성립할 경우 $r = r^* + \frac{e^e - e}{e}$ 가 성립한다. 이는 외국예금의 수익률이 예상환율변화율에 영향을 받음을 의미한다. 그런데 BP곡선의 식에서는 자본수지가 예상환율변화율과는 무관하게 자국과 외국의 이자율에만 영향을 받는 것으로 되어 있다. 따라서 BP곡선에서 자본수지는 국제 간 이자율 차이의 증가함수이며 이는 이자율 평가설이 성립하지 않음을 뜻한다.

3 BP곡선의 도출

현재 국제수지 균형상태라고 가정하자. 이때 국민소득이 증가하는 경우 수입이 증가하여 경상수지가 악화되므로 국제수지가 적자로 변화한다. 국제수지의 균형을 다시 회복하기 위해서는 경상수지의 악화를 자본수지의 개선으로 상쇄시켜야 하며 이를 위해서는 이자율이 상승하여야 한다. 따라서 BP곡선은 (Y, r)평면에서 우상향하는 형태로 쉽게 도출된다. 특히 자국과 외국의 물가가 경직적인 경우를 가정하고 외국의 이자율이 불변이라고 가정하여 BP곡선을 다시 쓰면 다음과 같이 소득, 국내이자율 그리고 환율의 함수로 표시할 수 있다.

$$BP = CA + KA = CA(\frac{eP^*}{P}, Y) + KA(r - r^*) = 0$$
$$BP = X(e) - M(Y,e) + KA(r) = 0$$

4 BP곡선의 기울기

현재 국제수지 균형상태라고 가정하자. 이때 국민소득이 증가하는 경우 수입이 증가하여 경상수지가 악화되므로 국제수지가 적자로 변화한다. 국제수지의 균형을 다시 회복하기 위해서는 경상수지의 악화를 자본수지의 개선으로 상쇄시켜야 하며 이를 위해서는 이자율이 상승하여야 한다.

만일 자본이동이 자유로운 경우라면, 이자율이 조금만 상승하여도 자본이 유입되어 자본수지 호전이 가능하다. 이 경우에는 BP곡선이 완만하게 나타난다. 그러나 만일 자본이동이 부자유스러운 경우라면, 이자율이 많이 상승하여야만 자본이 유입되어 자본수지 호전이 가능하다. 이 경우 BP곡선이 상대적으로 가파르게 나타난다. 특히 극단적으로 자본이동이 완전히 자유로운 경우에는 BP곡선이 수평이 되고, 자본이동이 완전히 불가능한 경우에는 BP곡선이 수직이 된다.

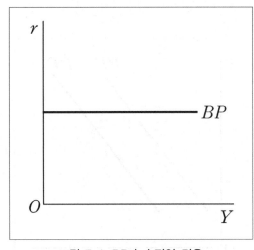

그림 7-1 BP가 수평인 경우

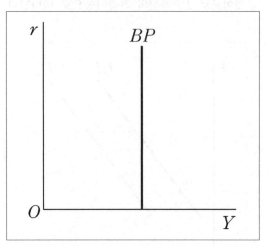

그림 7-2 BP가 수직인 경우

5 BP곡선과 국제수지 불균형

우상향하는 BP곡선에서 BP곡선의 좌상방의 경우 이자율이 국제수지 균형수준보다 높음을 의미하므로 자본이 해외로부터 국내로 유입되어 국제수지 흑자의 상태를 나타낸다. 반대로 BP곡선의 우하방의 경우 이자율이 국제수지 균형수준보다 낮음을 의미하므로 자본이 국내로부터 해외로 유출되어 국제수지 적자의 상태를 나타낸다.

6 BP곡선의 이동

앞에서 도출한 BP 곡선의 식 $BP= X(e) - M(Y,e) + KA(r) = 0$은 환율, 물가, 외국이자율이 불변인 상황을 가정하여 (Y, r)평면에 표시할 수 있다. 만일 환율, 물가 등이 변화할 경우에는 BP곡선 자체가 이동하게 된다.

1) 환율변화와 BP곡선의 이동

환율이 상승하는 경우 수출이 증가하여 경상수지가 개선된다. 이로 인해 총수요가 증가하고 국민소득이 증가하게 된다. 이를 기하적으로 표시하면 동일한 이자율 수준에서 국민소득은 증가한 것이므로 BP곡선의 우측이동으로 나타난다.

2) 물가변화와 *BP*곡선의 이동

물가가 상승하는 경우 수출이 감소하여 경상수지가 악화된다. 이로 인해 총수요가 감소하고 국민소득이 감소하게 된다. 이를 기하적으로 표시하면 동일한 이자율 수준에서 국민소득은 감소한 것이므로 *BP*곡선의 좌측이동으로 나타난다.

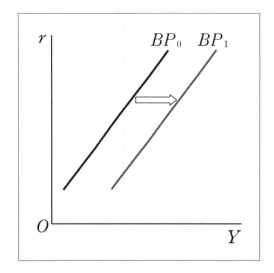

그림 7-3 환율상승 시 *BP*곡선의 이동

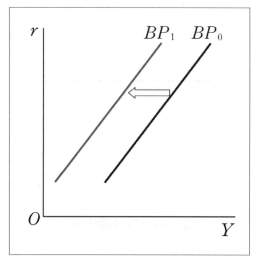

그림 7-4 물가상승 시 *BP*곡선의 이동

THEME 02 $IS-LM-BP$ 모형

1 $IS-LM-BP$ 모형과 균형(자본이동이 완전한 경우)

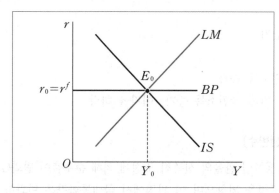

$$IS : \ Y = C(Y) + I(r) + G + X - M$$

$$LM : \ L(Y,r) = \frac{M}{P}$$

$$BP : \ r = r_f \ (자본이동이 완전한 경우)$$

그림 7-5 $IS-LM-BP$ 모형의 균형

2 불균형에서 균형으로의 조정

1) 고정환율제(통화량 : 내생변수, 환율 : 외생변수)

어떤 충격에 의해서 국제수지 불균형이 발생하면 환율변화 압력이 생기며 고정환율을 유지하기 위해서는 정책당국이 외환시장에 개입해야 한다. 이 과정에서 국내통화량은 변화하고 LM곡선이 이동한다. 고정환율제하에서 국제수지 불균형 상태가 조정되어 국제수지 균형을 회복하는 과정은 다음과 같다.

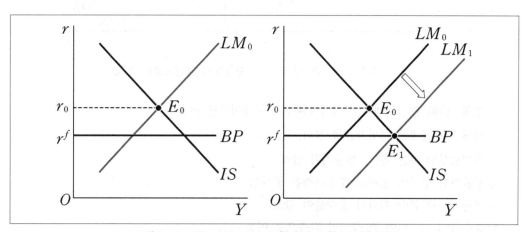

그림 7-6 $IS-LM-BP$ 모형에서 균형으로의 조정

① 현재 대내균형 E_0에서 국내이자율 r_0, 국제이자율 r^f

② 현재 대내균형은 대외불균형 상태, $r_0 > r^f$

③ 해외로부터 자본 유입, 환율하락 압력

④ 고정환율을 유지하기 위해서 중앙은행이 외환시장에 개입

⑤ 외환을 매입, 자국통화를 매도

⑥ 자국통화 매도로 인해서 국내통화량 증가

⑦ 국내통화량 증가로 이자율 하락

⑧ 이자율 하락으로 투자가 증가하여 국민소득 증가

⑨ 새로운 균형 E_1은 기존 불균형 E_0에 비해 국민소득 증가, 이자율 하락

2) 변동환율제(환율 : 내생변수, 통화량 : 외생변수)

어떤 충격에 의해서 국제수지 불균형이 발생하면 환율의 신축적 조정에 의해 순수출이 변화(IS 및 BP곡선 이동)하면서 다시 국제수지 균형을 되찾으며 이 과정에서 국내통화량은 변화하지 않기 때문에 LM곡선은 이동하지 않는다. 변동환율제하에서 국제수지 불균형 상태가 조정되어 국제수지 균형을 회복하는 과정은 다음과 같다.

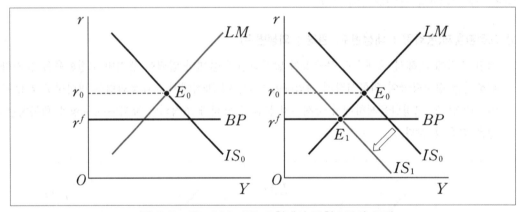

그림 7-7 $IS - LM - BP$ 모형에서 균형으로의 조정

① 현재 대내균형 E_0에서 국내이자율 r_0, 국제이자율 r^f

② 현재 대내균형은 대외불균형 상태, $r_0 > r^f$

③ 해외로부터 자본 유입, 환율하락 압력

④ 환율하락 압력이 있어도 중앙은행은 불개입

⑤ 환율이 하락함에 따라서 순수출이 감소

⑥ 순수출이 감소하여 IS곡선이 좌측으로 이동

⑦ 순수출 감소에 따른 총수요 감소로 국민소득이 감소

⑧ 새로운 균형 E_1은 기존 불균형 E_0에 비해 국민소득 감소, 이자율 하락

THEME 03 고정환율제도하 $IS - LM - BP$ 모형과 재정·통화정책

1 재정정책

1) 자본이동이 완전한 경우

고정환율제도에서 확대재정정책이 실시되면, 국민소득이 증가하고 이자율이 상승한다. 국내이
자율이 국제이자율보다 상승하여 해외로부터 자본이 유입되고 국제수지 흑자가 되어 이로 인하
여 환율하락 압력이 나타난다. 고정환율제도이므로 중앙은행은 고정환율을 유지하기 위해 외환
시장에 개입하여 외환을 매입하고 자국통화를 매도하므로 통화량은 증가한다. 통화량 증가로 이
자율이 하락하고 투자가 증가하여 국민소득이 증가한다. 확대재정정책으로 상승했던 이자율이
다시 하락하여 원래의 이자율로 회귀하고 국민소득은 크게 증가한다. 한편 국민소득 증가는 수
입을 증가시켜 순수출을 감소시킴으로써 경상수지를 악화시킨다.

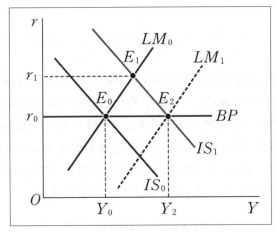

그림 7-8 $IS - LM - BP$ 모형의 균형

① 최초균형 E_0, 국내금리 = 국제금리 = r_0
② 확대재정정책 $IS_0 \rightarrow IS_1$
③ 대내균형 $E_0 \rightarrow E_1$(이자율 상승, 소득 증가)
④ 대외불균형 : 국내금리 r_1 > 국제금리 r_0
⑤ 자본 유입, 국제수지 흑자, 환율하락 압력
⑥ 고정환율을 유지하기 위해 외환시장에 개입
⑦ 외환매입, 자국통화 매도, 국내통화량 증가
⑧ $LM_0 \rightarrow LM_1$으로 이동하며, 이자율 하락
⑨ LM의 이동은 국내금리가 높은 한은 계속,
  국제수지(BP)가 균형이 될 때까지 계속
⑩ 새 균형 E_2는 국민소득 증가, 이자율 불변

2) 자본이동이 불완전한 경우

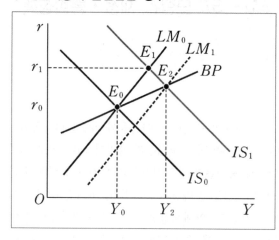

① 최초균형 E_0, 국내금리 = 국제금리 = r_0
② 확대재정정책 $IS_0 \rightarrow IS_1$
③ 대내균형 $E_0 \rightarrow E_1$ (이자율 상승, 소득 증가)
④ 대외불균형 : 국내금리 r_1 > 국제금리 r_0
⑤ 자본 유입, 국제수지 흑자, 환율하락 압력
⑥ 고정환율을 유지하기 위해 외환시장에 개입
⑦ 외환매입, 자국통화 매도, 국내통화량 증가
⑧ $LM_0 \rightarrow LM_1$ 으로 이동하며, 이자율 하락
⑨ LM의 이동은 국내금리가 높은 한은 계속, 국제수지(BP)가 균형이 될 때까지 계속
⑩ 새 균형 E_2는 국민소득 증가, 이자율 상승

그림 7-9 $IS-LM-BP$ 모형의 균형

2 통화정책

1) 자본이동이 완전한 경우

고정환율제도에서 확대통화정책이 실시되면, 국민소득이 증가하고 이자율이 하락한다. 국내이
자율이 국제이자율보다 하락하여 해외로 자본이 유출되고 국제수지 적자가 되어 이로 인하여 환
율상승 압력이 나타난다. 고정환율제도이므로 중앙은행은 고정환율을 유지하기 위해 외환시장
에 개입하여 외환을 매도하고 자국통화를 매입하므로 통화량은 감소한다. 통화량 감소로 이자율
이 상승하고 투자가 감소하여 국민소득이 감소한다. 확대통화정책으로 하락했던 이자율이 다
시 상승하여 원래의 이자율로 회귀하고 국민소득도 원래의 수준으로 복귀한다.

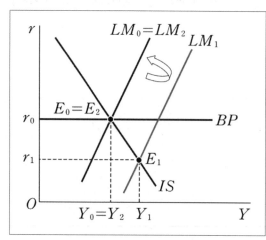

① 최초균형 E_0, 국내금리 = 국제금리 = r_0
② 확대통화정책 $LM_0 \rightarrow LM_1$
③ 대내균형 $E_0 \rightarrow E_1$ (이자율 하락, 소득 증가)
④ 대외불균형 : 국내금리 r_1 < 국제금리 r_0
⑤ 자본 유출, 국제수지 적자, 환율상승 압력
⑥ 고정환율을 유지하기 위해 외환시장에 개입
⑦ 외환매도, 자국통화 매입, 국내통화량 감소
⑧ $LM_1 \rightarrow LM_2$으로 이동하며, 이자율 상승
⑨ LM의 이동은 국내금리가 낮은 한은 계속, 국제수지(BP)가 균형이 될 때까지 계속
⑩ 새 균형 E_2는 국민소득 불변, 이자율 불변

그림 7-10 $IS-LM-BP$ 모형의 균형

2) 자본이동이 불완전한 경우

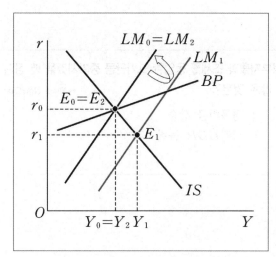

그림 7-11 $IS-LM-BP$ 모형의 균형

① 최초균형 E_0, 국내금리 = 국제금리 = r_0
② 확대통화정책 $LM_0 \rightarrow LM_1$
③ 대내균형 $E_0 \rightarrow E_1$(이자율 하락, 소득 증가)
④ 대외불균형 : 국내금리 r_1 < 국제금리 r_0
⑤ 자본 유출, 국제수지 적자, 환율상승 압력
⑥ 고정환율을 유지하기 위해 외환시장에 개입
⑦ 외환매도, 자국통화 매입, 국내통화량 감소
⑧ $LM_1 \rightarrow LM_2$으로 이동하며, 이자율 상승
⑨ LM의 이동은 국내금리가 낮은 한은 계속, 국제수지(BP)가 균형이 될 때까지 계속
⑩ 새 균형 E_2는 국민소득 불변, 이자율 불변

필수예제

> 고정환율제도하에서 자본이동이 완전한 경우 정부지출과 조세를 동일한 크기만큼 증가시켰을 때 장기 거시경제 균형의 변화에 관한 설명으로 옳지 않은 것은?
>
> ▶ 2014년 감정평가사
>
> ① 물가 상승   ② 명목임금 상승
> ③ 재화와 서비스에 대한 총수요량 불변   ④ 실질 GDP 불변
> ⑤ 순수출 불변

출제이슈 고정환율제도에서 재정정책의 효과
핵심해설 정답 ⑤

정부지출과 조세를 동일한 크기만큼 증가시키면 국민소득이 증가하므로 확대재정정책의 의미를 갖는다. 고정환율제도에서 확대재정정책이 실시되면, 국민소득이 증가하고 이자율이 상승한다. 국내이자율이 국제이자율보다 상승하여 해외로부터 자본이 유입되고 국제수지 흑자가 되어 이로 인하여 환율하락 압력이 나타난다. 고정환율제도이므로 중앙은행은 고정환율을 유지하기 위해 외환시장에 개입하여 외환을 매입하고 자국통화를 매도하므로 통화량은 증가한다. 통화량 증가로 이자율이 하락하고 투자가 증가하여 국민소득이 증가한다. 확대재정정책으로 상승했던 이자율이 다시 하락하여 원래의 이자율로 회귀하고 국민소득은 크게 증가한다. 한편 국민소득 증가는 수입을 증가시켜 순수출을 감소시킴으로써 경상수지를 악화시킨다.

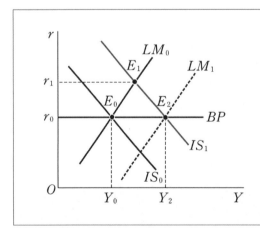

① 최초균형 E_0, 국내금리 = 국제금리 = r_0
② 확대재정정책 $IS_0 \rightarrow IS_1$
③ 대내균형 $E_0 \rightarrow E_1$(이자율 상승, 소득 증가)
④ 대외불균형 : 국내금리 r_1 > 국제금리 r_0
⑤ 자본 유입, 국제수지 흑자, 환율하락 압력
⑥ 고정환율을 유지하기 위해 외환시장에 개입
⑦ 외환매입, 자국통화 매도, 국내통화량 증가
⑧ $LM_0 \rightarrow LM_1$으로 이동하며, 이자율 하락
⑨ LM의 이동은 국내금리가 높은 한은 계속, 국제수지(BP)가 균형이 될 때까지 계속
⑩ 새 균형 E_2는 국민소득 증가, 이자율 불변

앞서 살펴본 바대로 통화량 증가로 물가는 상승하고 명목임금도 상승한다. 장기가 되면, 물가기대도 상승하면서 총공급곡선이 좌상방으로 이동하여 물가는 더욱 상승하게 된다. 결국 실질 GDP는 원래의 수준으로 돌아가게 되어 불변이다.

소규모 개방경제의 먼델-플레밍(Mundell-Fleming)모형에서 정부의 재정긴축이 미치는 영향으로 옳은 것은? (단, 초기의 균형상태, 완전한 자본이동과 고정환율제, 국가별 물가수준 고정을 가정한다.)

▶ 2023년 감정평가사

① IS곡선 우측이동　　　　　　② 국민소득 감소
③ LM곡선 우측이동　　　　　　④ 통화공급 증가
⑤ 원화가치 하락

출제이슈 고정환율제도에서 재정정책의 효과
핵심해설 정답 ②

먼저 고정환율제도에서 "확대"재정정책의 효과는 다음과 같다.

확대재정정책이 실시되면, IS곡선이 우측으로 이동하면서 국민소득이 증가하고 이자율이 상승한다. 국내이자율이 국제이자율보다 상승하여 해외로부터 자본이 유입되고 국제수지 흑자가 되어 이로 인하여 환율하락 압력(평가절상압력)이 나타난다. 고정환율제도이므로 중앙은행은 고정환율을 유지하기 위해 외환시장에 개입하여 외환을 매입하고 자국통화를 매도하므로 통화량은 증가한다. 통화량 증가로 이자율이 하락하고 투자가 증가하여 국민소득이 증가한다. 확대재정정책으로 상승했던 이자율이 다시 하락하여 원래의 이자율로 회귀하고 국민소득은 크게 증가한다.

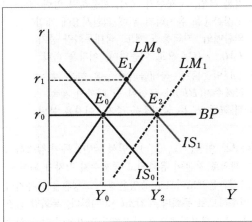

① 최초균형 E_0, 국내금리 = 국제금리 = r_0
② 확대재정정책 $IS_0 \rightarrow IS_1$
③ 대내균형 $E_0 \rightarrow E_1$ (이자율 상승, 소득 증가)
④ 대외불균형 : 국내금리 r_1 > 국제금리 r_0
⑤ 자본 유입, 국제수지 흑자, 환율하락 압력
⑥ 고정환율을 유지하기 위해 외환시장에 개입
⑦ 외환매입, 자국통화 매도, 국내통화량 증가
⑧ $LM_0 \rightarrow LM_1$으로 이동하며, 이자율 하락
⑨ LM의 이동은 국내금리가 높은 한은 계속, 국제수지(BP)가 균형이 될 때까지 계속
⑩ 새균형 E_2는 국민소득 증가, 이자율 불변

이제 반대로 고정환율제도에서 "긴축"재정정책의 효과는 다음과 같다.

긴축재정정책이 실시되면, IS곡선이 좌측으로 이동하면서 국민소득이 감소하고 이자율이 하락한다. 국내이자율이 국제이자율보다 하락하여 해외로 자본이 유출되고 국제수지 적자가 되어 이로 인하여 환율상승 압력(평가절하압력)이 나타난다. 고정환율제도이므로 중앙은행은 고정환율을 유지하기 위해 외환시장에 개입하여 외환을 매도하고 자국통화를 매수하므로 통화량은 감소한다. 통화량 감소로 이자율이 상승하고 투자가 감소하여 국민소득이 감소한다. 축소재정정책으로 하락했던 이자율이 다시 상승하여 원래의 이자율로 회귀하고 국민소득은 크게 감소한다.

먼델 – 플레밍 모형을 이용하여 고정환율제 하에서 정부지출을 감소시킬 경우 나타나는 변화로 옳은 것은? (단, 소규모 개방경제 하에서 국가 간 자본의 완전이동과 물가불변을 가정하고, IS 곡선은 우하향, LM 곡선은 수직선이다.)

▶ 2021년 공인노무사

① IS 곡선은 오른쪽 방향으로 이동한다.
② LM 곡선은 오른쪽 방향으로 이동한다.
③ 통화량은 감소한다.
④ 고정환율수준 대비 자국의 통화가치는 일시적으로 상승한다.
⑤ 균형국민소득은 증가한다.

출제이슈 고정환율제도에서 재정정책의 효과
핵심해설 정답 ③

고정환율제도에서 재정정책의 효과는 다음과 같다.

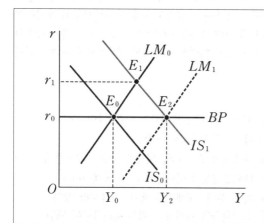

① 최초균형 E_0, 국내금리 = 국제금리 = r_0
② 확대재정정책 $IS_0 \rightarrow IS_1$
③ 대내균형 $E_0 \rightarrow E_1$(이자율 상승, 소득 증가)
④ 대외불균형 : 국내금리 r_1 > 국제금리 r_0
⑤ 자본 유입, 국제수지 흑자, 환율하락 압력
⑥ 고정환율을 유지하기 위해 외환시장에 개입
⑦ 외환매입, 자국통화 매도, 국내통화량 증가
⑧ $LM_0 \rightarrow LM_1$으로 이동하며, 이자율 하락
⑨ LM의 이동은 국내금리가 높은 한은 계속, 국제수지(BP)가 균형이 될 때까지 계속
⑩ 새 균형 E_2는 국민소득 증가, 이자율 불변

고정환율제도에서 축소재정정책이 실시되면, IS 곡선이 좌측으로 이동("①, ②")하면서 국민소득이 감소하고 이자율이 하락한다. 국내이자율이 국제이자율보다 하락하여 해외로 자본이 유출되고 국제수지 적자가 되어 이로 인하여 환율상승 압력(평가절하압력 "④")이 나타난다. 고정환율제도이므로 중앙은행은 고정환율을 유지하기 위해 외환시장에 개입하여 외환을 매도하고 자국통화를 매수하므로 통화량은 감소("③")한다. 통화량 감소로 이자율이 상승하고 투자가 감소하여 국민소득이 감소한다. 축소재정정책으로 하락했던 이자율이 다시 상승하여 원래의 이자율로 회귀하고 국민소득은 크게 감소("⑤")한다. 한편 국민소득 감소는 수입을 감소시켜 순수출을 증가시킴으로써 경상수지를 개선시킨다.

다음은 먼델 – 플레밍 모형을 이용하여 고정환율제도를 취하고 있는 국가의 정책 효과에 대해서 설명한 것이다. ㉠과 ㉡을 바르게 연결한 것은?

▶ 2017년 서울시 7급

> 정부가 재정지출을 (㉠)하면 이자율이 상승하고 이로 인해 해외로부터 자본 유입이 발생한다. 외환 시장에서 외화의 공급이 증가하여 외화 가치가 하락하고 환율의 하락 압력이 발생한다. 하지만 고정환율제도를 가지고 있기 때문에 환율이 변할 수는 없다. 결국 환율을 유지하기 위해 중앙은행은 외화를 (㉡)해야 한다.

	㉠	㉡		㉠	㉡
①	확대	매입	②	확대	매각
③	축소	매입	④	축소	매각

출제이슈 고정환율제도에서 재정정책의 효과
핵심해설 정답 ①

고정환율제도에서 재정정책의 효과는 다음과 같다.

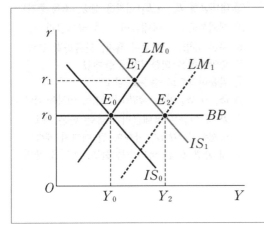

① 최초균형 E_0, 국내금리 = 국제금리 = r_0
② 확대재정정책 $IS_0 \rightarrow IS_1$
③ 대내균형 $E_0 \rightarrow E_1$(이자율 상승, 소득 증가)
④ 대외불균형 : 국내금리 r_1 > 국제금리 r_0
⑤ 자본 유입, 국제수지 흑자, 환율하락 압력
⑥ 고정환율을 유지하기 위해 외환시장에 개입
⑦ 외환매입, 자국통화 매도, 국내통화량 증가
⑧ $LM_0 \rightarrow LM_1$으로 이동하며, 이자율 하락
⑨ LM의 이동은 국내금리가 높은 한은 계속,
　국제수지(BP)가 균형이 될 때까지 계속
⑩ 새 균형 E_2는 국민소득 증가, 이자율 불변

고정환율제도에서 ㉠ 확대재정정책이 실시되면 국민소득이 증가하고 이자율이 상승한다. 국내이자율이 국제이자율보다 상승하여 해외로부터 자본이 유입되고 국제수지 흑자가 되어 이로 인하여 환율하락 압력이 나타난다. 고정환율제도이므로 중앙은행은 고정환율을 유지하기 위해 외환시장에 개입하여 ㉡ 외환을 매입하고 자국통화를 매도하므로 통화량은 증가한다. 통화량 증가로 이자율이 하락하고 투자가 증가하여 국민소득이 증가한다. 확대재정정책으로 상승했던 이자율이 다시 하락하여 원래의 이자율로 회귀하고 국민소득은 크게 증가한다.

THEME 04 변동환율제도하 $IS - LM - BP$ 모형과 재정 · 통화정책

1 재정정책

1) 자본이동이 완전한 경우

변동환율제도에서 확대재정정책이 실시되면, 국민소득이 증가하고 이자율이 상승한다. 국내이
자율이 국제이자율보다 상승하여 해외로부터 자본이 유입되고 국제수지 흑자가 되어 이로 인하
여 환율하락 압력이 나타난다. 변동환율제도이므로 중앙은행의 개입은 없으며 환율은 하락하고
이로 인해 순수출이 감소하여 경상수지는 악화된다. 순수출 감소로 국민소득이 감소하고 이자율
이 하락한다. 결국 원래의 국민소득과 이자율로 회귀한다. 따라서 변동환율제도에서 확대재정정
책이 실시되어도 국민소득과 이자율은 불변이다.

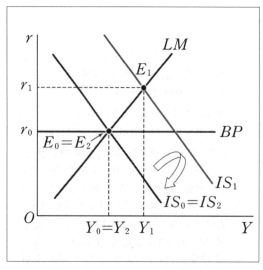

① 최초균형 E_0, 국내금리 = 국제금리 = r_0
② 확대재정정책 $IS_0 \rightarrow IS_1$
③ 대내균형 $E_0 \rightarrow E_1$ (이자율 상승, 소득 증가)
④ 대외불균형 : 국내금리 r_1 > 국제금리 r_0
⑤ 자본 유입, 국제수지 흑자, 환율하락 압력
⑥ 중앙은행은 외환시장에 불개입
⑦ 환율하락으로 순수출 감소
⑧ $IS_1 \rightarrow IS_2$ 이동, 국민소득 감소, 이자율 하락
⑨ IS의 이동은 국내금리가 높은 한은 계속,
　 국제수지(BP)가 균형이 될 때까지 계속
⑩ 새 균형 E_2는 국민소득 불변, 이자율 불변

그림 7-12 $IS-LM-BP$ 모형의 균형

2) 자본이동이 불완전한 경우

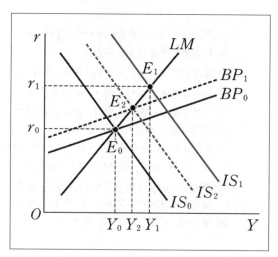

① 최초균형 E_0, 국내금리 = 국제금리 = r_0
② 확대재정정책 $IS_0 \rightarrow IS_1$
③ 대내균형 $E_0 \rightarrow E_1$(이자율 상승, 소득 증가)
④ 대외불균형 : 국내금리 r_1 > 국제금리 r_0
⑤ 자본 유입, 자본수지 흑자, 환율하락 압력
⑥ 중앙은행은 외환시장에 불개입
⑦ 환율하락으로 순수출 감소, $BP_0 \rightarrow BP_1$이동
⑧ $IS_1 \rightarrow IS_2$ 이동, 국민소득 감소, 이자율 하락
⑨ IS의 이동은 국내금리가 높은 한은 계속, 국제수지(BP)가 균형이 될 때까지 계속
⑩ 새 균형 E_2는 국민소득 증가, 이자율 상승

그림 7-13 $IS-LM-BP$ 모형의 균형

2 통화정책

1) 자본이동이 완전한 경우

변동환율제도에서 확대통화정책이 실시되면, 국민소득이 증가하고 이자율이 하락한다. 국내이 자율이 국제이자율보다 하락하여 해외로 자본이 유출되고 국제수지 적자가 되어 이로 인하여 환율상승 압력이 나타난다. 변동환율제도이므로 중앙은행의 개입은 없으며 환율은 상승하고 이로 인해 순수출이 증가한다. 순수출 증가로 총수요가 증가하여 국민소득이 증가하고 이자율이 상승한다. 확대통화정책으로 하락했던 이자율이 다시 상승하여 원래의 이자율로 회귀하고 국민소득은 크게 증가한다. 따라서 변동환율제도에서 통화정책은 효과가 크다.

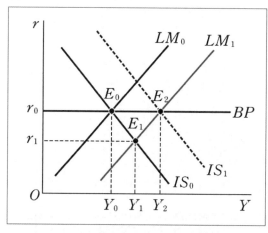

① 최초균형 E_0, 국내금리 = 국제금리 = r_0
② 확대통화정책 $LM_0 \rightarrow LM_1$
③ 대내균형 $E_0 \rightarrow E_1$(이자율 하락, 소득 증가)
④ 대외불균형 : 국내금리 r_1 < 국제금리 r_0
⑤ 자본유출, 국제수지 적자, 환율상승 압력
⑥ 중앙은행은 외환시장에 불개입
⑦ 환율상승으로 순수출 증가
⑧ $IS_0 \rightarrow IS_1$ 이동, 국민소득 증가, 이자율 상승
⑨ IS의 이동은 국내금리가 낮은 한은 계속, 국제수지(BP)가 균형이 될 때까지 계속
⑩ 새 균형 E_2는 국민소득 증가, 이자율 불변

그림 7-14 $IS-LM-BP$ 모형의 균형

2) 자본이동이 불완전한 경우

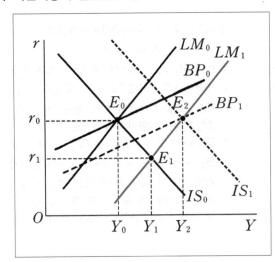

① 최초균형 E_0, 국내금리 = 국제금리 = r_0
② 확대통화정책 $LM_0 \rightarrow LM_1$
③ 대내균형 $E_0 \rightarrow E_1$(이자율 하락, 소득 증가)
④ 대외불균형 : 국내금리 r_1 < 국제금리 r_0
⑤ 자본유출, 국제수지 적자, 환율상승 압력
⑥ 중앙은행은 외환시장에 불개입
⑦ 환율상승으로 순수출 증가, $BP_0 \rightarrow BP_1$이동
⑧ $IS_0 \rightarrow IS_1$ 이동, 국민소득 증가, 이자율 상승
⑨ IS의 이동은 국내금리가 낮은 한은 계속,
　국제수지(BP)가 균형이 될 때까지 계속
⑩ 새 균형 E_2는 국민소득 증가

그림 7-15 $IS-LM-BP$ 모형의 균형

필수예제

> 변동환율제를 채택한 A국이 긴축재정을 실시하였다. 먼델 – 플레밍 모형을 이용한 정책 효과에 관한 설명으로 옳은 것을 모두 고른 것은? (단, 완전한 자본이동, 소국개방경제, 국가별 물가수준 고정을 가정한다.)
>
> ▶ 2021년 감정평가사
>
> ㄱ. 원화가치는 하락한다.
> ㄴ. 투자지출을 증가시킨다.
> ㄷ. 소득수준은 변하지 않는다.
> ㄹ. 순수출이 감소한다.
>
> ① ㄱ, ㄴ   ② ㄱ, ㄷ   ③ ㄱ, ㄹ
> ④ ㄴ, ㄷ   ⑤ ㄴ, ㄹ

출제이슈 변동환율제에서 재정정책의 효과
핵심해설 정답 ②

변동환율제도하에서 재정정책의 효과는 다음과 같다.

1) 변동환율제도에서 확대재정정책
   ① 변동환율제도에서 확대재정정책이 실시되면, 국민소득이 증가하고 이자율이 상승한다.
   ② 국내이자율이 국제이자율보다 상승하여 해외로부터 자본이 유입되고 국제수지 흑자가 되어 이로 인하여 환율하락 압력이 나타난다.
   ③ 변동환율제도이므로 환율은 하락하고 이로 인해 순수출이 감소한다.
   ④ 순수출 감소로 국민소득이 감소하고 이자율이 하락한다. 결국 원래의 국민소득과 이자율로 회귀한다.
   ⑤ 따라서 변동환율제도에서 확대재정정책이 실시되어도 국민소득과 이자율은 불변이다.

2) 변동환율제도에서 긴축재정정책
   ① 변동환율제도에서 긴축재정정책이 실시되면, 국민소득이 감소하고 이자율이 하락한다.
   ② 국내이자율이 국제이자율보다 하락하여 해외로 자본이 유출되고 국제수지 적자가 되어 이로 인하여 환율 상승 압력이 나타난다.
   ③ 변동환율제도이므로 환율은 상승하고 이로 인해 순수출이 증가한다.
   ④ 순수출 증가로 국민소득이 증가하고 이자율이 상승한다. 결국 원래의 국민소득과 이자율로 회귀한다.
   ⑤ 따라서 변동환율제도에서 긴축재정정책이 실시되어도 국민소득과 이자율은 불변이다.

위의 분석내용에 따라서 설문을 검토하면 다음과 같다.

ㄱ. 옳은 내용이다.
변동환율제도에서 긴축재정정책이 실시되면, 이자율이 하락한다. 따라서 국내이자율이 국제이자율보다 하락하여 해외로 자본이 유출되고 국제수지 적자가 되어 환율은 상승하여 원화가치는 하락한다.

ㄴ. 틀린 내용이다.
변동환율제도에서 긴축재정정책이 실시되어도 종국적으로 국민소득과 이자율은 불변이다. 따라서 투자는 불변이다.

ㄷ. 옳은 내용이다.
변동환율제도에서 긴축재정정책이 실시되어도 종국적으로 국민소득과 이자율은 불변이다.

ㄹ. 틀린 내용이다.
변동환율제도에서 긴축재정정책이 실시되면, 이자율이 하락한다. 따라서 국내이자율이 국제이자율보다 하락하여 해외로 자본이 유출되고 국제수지 적자가 되어 환율은 상승하여 순수출이 증가한다.

국가 간 자본이동이 완전히 자유롭고 변동환율제를 채택하고 있는 소규모 개방경제에서 확장적인 통화정책을 시행하였다. 국내물가 및 외국물가가 고정되어 있는 단기에서의 경제적 효과로 옳은 것을 모두 고른 것은?

▶ 2013년 감정평가사

ㄱ. 국민소득 증가
ㄴ. 경상수지 악화
ㄷ. 자본유입 증가

① ㄱ ② ㄴ ③ ㄱ, ㄷ
④ ㄴ, ㄷ ⑤ ㄱ, ㄴ, ㄷ

출제이슈 변동환율제도에서 통화정책의 효과
핵심해설 정답 ①

변동환율제도에서 확대통화정책이 실시되면, 국민소득이 증가하고 이자율이 하락한다. 국내이자율이 국제이 자율보다 하락하여 해외로 자본이 유출되고 국제수지 적자가 되어 이로 인하여 환율상승 압력이 나타난다. 변동환율제도이므로 중앙은행의 개입은 없으며 환율은 상승하고 이로 인해 순수출이 증가(경상수지 개선)한다. 순수출 증가로 총수요가 증가하여 국민소득이 증가하고 이자율이 상승한다. 확대통화정책으로 하락했던 이자율이 다시 상승하여 원래의 이자율로 회귀하고 국민소득은 크게 증가한다. 따라서 변동환율제도에서 통화정책은 효과가 크다.

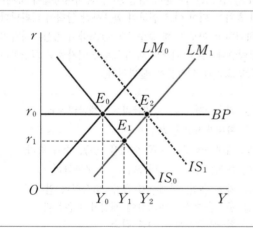

① 최초균형 E_0, 국내금리 = 국제금리 = r_0
② 확대통화정책 $LM_0 \rightarrow LM_1$
③ 대내균형 $E_0 \rightarrow E_1$ (이자율 하락, 소득 증가)
④ 대외불균형 : 국내금리 r_1 < 국제금리 r_0
⑤ 자본유출, 국제수지 적자, 환율상승 압력
⑥ 중앙은행은 외환시장에 개입하지 않는다.
⑦ 환율상승으로 순수출 증가
⑧ $IS_0 \rightarrow IS_1$ 이동, 국민소득 증가, 이자율 상승
⑨ IS의 이동은 국내금리가 낮은 한은 계속, 국제수지(BP)가 균형이 될 때까지 계속
⑩ 새 균형 E_2는 국민소득 증가, 이자율 불변

먼델 – 플레밍(Mundell–Fleming) 모형을 가정할 때 다음의 상황에서 나타날 수 있는 현상으로 옳지 않은 것은? (단, 마셜 – 러너 조건이 충족된다고 가정한다.)

▶ 2021년 국가직 7급

- A국과 B국은 소규모 개방경제하에서 변동환율제도를 채택하고 있고 단기적으로 물가가 고정되어 있으며 자본 유출입은 자유롭다.
- 글로벌 경기 침체를 극복하기 위해 A국은 국채를 통한 재정지출을 증가시키고 B국은 통화량을 증가시켰다.

① 자본이 B국에서 A국으로 이동한다.
② A국의 경상수지가 악화된다.
③ A국의 통화가 평가절상된다.
④ 재정정책으로 인해 A국의 경기는 좋아진다.
⑤ 통화정책으로 인해 B국의 경기는 좋아진다.

출제이슈 변동환율제도에서 재정 및 통화정책의 효과
핵심해설 정답 ④

먼저 변동환율제도에서 확대재정정책의 효과는 다음과 같다.

변동환율제도에서 확대재정정책이 실시되면, 국민소득이 증가하고 이자율이 상승한다. 국내이자율이 국제이자율보다 상승하여 해외로부터 자본이 유입되고 자본수지 흑자가 되어 이로 인하여 환율하락 압력이 나타난다. 변동환율제도이므로 중앙은행의 개입은 없으며 환율은 하락하고 이로 인해 순수출이 감소하여 경상수지가 악화된다. 순수출 감소로 국민소득이 감소하고 이자율이 하락한다. 결국 원래의 국민소득과 이자율로 회귀한다. 따라서 변동환율제도에서 확대재정정책이 실시되어도 국민소득과 이자율은 불변이다.

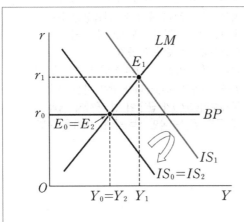

① 최초균형 E_0, 국내금리 = 국제금리 = r_0
② 확대재정정책 $IS_0 \rightarrow IS_1$
③ 대내균형 $E_0 \rightarrow E_1$(이자율 상승, 소득 증가)
④ 대외불균형 : 국내금리 r_1 > 국제금리 r_0
⑤ 자본 유입, 국제수지 흑자, 환율하락 압력
⑥ 중앙은행은 외환시장에 개입하지 않는다.
⑦ 환율하락으로 순수출 감소
⑧ $IS_1 \rightarrow IS_2$ 이동, 국민소득 감소, 이자율 하락
⑨ IS의 이동은 국내금리가 높은 한은 계속, 국제수지(BP)가 균형이 될 때까지 계속
⑩ 새 균형 E_2는 국민소득 불변, 이자율 불변

한편, 변동환율제도에서 확대통화정책이 실시되면, 국민소득이 증가하고 이자율이 하락한다. 국내이자율이 국제이자율보다 하락하여 해외로 자본이 유출되고 국제수지 적자가 되어 이로 인하여 환율상승 압력이 나타난다. 변동환율제도이므로 중앙은행의 개입은 없으며 환율은 상승하고 이로 인해 순수출이 증가한다. 순수출 증가로 총수요가 증가하여 국민소득이 증가하고 이자율이 상승한다. 확대통화정책으로 하락했던 이자율이 다시 상승하여 원래의 이자율로 회귀하고 국민소득은 크게 증가한다. 따라서 변동환율제도에서 통화정책은 효과가 크다.

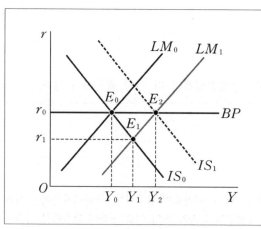

① 최초균형 E_0, 국내금리 = 국제금리 = r_0
② 확대통화정책 $LM_0 \rightarrow LM_1$
③ 대내균형 $E_0 \rightarrow E_1$(이자율 하락, 소득 증가)
④ 대외불균형 : 국내금리 r_1 < 국제금리 r_0
⑤ 자본유출, 국제수지 적자, 환율상승 압력
⑥ 중앙은행은 외환시장에 개입하지 않는다.
⑦ 환율상승으로 순수출 증가
⑧ $IS_0 \rightarrow IS_1$ 이동, 국민소득 증가, 이자율 상승
⑨ IS의 이동은 국내금리가 낮은 한은 계속, 국제수지(BP)가 균형이 될 때까지 계속
⑩ 새 균형 E_2는 국민소득 증가, 이자율 불변

위의 분석내용에 따라서 설문을 검토하면 다음과 같다.

① 옳은 내용이다.

A국의 경우 변동환율제도에서 확대재정정책이 실시되면, 국민소득이 증가하고 이자율이 상승한다. 국내이자율이 국제이자율보다 상승하여 해외로부터 자본이 유입된다. 한편, B국의 경우 변동환율제도에서 확대통화정책이 실시되면, 국민소득이 증가하고 이자율이 하락한다. 국내이자율이 국제이자율보다 하락하여 해외로 자본이 유출된다.

②, ③ 모두 옳은 내용이다.

A국의 경우 변동환율제도에서 확대재정정책이 실시되면, 국민소득이 증가하고 이자율이 상승한다. 국내이자율이 국제이자율보다 상승하여 해외로부터 자본이 유입되고 자본수지 흑자가 되어 이로 인하여 환율하락 압력이 나타난다. 변동환율제도이므로 환율은 하락(평가절상)하고 이로 인해 순수출이 감소하여 경상수지가 악화된다.

④는 틀린 내용이며 ⑤는 옳은 내용이다.

A국의 경우 변동환율제도에서 확대재정정책이 실시되어도 국민소득과 이자율은 불변이다. 한편, B국의 경우 변동환율제도에서 확대통화정책이 실시될 경우 국민소득은 크게 증가한다. 즉, 변동환율제도에서 통화정책은 효과가 크다.

甲국은 자본이동이 완전히 자유로운 소규모 개방경제로 $IS-LM$곡선이 만나는 거시경제 균형상태에 있다. 甲국이 고정환율제도를 포기하고 변동환율제도를 채택하였다고 가정할 때 정책 효과의 변화에 대한 설명으로 옳지 않은 것은? (단, IS곡선과 LM곡선은 각각 우하향, 우상향한다.)

▶ 2021년 지방직 7급

① 정부지출의 증가는 자본 유입을 유발한다.
② 정부지출의 증가는 순수출을 악화시킨다.
③ 통화정책이 소득에 미치는 효과가 커진다.
④ 통화정책의 독립성을 상실한다.
⑤ 고정환율제에 비해 통화당국의 적극적인 외환시장개입정책이 더 이상 필요하지 않다.

출제이슈 변동환율제도에서 재정 및 통화정책의 효과
핵심해설 정답 ④

변동환율제도에서 확대재정정책이 실시되면, 국민소득이 증가하고 이자율이 상승한다. 국내이자율이 국제이자율보다 상승하여 해외로부터 자본이 유입("①")되고 국제수지 흑자가 되어 이로 인하여 환율하락 압력이 나타난다. 변동환율제도이므로 중앙은행의 개입은 없으며 환율은 하락하고 이로 인해 순수출이 감소("②")하여 경상수지는 악화된다. 순수출 감소로 국민소득이 감소하고 이자율이 하락한다. 결국 원래의 국민소득과 이자율로 회귀한다. 따라서 변동환율제도에서 확대재정정책이 실시되어도 국민소득과 이자율은 불변이다.

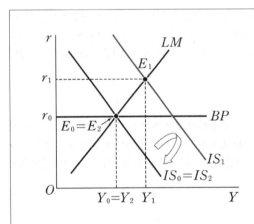

① 최초균형 E_0, 국내금리 = 국제금리 = r_0
② 확대재정정책 $IS_0 \to IS_1$
③ 대내균형 $E_0 \to E_1$(이자율 상승, 소득 증가)
④ 대외불균형 : 국내금리 r_1 > 국제금리 r_0
⑤ 자본 유입, 국제수지 흑자, 환율하락 압력
⑥ 중앙은행은 외환시장에 개입하지 않는다.
⑦ 환율하락으로 순수출 감소
⑧ $IS_1 \to IS_2$ 이동, 국민소득 감소, 이자율 하락
⑨ IS의 이동은 국내금리가 높은 한은 계속, 국제수지(BP)가 균형이 될 때까지 계속
⑩ 새 균형 E_2는 국민소득 불변, 이자율 불변

한편 변동환율제도에서 확대통화정책이 실시되면, 국민소득이 증가하고 이자율이 하락한다. 국내이자율이 국제이자율보다 하락하여 해외로 자본이 유출되고 국제수지 적자가 되어 이로 인하여 환율상승 압력이 나타난다. 변동환율제도이므로 중앙은행의 개입은 없으며("⑤") 환율은 상승("④", 통화정책의 독립성 유지)하고 이로 인해 순수출이 증가한다. 순수출 증가로 총수요가 증가하여 국민소득이 증가하고 이자율이 상승한다. 확대통화정책으로 하락했던 이자율이 다시 상승하여 원래의 이자율로 회귀하고 국민소득은 크게 증가("③")한다. 따라서 변동환율제도에서 통화정책은 효과가 크다.

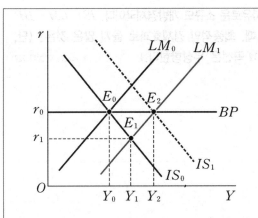

① 최초균형 E_0, 국내금리 = 국제금리 = r_0
② 확대통화정책 $LM_0 \rightarrow LM_1$
③ 대내균형 $E_0 \rightarrow E_1$(이자율 하락, 소득 증가)
④ 대외불균형 : 국내금리 r_1 < 국제금리 r_0
⑤ 자본유출, 국제수지 적자, 환율상승 압력
⑥ 중앙은행은 외환시장에 개입하지 않는다.
⑦ 환율상승으로 순수출 증가
⑧ $IS_0 \rightarrow IS_1$ 이동, 국민소득 증가, 이자율 상승
⑨ IS의 이동은 국내금리가 낮은 한은 계속,
　국제수지(BP)가 균형이 될 때까지 계속
⑩ 새 균형 E_2는 국민소득 증가, 이자율 불변

A국은 변동환율제도를 채택하고 자본이동이 완전히 자유로운 소규모 개방경제국이다. $IS-LM-BP$ 분석에서 A국 중앙은행이 화폐공급량을 증가시킬 때, 최종적인 경제효과로 옳지 않은 것은? (단, 국제이자율은 불변이고, IS곡선은 우하향하며, LM곡선은 우상향한다.) ▸ 2012년 지방직 7급

① 소비가 증가한다.
② 투자가 감소한다.
③ 무역수지가 개선된다.
④ 소득이 증가한다.

출제이슈 변동환율제도에서 통화정책의 효과
핵심해설 정답 ②

변동환율제도에서 통화정책의 효과는 다음과 같다.

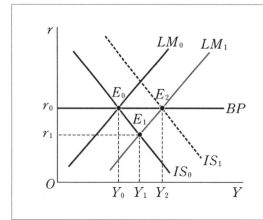

① 최초균형 E_0, 국내금리 = 국제금리 = r_0
② 확대통화정책 $LM_0 \to LM_1$
③ 대내균형 $E_0 \to E_1$(이자율 하락, 소득 증가)
④ 대외불균형 : 국내금리 r_1 < 국제금리 r_0
⑤ 자본유출, 국제수지 적자, 환율상승 압력
⑥ 중앙은행은 외환시장에 개입하지 않는다.
⑦ 환율상승으로 순수출 증가
⑧ $IS_0 \to IS_1$ 이동, 국민소득 증가, 이자율 상승
⑨ IS의 이동은 국내금리가 낮은 한은 계속, 국제수지(BP)가 균형이 될 때까지 계속
⑩ 새 균형 E_2는 국민소득 증가, 이자율 불변

변동환율제도에서 확대통화정책이 실시되면, 국민소득이 증가하고 이자율이 하락한다. 국내이자율이 국제이자율보다 하락하여 해외로 자본이 유출되고 국제수지 적자가 되어 이로 인하여 환율상승 압력이 나타난다. 변동환율제도이므로 중앙은행의 개입은 없으며 환율은 상승하고 이로 인해 순수출이 증가한다. 순수출 증가로 국민소득이 증가하고 이자율이 상승한다. 확대통화정책으로 하락했던 이자율이 다시 상승하여 원래의 이자율로 회귀하고 국민소득은 크게 증가한다.

설문을 검토하면 다음과 같다.

① 옳은 내용이다.

　확대통화정책으로 국민소득이 크게 증가하면서 소비도 증가한다.

② 틀린 내용이다.

　확대통화정책으로 하락한 이자율이 다시 하락하면서 이자율은 원래의 이자율로 회귀하므로 투자는 변화없다.

③ 옳은 내용이다.

　확대통화정책으로 이자율이 하락하여 자본이 해외로 유출되면서 환율이 상승하게 된다. 환율상승으로 순수출이 증가하여 무역수지가 개선된다.

④ 옳은 내용이다.

　확대통화정책으로 이자율이 하락하고 소득이 증가하고 다시 환율상승으로 인해서 순수출이 증가하면서 소득이 크게 늘어난다.

자본 이동이 완전한 먼델 – 플레밍(Mundell – Fleming)모형에서 A국의 정부지출 확대정책의 효과에 관한 설명으로 옳은 것은? (단, A국은 소규모 개방경제이며, A국 및 해외물가수준은 불변, IS 곡선은 우하향, LM 곡선은 우상향)

▶ 2020년 감정평가사

① 환율제도와 무관하게 A국의 이자율이 하락한다.
② 고정환율제도에서는 A국의 국민소득이 증가한다.
③ 변동환율제도에서는 A국의 국민소득이 감소한다.
④ 고정환율제도에서는 A국의 경상수지가 개선된다.
⑤ 변동환율제도에서는 A국의 통화가치가 하락한다.

출제이슈 $IS - LM - BP$ 모형과 확대재정정책
핵심해설 정답 ②

1) 먼저 고정환율제도에서 재정정책의 효과는 다음과 같다.

고정환율제도에서 확대재정정책이 실시되면, 국민소득이 증가하고 이자율이 상승한다. 국내이자율이 국제이자율보다 상승하여 해외로부터 자본이 유입되고 국제수지 흑자가 되어 이로 인하여 환율하락 압력이 나타난다. 고정환율제도이므로 중앙은행은 고정환율을 유지하기 위해 외환시장에 개입하여 외환을 매입하고 자국통화를 매도하므로 통화량은 증가한다. 통화량 증가로 이자율이 하락하고 투자가 증가하여 국민소득이 증가한다. 확대재정정책으로 상승했던 이자율이 다시 하락하여 원래의 이자율로 회귀하고 국민소득은 크게 증가("②")한다. 한편 국민소득 증가는 수입을 증가시켜 순수출을 감소시킴으로써 경상수지를 악화("④") 시킨다.

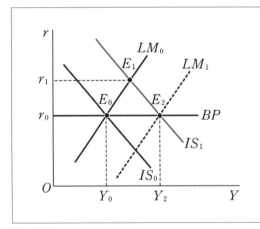

① 최초균형 E_0, 국내금리 = 국제금리 = r_0
② 확대재정정책 $IS_0 \rightarrow IS_1$
③ 대내균형 $E_0 \rightarrow E_1$(이자율 상승, 소득 증가)
④ 대외불균형 : 국내금리 r_1 > 국제금리 r_0
⑤ 자본 유입, 국제수지 흑자, 환율하락 압력
⑥ 고정환율을 유지하기 위해 외환시장에 개입
⑦ 외환매입, 자국통화 매도, 국내통화량 증가
⑧ $LM_0 \rightarrow LM_1$으로 이동하며, 이자율 하락
⑨ LM의 이동은 국내금리가 높은 한은 계속, 국제수지(BP)가 균형이 될 때까지 계속
⑩ 새 균형 E_2는 국민소득 증가, 이자율 불변

2) 변동환율제도에서 재정정책의 효과는 다음과 같다.

변동환율제도에서 확대재정정책이 실시되면, 국민소득이 증가하고 이자율이 상승한다. 국내이자율이 국제이자율보다 상승하여 해외로부터 자본이 유입되고 국제수지 흑자가 되어 이로 인하여 환율하락 압력이 나타난다. 변동환율제도이므로 중앙은행의 개입은 없으며 환율은 하락("⑤")하고 이로 인해 순수출이 감소하여 경상수지는 악화된다. 순수출 감소로 국민소득이 감소하고 이자율이 하락한다. 결국 원래의 국민소득과 이자율로 회귀한다. 따라서 변동환율제도에서 확대재정정책이 실시되어도 국민소득과 이자율은 불변("①", "③")이다.

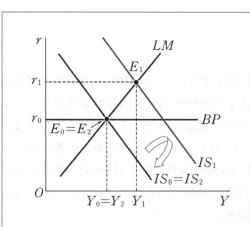

① 최초균형 E_0, 국내금리 = 국제금리 = r_0
② 확대재정정책 $IS_0 \rightarrow IS_1$
③ 대내균형 $E_0 \rightarrow E_1$(이자율 상승, 소득 증가)
④ 대외불균형 : 국내금리 r_1 > 국제금리 r_0
⑤ 자본 유입, 국제수지 흑자, 환율하락 압력
⑥ 중앙은행은 외환시장에 개입하지 않는다.
⑦ 환율하락으로 순수출 감소
⑧ $IS_1 \rightarrow IS_2$ 이동, 국민소득 감소, 이자율 하락
⑨ IS의 이동은 국내금리가 높은 한은 계속, 국제수지(BP)가 균형이 될 때까지 계속
⑩ 새 균형 E_2는 국민소득 불변, 이자율 불변

THEME 05 — $IS-LM-BP$ 모형과 각종 충격의 효과

1 화폐수요 감소의 효과

먼저 화폐수요가 감소한 경우 화폐시장에서 초과공급이 발생하므로 LM 곡선이 우측으로 이동하여 화폐공급이 증가한 것과 유사한 효과가 나타난다.

1) 고정환율제도

고정환율제도에서 화폐수요가 감소하여 LM 곡선이 우측으로 이동하면, 국민소득이 증가하고 이자율이 하락한다. 국내이자율이 국제이자율보다 하락하여 해외로 자본이 유출되고 국제수지 적자가 되어 이로 인하여 환율상승 압력이 나타난다. 고정환율제도이므로 중앙은행은 고정환율을 유지하기 위해 외환시장에 개입하여 외환을 매도하고 자국통화를 매입하므로 통화량은 감소한다. 통화량 감소로 이자율이 상승하고 투자가 감소하여 국민소득이 감소한다. 따라서 최초 화폐수요의 감소로 하락했던 이자율이 다시 상승하여 원래의 이자율로 회귀하고 증가했던 국민소득은 다시 감소하여 원래의 국민소득으로 회귀한다.

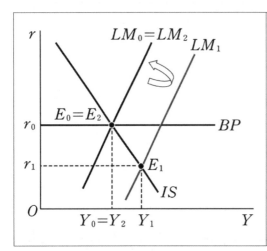

① 최초균형 E_0, 국내금리 = 국제금리 = r_0
② 화폐수요의 감소 $LM_0 \rightarrow LM_1$
③ 대내균형 $E_0 \rightarrow E_1$(이자율 하락, 소득 증가)
④ 대외불균형 : 국내금리 r_1 < 국제금리 r_0
⑤ 자본 유출, 국제수지 적자, 환율상승 압력
⑥ 고정환율을 유지하기 위해 외환시장에 개입
⑦ 외환 매도, 자국통화 매입, 국내통화량 감소
⑧ $LM_1 \rightarrow LM_2$으로 이동하며, 이자율 상승
⑨ LM의 이동은 국내금리가 낮은 한은 계속, 국제수지(BP)가 균형이 될 때까지 계속
⑩ 새 균형 E_2는 국민소득 불변, 이자율 불변

2) 변동환율제도

변동환율제도에서 화폐수요가 감소하여 LM 곡선이 우측으로 이동하면, 국민소득이 증가하고 이자율이 하락한다. 국내이자율이 국제이자율보다 하락하여 해외로 자본이 유출되고 국제수지 적자가 되어 이로 인하여 환율상승 압력이 나타난다. 변동환율제도이므로 중앙은행의 개입은 없으며 환율은 상승하고 이로 인해 순수출이 증가한다. 순수출 증가로 국민소득이 증가하고 이자율이 상승한다. 화폐수요의 감소로 하락했던 이자율이 다시 상승하여 원래의 이자율로 회귀하고 국민소득은 크게 증가한다.

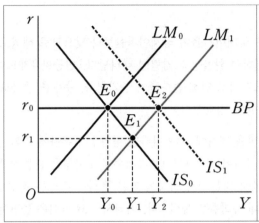

① 최초균형 E_0, 국내금리 = 국제금리 = r_0
② 화폐수요의 감소 $LM_0 \rightarrow LM_1$
③ 대내균형 $E_0 \rightarrow E_1$ (이자율 하락, 소득 증가)
④ 대외불균형 : 국내금리 $r_1 <$ 국제금리 r_0
⑤ 자본유출, 국제수지 적자, 환율상승 압력
⑥ 중앙은행은 외환시장에 개입하지 않는다.
⑦ 환율상승으로 순수출 증가
⑧ $IS_0 \rightarrow IS_1$ 이동, 국민소득 증가, 이자율 상승
⑨ IS의 이동은 국내금리가 낮은 한은 계속, 국제수지(BP)가 균형이 될 때까지 계속
⑩ 새 균형 E_2는 국민소득 증가, 이자율 불변

2 해외이자율 상승의 효과

1) 고정환율제도

고정환율제도에서 해외이자율이 상승할 경우 국내이자율이 국제이자율보다 낮으므로 해외로 자본이 유출되고 국제수지 적자가 되어 이로 인하여 환율상승 압력이 나타난다. 고정환율제도이므로 중앙은행은 고정환율을 유지하기 위해 외환시장에 개입하여 외환을 매도하고 자국통화를 매입하므로 통화량은 감소한다. 통화량 감소로 이자율이 상승하고 투자가 감소하여 국민소득이 감소한다.

해외이자율의 상승으로 나타난 이자율 차이가 초래한 자본수지 적자는 국내 통화량 감소를 초래하여 이자율을 상승시켜서 다시 국제수지는 균형을 이룬다. 즉, 이자율 차이에 의해 나타난 국제수지 불균형은 통화량 변화에 의하여 균형을 회복한다는 뜻이다.

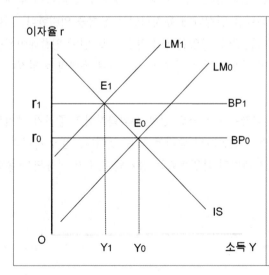

① 최초균형 E_0, 국내금리 = 국제금리 = r_0
② 해외이자율 상승 $BP_0 \rightarrow BP_1$
③ 대내균형 E_0
④ 대외불균형 : 국내금리 $r_0 <$ 국제금리 r_1
⑤ 자본 유출, 국제수지 적자, 환율상승 압력
⑥ 고정환율을 유지하기 위해 외환시장에 개입
⑦ 외환 매도, 자국통화 매입, 국내통화량 감소
⑧ $LM_0 \rightarrow LM_1$ 으로 이동하며, 이자율 상승
⑨ LM의 이동은 국내금리가 낮은 한은 계속, 국제수지(BP)가 균형이 될 때까지 계속
⑩ 새 균형 E_1은 국민소득 감소, 이자율 상승

2) 변동환율제도

변동환율제도에서 해외이자율이 상승할 경우 국내이자율이 국제이자율보다 낮으므로 해외로 자본이 유출되고 국제수지 적자가 되어 이로 인하여 환율상승 압력이 나타난다. 변동환율제도이므로 중앙은행의 개입은 없으며 환율은 상승하고 이로 인해 순수출이 증가한다. 순수출 증가로 총수요가 증가하여 국민소득이 증가하고 이자율이 상승한다.

이자율 차이에 의해 나타난 자본수지 적자는 환율 변화에 의해 나타난 경상수지 흑자에 의해 상쇄되어 국제수지는 균형을 이룬다. 즉, 이자율 차이에 의해 나타난 국제수지 불균형은 환율 변화에 의하여 균형을 회복한다는 뜻이다. 이 과정에서 자본수지 적자에 따른 통화량 감소는 경상수지 흑자에 따른 통화량 증가에 의해 상쇄되어 국내 통화량은 불변이다. 따라서 LM 곡선은 불변이다.

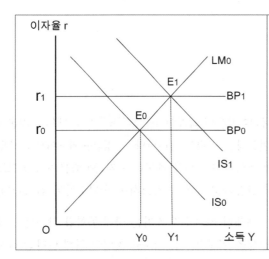

① 최초균형 E_0, 국내금리 = 국제금리 = r_0
② 해외이자율 상승 $BP_0 \rightarrow BP_1$
③ 대내균형 E_0
④ 대외불균형 : 국내금리 r_0 < 국제금리 r_1
⑤ 자본 유출, 국제수지 적자, 환율상승 압력
⑥ 중앙은행은 외환시장에 개입하지 않는다.
⑦ 환율상승으로 순수출 증가
⑧ $IS_0 \rightarrow IS_1$ 이동, 국민소득 증가, 이자율 상승
⑨ IS의 이동은 국내금리가 낮은 한은 계속, 국제수지(BP)가 균형이 될 때까지 계속
⑩ 새 균형 E_1은 국민소득 증가, 이자율 상승

참고로 불태화정책(sterilization policy) 혹은 중화정책이란 국제수지 불균형에 의하여 초래되는 통화량의 변동을 중앙은행이 흡수하여 통화량을 일정하게 유지시키는 정책을 의미한다. 예를 들어 국제수지 흑자로 인하여 통화량이 증가하는 경우 중앙은행이 만일 이로 인한 인플레이션을 우려한다면, 증가한 통화량을 공개시장에서 증권매각 등을 통하여 흡수하여 통화량을 일정하게 유지시킬 수 있다.

이를 중앙은행의 대차대조표 관점에서 보면, 국제수지 흑자로 인한 순외화자산의 증가가 본원통화의 증가를 가져오므로 국내여신을 감소시켜 본원통화의 증가를 막는 것이다. 결국 차변의 외화자산의 증가는 국내여신의 감소로 상쇄되고 대변의 본원통화는 증가와 감소가 상쇄되어 통화량은 불변이다.

3 자국의 위험할증 증가의 효과

1) 자국의 위험할증을 반영하는 방법

자국의 정치적 혹은 경제적 상황이 불안한 경우 해외로부터의 투자가 영향을 받게 된다. 따라서 투자의 수익은 리스크 프리미엄을 가산하여 결정되어야 한다. 이는 현재 자국의 이자율 수준이 경제적 상황의 불안에 의하여 해외보다 낮다고 평가하는 것과 동일하며, 따라서 자국의 이자율 수준에 리스크 프리미엄을 가산하여 투자에 대한 수익을 보상해 줄 필요가 있는 것이다. 자국의 위험할증을 $IS-LM-BP$ 모형을 통해 반영하기 위해서는 BP 곡선을 리스크 프리미엄만큼 상방이동시켜주면 된다. 국내위험할증이 높아질수록 국내이자율이 해외이자율에 비하여 더욱 낮게 평가되기 때문에 이는 해외이자율을 나타내는 BP 곡선의 상방이동을 의미한다.

2) 고정환율제도에서 자국의 위험할증 분석

자국의 위험할증으로 인하여 국내이자율이 국제이자율보다 디스카운트 된 상황이므로 해외로 자본이 유출되어 환율상승 압력이 나타난다. 고정환율제도에서는 중앙은행이 고정환율을 유지하기 위해 외환시장에 개입하여 외환을 매도하고 자국통화를 매입한다. 이로 인해 통화량이 감소하여 이자율이 상승하고 국민소득이 감소한다. 이때 상승한 이자율은 기존의 자국의 이자율에 리스크 프리미엄이 가산된 금리가 된다.

3) 변동환율제도에서 자국의 위험할증 분석

자국의 위험할증으로 인하여 국내이자율이 국제이자율보다 디스카운트 된 상황이므로 해외로 자본이 유출되어 환율상승 압력이 나타난다. 변동환율제도에서는 중앙은행의 개입은 없으며 환율은 상승하고 이로 인해 순수출이 증가한다. 순수출 증가로 국민소득이 증가하고 이자율이 상승한다. 이때 상승한 이자율은 기존의 자국의 이자율에 리스크 프리미엄이 가산된 금리가 된다.

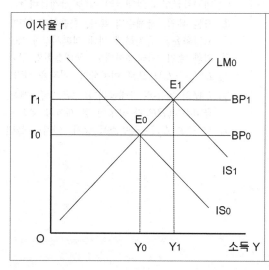

① 최초균형 E_0, 국내금리 = 국제금리 = r_0
② 국내위험할증 증가 $BP_0 \rightarrow BP_1$
③ 대내균형 E_0
④ 대외불균형 : 국내금리 r_0 < 국제금리 r_1
⑤ 자본 유출, 국제수지 적자, 환율상승 압력
⑥ 중앙은행은 외환시장에 개입하지 않는다.
⑦ 환율상승으로 순수출 증가
⑧ $IS_0 \rightarrow IS_1$ 이동, 국민소득 증가, 이자율 상승
⑨ IS의 이동은 국내금리가 낮은 한은 계속, 국제수지(BP)가 균형이 될 때까지 계속
⑩ 새 균형 E_1은 국민소득 증가, 이사율 상승

THEME 06 고정환율제도하 $IS-LM-BP$ 모형과 환율정책

1 의의

환율정책이란 고정환율제도하에서 외환당국이 인위적으로 자국통화를 평가절하하거나 평가절상하는 것을 의미한다. 특히 평가절하를 통하여 경상수지를 개선하여 총수요를 증대시켜 국민소득을 증가시킬 수 있으므로 평가절하는 국제수지뿐만 아니라 국민소득 증대에도 매우 중요하다.

2 분석

1) 평가절하의 효과

고정환율제도에서 평가절하정책이 실시되면, 순수출이 증가한다. 순수출의 증가로 총수요가 증가하여 국민소득이 증가하고 이자율이 상승한다. 국내이자율이 국제이자율보다 상승하여 해외로부터 자본이 유입되고 국제수지 흑자가 되어 이로 인하여 환율하락 압력이 나타난다. 고정환율제도이므로 중앙은행은 고정환율을 유지하기 위해 외환시장에 개입하여 외환을 매입하고 자국통화를 매도하므로 통화량은 증가한다. 통화량 증가로 이자율이 하락하고 투자가 증가하여 국민소득이 증가한다. 평가절하정책으로 상승했던 이자율이 다시 하락하여 원래의 이자율로 회귀하고 국민소득은 크게 증가한다.

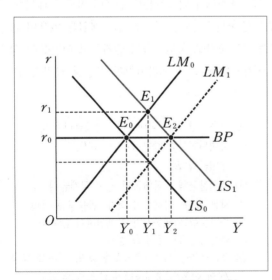

① 최초균형 E_0, 국내금리 = 국제금리 = r_0
② 환율정책(평가절하), 순수출 증가 $IS_0 \rightarrow IS_1$
③ 대내균형 $E_0 \rightarrow E_1$ (이자율 상승, 소득 증가)
④ 대외불균형 : 국내금리 r_1 > 국제금리 r_0
⑤ 자본 유입, 국제수지 흑자, 환율하락 압력
⑥ 고정환율을 유지하기 위해 외환시장에 개입
⑦ 외환 매입, 자국통화매도, 국내통화량 증가
⑧ $LM_0 \rightarrow LM_1$ 으로 이동하며, 이자율 하락
⑨ LM의 이동은 국내금리가 높은 한은 계속, 국제수지(BP)가 균형이 될 때까지 계속
⑩ 새 균형 E_2는 국민소득 증가, 이자율 불변

그림 7-16 $IS-LM-BP$ 모형의 균형

2) 평가절하와 경상수지

① 평가절하가 경상수지에 미치는 효과

평가절하는 순수출을 증가시켜 경상수지를 호전시킨다. 한편 평가절하로 인한 순수출의 증가는 국민소득을 증가시켜 경상수지를 악화시키는 측면도 존재한다. 평가절하로 인하여 최종적으로 국민소득은 증가하고 이자율은 불변이다.

② 생산물시장의 균형식을 활용한 증명

생산물시장의 균형식에 의하면, 국민소득이 증가하고 이에 따라 소비가 증가하는 경우 이자율이 불변이면 투자는 변하지 않는다. 따라서 여전히 생산물시장의 균형식이 성립하려면 국민소득 증가, 소비 증가, 이자율 불변, 정부지출 불변임을 동시에 고려할 때, 반드시 경상수지는 개선되어야 한다. 이는 앞에서 평가절하로 인하여 경상수지가 호전되는 효과도 있지만 경상수지가 악화되는 효과도 있음을 고려할 때 최종적인 효과는 반드시 개선이어야 함을 의미한다.

3 환율정책의 실제효과

1) 평가절하의 실제

앞서 살펴본 분석에서는 평가절하가 경상수지를 개선시키고 이에 따라서 국민소득도 증가하였다. 그러나 현실에서는 이와 달리 평가절하가 경상수지를 개선시키는 효과가 별로 크지 않거나 때로는 악화시키기도 한다.

2) 평가절하로 인한 경상수지 개선효과가 나타나지 않는 이유

① J커브 효과

평가절하에 따라서 경상수지가 개선되려면 수출공급물량이 증가해야 한다. 수출공급이 늘어나기 위해서는 생산이 증가해야 한다. 그러나 현실에서는 곧바로 생산이 증가하지 못하고 상당한 시간이 소요될 수 있다. 이에 따라 환율이 상승하더라도 단기적으로는 수출이 늘지 못하고 외화표시 수출가격만 하락하게 되어 국제수지가 악화될 수 있다. 그러나 점차로 생산이 증가하고 수출이 증가하게 되면 일시적으로 악화되었던 국제수지는 차츰 개선되어 가는데 이를 J-curve 효과라고 한다.

② 환율전가 효과

환율상승 시 수입재의 국내가격이 상승하는데 환율이 상승하여도 수입재의 국내가격은 그만큼 상승하지 않을 수 있다. 왜냐하면, 기업들은 환율상승 시 100% 전가하여 수입재의 국내가격을 상승시키기보다는 다소 손해를 보더라도 시장점유율을 지키고 싶어할 수도 있기 때문이다.

③ 교두보 효과

환율상승 시 외국에 대하여 수출량을 늘리기 위하여는 대규모 유통망을 구축해야 하는데, 이를 위해서는 막대한 고정비용이 소요될 수 있다. 따라서 환율이 상승하더라도 교두보의 설치에 따른 고정비용 때문에 수출이 쉽게 늘지 않을 수 있다.

THEME 07 재정정책과 환율정책의 조합

1 의의

경제에 충격이 발생하여 대내균형과 대외균형으로부터 이탈할 경우 정책당국은 총수요관리정책 및 환율정책을 이용하여 대내균형과 대외균형을 동시에 달성하는 것을 추구할 수 있다. 특히 국가 간 자본이동이 없으며 통화부문을 고려하지 않는다면, 재정정책과 환율정책을 적절히 조합하여 대내외 균형을 추구할 수 있다. 이를 설명하는 모형을 스완모형이라고 한다.

2 스완모형

1) 대외균형

대외균형은 국제수지균형으로서 이는 기존의 BP곡선의 방정식에서 자본이동을 제거하여 다음 과 같이 나타낼 수 있다.

BP곡선 : $X - IM = X(e) - IM(Y, e) = 0$

이때 대외균형을 나타내는 BP곡선을 정부지출 – 환율 평면에서 그려보면 우상향한다. 왜냐하면, 정부지출이 증가하는 경우 소득이 증가하고 소득증가는 대외불균형을 가져오므로 균형회복을 위해서는 환율이 상승해야 하기 때문이다. 따라서 대외균형의 달성에 있어서 정부지출과 환율은 정의 관계에 있다.

2) 대내균형

대내균형은 총수요와 총공급이 일치하는 균형으로서 기존의 폐쇄경제하의 IS곡선의 방정식에 순수출을 첨가하여 다음과 같이 나타낼 수 있다. 이를 YY곡선이라고 한다.

YY곡선 : $Y = C + I + G + X - IM = C(Y) + I + G + X(e) - IM(Y, e)$

이때 대내균형을 나타내는 YY곡선을 정부지출 – 환율 평면에서 그려보면 우하향한다. 왜냐하면 만일 대내균형으로 완전고용소득 수준을 계속 유지한다고 할 경우, 정부지출이 증가하는 경우 소득이 증가하므로 이는 순수출감소로 해소되어야 완전고용소득 수준을 유지할 수 있다. 순수출이 감소하려면 환율은 하락하여야 한다. 따라서 대내균형의 달성에 있어서 정부지출과 환율은 부의 관계에 있다.

3) 재정정책과 환율정책에 의한 종합균형 달성

① 영역별 불균형 상태

ⅰ) Ⅰ영역 : 실업, 국제수지 적자

대내균형을 나타내는 YY곡선의 좌하방 영역으로서 대내균형을 달성시키는 정부지출 수준에 미달하고 있으므로 실업상태를 나타낸다. 대외균형을 나타내는 BP곡선의 우하방 영역으로서 대외균형을 달성시키는 환율 수준에 미달하고 있으므로 국제수지 적자상태를 나타낸다.

ⅱ) Ⅱ영역 : 인플레이션, 국제수지 적자

대내균형을 나타내는 YY곡선의 우상방 영역으로서 대내균형을 달성시키는 정부지출 수준을 상회하고 있으므로 인플레이션 상태를 나타낸다. 대외균형을 나타내는 BP곡선의 우하방 영역으로서 대외균형을 달성시키는 환율 수준에 미달하고 있으므로 국제수지 적자상태를 나타낸다.

ⅲ) Ⅲ영역 : 인플레이션, 국제수지 흑자

대내균형을 나타내는 YY곡선의 우상방 영역으로서 대내균형을 달성시키는 정부지출 수준을 상회하고 있으므로 인플레이션 상태를 나타낸다. 대외균형을 나타내는 BP곡선의 좌상방 영역으로서 대외균형을 달성시키는 환율 수준을 상회하고 있으므로 국제수지 흑자상태를 나타낸다.

ⅳ) Ⅳ영역 : 실업, 국제수지 흑자

대내균형을 나타내는 YY곡선의 좌하방 영역으로서 대내균형을 달성시키는 정부지출 수준에 미달하고 있으므로 실업상태를 나타낸다. 대외균형을 나타내는 BP곡선의 좌상방 영역으로서 대외균형을 달성시키는 환율 수준을 상회하고 있으므로 국제수지 흑자상태를 나타낸다.

② 균형으로의 회복

ⅰ) 정책벡터 분석

현재 불균형 상태인 경우에 대내외균형을 회복하기 위해서는 불균형이 어느 영역에서 어떤 상태로 발생하고 있는지를 먼저 정확하게 파악해야 한다. 그 이후에 정책벡터 분석을 통해서 대내외균형의 달성을 위한 적절한 정책조합을 선택할 수 있다.

ⅱ) 정책의 할당

현재 불균형 상태인 경우에 대내균형을 회복하기 위해서는 재정정책을 할당하여 사용하고, 대외균형을 회복하기 위해서는 환율정책을 할당하여 사용할 수 있다.

③ **틴버겐의 법칙**

대내 및 대외균형 달성이라는 두 개(혹은 일반화하여 n개)의 정책목표 달성을 위해서는 재정정책, 환율정책 두 개(혹은 일반화하여 n개)의 정책수단이 필요한데 이를 틴버겐의 법칙이라고 한다.

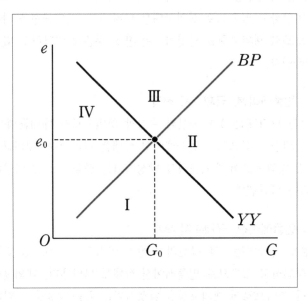

그림 7-17 재정정책과 환율정책에 의한 종합균형 달성

THEME 08 재정정책과 통화정책의 조합

1 의의

경제에 충격이 발생하여 대내외균형으로부터 이탈할 경우 정책당국은 총수요관리정책을 이용하여 대내균형과 대외균형을 동시에 달성하는 것을 추구할 수 있다. 특히 Theme 6의 스완모형과 달리 국가 간 자본이동이 자유로우며 환율의 변화를 고려하지 않는다면, 재정정책과 통화정책을 적절히 조합하여 대내외균형을 추구할 수 있다. 이를 설명하는 모형을 먼델모형이라고 한다.

2 먼델모형

1) 대외균형

대외균형은 국제수지균형으로서 이는 기존의 BP곡선의 방정식에서 환율변화를 제거하여 다음과 같이 나타낼 수 있다.

$$BP곡선 : X - IM + K = X(\overline{e}) - IM(Y_F(G, r), \overline{e}) + K(r) = 0$$

이때 대외균형을 나타내는 BP곡선을 정부지출 – 이자율 평면에서 그려보면 우상향한다. 왜냐하면, 정부지출이 증가하는 경우 소득이 증가하고 소득증가는 대외불균형을 가져오므로 균형회복을 위해서는 이자율이 상승하여 자본이 유입되어야 하기 때문이다. 따라서 대외균형의 달성에 있어서 정부지출과 이자율은 정의 관계에 있다.

2) 대내균형

대내균형은 총수요와 총공급이 일치하는 균형으로서 기존의 폐쇄경제하의 IS곡선의 방정식에 순수출을 첨가하여 다음과 같이 나타낼 수 있다. 이를 YY곡선이라고 한다.

$$YY곡선 : Y = C + I + G + X - IM = C(Y) + I(r) + G + X(\overline{e}) - IM(Y, \overline{e})$$

이때 대내균형을 나타내는 YY곡선을 정부지출 – 이자율 평면에서 그려보면 우상향한다. 왜냐하면 만일 대내균형으로 완전고용소득 수준을 계속 유지한다고 할 경우, 정부지출이 증가하는 경우 소득이 증가하므로 이는 투자감소로 해소되어야 완전고용소득 수준을 유지할 수 있다. 투자가 감소하려면 이자율은 상승하여야 한다. 따라서 대내균형의 달성에 있어서 정부지출과 이자율은 정의 관계에 있다.

3) 재정정책과 통화정책에 의한 종합균형 달성

① 영역별 불균형 상태

ⅰ) Ⅰ영역 : 실업, 국제수지 흑자

대내균형을 나타내는 YY곡선의 좌상방 영역으로서 대내균형을 달성시키는 정부지출 수준에 미달하고 있으므로 실업상태를 나타낸다. 대외균형을 나타내는 BP곡선의 좌상방 영역으로서 대외균형을 달성시키는 이자율 수준을 상회하고 있으므로 국제수지 흑자 상태를 나타낸다.

ⅱ) Ⅱ영역 : 인플레이션, 국제수지 흑자

대내균형을 나타내는 YY곡선의 우하방 영역으로서 대내균형을 달성시키는 정부지출 수준을 상회하고 있으므로 인플레이션 상태를 나타낸다. 대외균형을 나타내는 BP곡선의 좌상방 영역으로서 대외균형을 달성시키는 이자율 수준을 상회하고 있으므로 국제수지 흑자상태를 나타낸다.

ⅲ) Ⅲ영역 : 인플레이션, 국제수지 적자

대내균형을 나타내는 YY곡선의 우하방 영역으로서 대내균형을 달성시키는 정부지출 수준을 상회하고 있으므로 인플레이션 상태를 나타낸다. 대외균형을 나타내는 BP곡선의 우하방 영역으로서 대외균형을 달성시키는 이자율 수준에 미달하고 있으므로 국제수지 적자상태를 나타낸다.

ⅳ) Ⅳ영역 : 실업, 국제수지 적자

대내균형을 나타내는 YY곡선의 좌상방 영역으로서 대내균형을 달성시키는 정부지출 수준에 미달하고 있으므로 실업상태를 나타낸다. 대외균형을 나타내는 BP곡선의 우하방 영역으로서 대외균형을 달성시키는 이자율 수준에 미달하고 있으므로 국제수지 적자 상태를 나타낸다.

② 균형으로의 회복

ⅰ) 정책벡터 분석

현재 불균형 상태인 경우에 대내외균형을 회복하기 위해서는 불균형이 어느 영역에서 어떤 상태로 발생하고 있는지를 먼저 정확하게 파악해야 한다. 그 이후에 정책벡터 분석을 통해서 대내외균형의 달성을 위한 적절한 정책조합을 선택할 수 있다. 이때 동일한 영역이더라도 상이한 정책을 써야 하는 경우도 있음에 유의해야 한다.

ii) 정책의 할당

　현재 불균형 상태인 경우에 대내균형을 회복하기 위해서는 재정정책을 할당하여 사용하고, 대외균형을 회복하기 위해서는 통화정책을 할당하여 사용할 수 있다. 특히 여기서의 통화정책은 통화량을 조절하는 것이 아니고 이자율을 조절하는 정책이다. 그런데 이자율은 정부지출에 의하여도 변화할 수 있지만, 해당 먼델모형에서는 정부지출은 이자율에 영향을 미치지 못하는 것으로 가정하고 있다. 이는 이자율 변수가 통화량이나 정부지출에 의하여 내생적으로 영향을 받아 결정되는 것이 아니라 정책당국에 의하여 외생적으로 결정되고 있음을 의미한다.

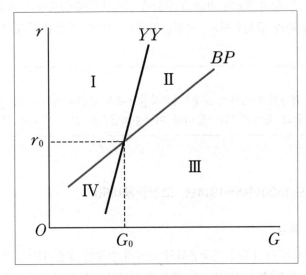

그림 7-18 재정정책과 통화정책에 의한 종합균형 달성

THEME 01 국제통화제도

1 국제통화제도의 의의

국제통화제도란 국제무역 및 금융거래의 결제를 위한 조직, 수단, 관행, 규정 등을 총괄하는 개념이다. 국제통화제도는 환율제도에 따라 고정환율제도, 변동환율제도 등으로 분류할 수도 있고, 준비금자산의 형태에 따라 금본위제도, 금환본위제도 등으로 분류할 수도 있다.

※ **준비금자산**
국제거래를 결제하기 위하여 보유하는 자산으로서 금본위제도에서는 금이 준비금자산이며, 금환본위제도(금과 태환이 되는 달러를 지급준비금으로 보유)에서는 달러가 준비금자산이다.

---

2 금본위제도(1800년대~1914년, 고정환율제도)

1) 금본위제도의 특징

금본위제도에서는 국가마다 자국통화와 금과의 일정한 교환비를 설정한다(금을 기준으로 한 고정환율). 이렇게 설정된 교환비율로 자유롭게 금의 매입과 매출이 가능하다(금과 태환). 금을 중심으로 서로 다른 국가 간 화폐의 교환비율인 환율도 계산된다(법정평가). 국가 간 환율이 변경되더라도 금을 기준으로 중재거래가 일어나서 환율이 회귀하여 안정된다는 것이 특징이다.

2) 가격 – 정화 – 흐름 메커니즘

금본위제하에서는 국제수지 불균형이 자동으로 조정되는데 이를 흄의 가격 – 정화 – 흐름 메커니즘이라고 한다. 국제수지 불균형이 발생하면 통화량이 변화하고 이에 따라 가격이 변화하게 된다. 가격변화는 수출입에 영향을 미쳐서 결국 국제수지 불균형이 균형으로 조절될 수 있는 것이다.

3 세계대전 기간 환율제도(1914~1945년, 변동환율제도 및 고정환율제도)

1) 금본위제의 붕괴와 회복

제1차 세계대전 발발 후 각국은 전시재정에 필요한 통화발행을 위해서 금본위제도를 포기하고 변동환율제도를 채택하게 되었는데 이로 인해서 결국 금본위제도는 붕괴되었다. 전시 및 전후복구 재정을 위한 통화공급이 증가하면서 물가는 상승하고 환율의 변동성은 더욱 커졌다. 결국 극심한 초인플레이션이 발생하게 되면서 환율고정의 필요성이 대두되었고 각국은 금본위제로 다시 복귀하였다. 1919년 미국이 금본위제로 복귀하였으며, 1925년 영국에 이어 1927년까지 프랑스, 이탈리아, 일본 등 대부분의 선진국들도 모두 금본위제로 복귀하였다.

2) 금본위제의 재붕괴

영국이 금본위제로 복귀하면서 자국통화를 고평가하였는데 이로 인해 국제수지 적자, 대량실업이 발생하자, 시장에서는 영국 파운드화를 투매, 태환하였다. 결국 1931년 영국은 금태환 중지를 선언하게 되었다. 1930년대에는 대공황으로 인하여 세계 각국은 자국산업을 보호하기 위해서 경쟁적으로 평가절하를 실시하고 관세장벽을 높여서 이른바 근린궁핍화정책을 실시하였다. 이러한 보호무역주의로 인하여 결국 세계교역량은 급속히 감소하고 경제성장은 둔화되었고, 경쟁적 평가절하로 인해서 환율의 변동성은 커지고 금본위제는 또다시 붕괴하였다.

4 브레튼우즈 체제(1945~1971년, 고정환율제도)

1) 브레튼우즈 체제의 성립

1930년대 대공황과 금본위제도의 붕괴로 인해서 전후 새로운 국제통화제도 마련을 위해 종전을 목전에 둔 1944년 미국, 영국 등 45개국 대표들이 미국 뉴햄프셔주 브레튼우즈에 모여 새 제도에 합의하게 되었는데 이를 브레튼우즈 체제라고 한다.

2) 브레튼우즈 체제의 특징

① 금환본위제도

브레튼우즈 체제하 새로운 환율제도는 영국의 케인즈와 미국의 화이트가 제안하였는데 이는 조정가능한 고정환율제였다. 브레튼우즈 체제는 미국의 달러화를 기축통화로 한 고정환율제도를 채택하였다. 이는 금과 미국달러 간에 고정된 교환비율을 설정하고, 가맹국가들의 통화는 미국달러와 고정된 교환비율을 설정하는 고정환율제도이다. 금과 태환되는 미국달러가 국제준비자산이므로 금환본위제도(금 – 달러본위)라고 한다.

② IMF와 IBRD

특히 환율의 안정성을 유지하기 위해서 일시적으로 국제수지에 어려움을 겪는 국가에게 IMF를 통해서 자금을 대출할 수 있도록 하였고 전후 경제부흥을 위한 장기적 자금 공급을 위해서 IBRD(세계은행)를 설립하였다. IMF에 가입한 가맹국들은 경제규모 등을 기준으로 쿼터(quota)를 부여받아서 그에 따라 기금출자액, 투표권이 결정되었다. 참고로 2011년 IMF 쿼터 총액은 2,380SDR(약 4,000억)이었다. IMF 가맹국들은 나중에 경상수지 적자를 겪을 때 IMF로부터 차입을 할 수 있는데, 처음에 출자한 기금출자액 중 일부에 대하여 인출권(drawing right)을 보유하게 된다. IMF로부터의 차입은 일시적인 국제수지 불균형을 조정하는 데 사용하며, 3~5년 내 상환해야 한다.

③ 특별인출권

IMF는 국제유동성 부족을 해소하기 위해서 특별인출권(SDR)이라는 새로운 국제통화로 paper gold를 창설하였는데 이는 금과 등가를 유지하되, 금과 태환은 되지 않는다.

5 브레튼우즈 체제의 붕괴(1971년, 고정환율제도의 붕괴)

1) 미국의 국제수지와 국제유동성

① 미국의 국제수지 적자

1945년 이후 미국의 국제수지는 흑자였으나 이후 유럽과 일본경제가 회복하면서 1950년부터 적자로 전환되었고 그 규모는 갈수록 커졌다. 계속되는 국제수지 적자로 인해서 외국으로 달러가 계속 유출되었고 결국 외국의 달러보유고는 미국의 금준비를 4배 이상 초과하였다.

② 유동성 딜레마

국제유동성(international liquidity)이란 국제적으로 통용되는 지불수단으로서 금, 기축통화로서의 달러, 특별인출권 등을 들 수 있다. 국제유동성은 세계경제의 성장규모와 교역량 등에 의하여 결정되는데 경제규모나 교역량에 국제유동성이 반드시 비례하는 것은 아니다. 국제유동성이 증가하기 위해서는 달러발행국가인 미국의 국제수지 적자가 늘어야 하는데 이는 달러화의 신뢰성을 하락시켜 기축통화로서의 기능이 위축되는 문제가 있다. 이와 같이 국제유동성의 증가와 신뢰성의 하락이라는 상충되는 문제를 유동성 딜레마(liquidity dilemma)라고 한다.

2) 금 - 달러 태환중지 선언

계속된 국제수지 적자에 시달리고 있는 미국은 평가절하를 해야 하지만 달러에 대한 국제신뢰도 문제로 인해서 이를 쉽게 할 수 없었다. 평가절하를 하게 되면, 미국을 신뢰하여 달러를 보유한 국가는 손실을 입게 되고, 미국을 불신하여 금으로 보유한 국가는 이득을 얻게 되기 때문이다. 결국 1971년 버티다 못한 미국은 금과 달러의 태환 중지를 선언함으로써 브레튼우즈 체제는 붕괴되었다.

6 스미소니언 협정(1972~1975년, 고정환율제도 복원)

브레튼우즈 체제 붕괴 이후 1971년 12월 미국 워싱턴 스미소니언에 모여 금 – 달러 비율을 조정하여 달러를 결국 평가절하하였고 반대로 다른 나라 통화는 평가절상되었다. 이후 추가적으로 달러의 평가절하가 이루어졌으며 중심환율로부터 환율이 변동할 수 있는 밴드(대역)를 2.25%로 고정시켜서 변동을 허용하는 환율제도가 채택되었는데 이 모습이 마치 뱀이 움직이는 모습과 비슷하다고 하여 스네이크 협정이라고 하였다.

7 킹스턴 체제(1976년 이후, 자유변동환율제도)

1) 킹스턴 체제의 성립

1975년 프랑스 람부에서 선진국 회담을 통해 미국, 영국, 프랑스, 서독, 이탈리아, 일본 6개국은 변동환율제도를 촉구하였고 1976년 1월 자메이카 킹스턴에서 IMF는 자유변동환율제도(킹스턴 체제)를 채택하였다.

2) 킹스턴 체제의 특징

킹스턴 체제에서는 회원국들에게 독자적으로 환율제도를 선택할 수 있는 재량권을 부여하여 변동환율제도를 인정하였고 각국 중앙은행은 환율변동성을 줄이기 위해서 시장에 개입할 수 있도록 하였다. 또한 금을 점진적으로 폐화시키기로 하여 IMF는 보유한 금을 각국에 반환하거나 매각(매각자금은 저개발국가 지원)하였다. 대신 페이퍼 골드라고 하는 SDR을 추가로 발행하여 국제유동성 부족문제를 해결하기로 하였고, 일시적인 국제유동성 부족 시 신용조건을 완화하였다. 브레튼우즈 체제의 금 – 달러본위가 킹스턴 체제에서는 SDR본위로 된 것이다.

8 플라자 협정(1985년, 달러 평가절하와 협조적 외환시장 개입)

1) 조세감면과 재정적자

1980년대 초 미국의 불황 상황에서 레이건 행정부는 공급측 경제학의 조언에 따라 조세를 감면하였다. 조세감면은 팽창적 재정정책으로서 이자율을 높이고 재정수입을 감소시켜 재정적자기 누적되었다.

2) 강달러와 국제수지 적자

팽창적 재정정책에 의한 이자율 상승은 달러가치를 더욱 상승시켜서 미국의 경상수지 적자를 더욱 심화시켰다. 재정적자와 함께 경상수지 적자가 계속되고 미국의 국제경쟁력이 저하되면서 강한 달러, 즉 달러의 고평가에 대하여 비판이 대두되었다. 특히 미국과 교역하는 다른 선진국들인 독일, 일본 등도 더 이상 국제수지 흑자를 누적시킬 경우 미국과의 무역마찰이 증가할 것을 우려하여 미달러의 평가절하에 동의하게 되었다.

3) 플라자 협정

미국, 영국, 프랑스, 독일, 일본 선진 5개국(Group of Five, G-5)의 재무장관들은 1985년 9월 미국 뉴욕시 플라자호텔에서 플라자 협정을 발표하였다. 플라자 협정은 미달러의 평가절하를 위해서 G-5 중앙은행들이 동시에 외환시장에 개입하여 보유달러를 매각하는 것이었으며 이로 인해 달러가치는 급속히 하락하였다. 그럼에도 불구하고 미국의 경상수지 적자는 쉽사리 개선되지 않았고 계속되는 경상수지 적자는 달러가치의 하락을 가속화시켰다.

9 루브르 협정(1987년, 목표환율대제도)

계속되는 미국달러의 가치의 하락으로 인해서 이제는 환율의 안정을 도모할 필요가 생김에 따라 1987년 G-5와 캐나다는 파리 루브르박물관에서 환율안정을 위한 협정을 체결하였다. 이 협정을 통해 목표환율대(target zone)를 설정하고 외환시장 개입을 통해 이 환율대 안에서 환율을 안정시키기로 하였다. 환율대의 설정만으로는 환율안정에 역부족이므로 이와 동시에 재정 및 통화정책을 조화롭게 사용하여 환율안정을 위해서 상호 협조하기로 하였다.

10 최적통화지역(optimum currency area)

1) 의의

최적통화지역이란 단일통화가 통용되기에 가장 이상적인 크기의 지역을 말한다. 단일통화는 사실상 환율고정과 유사하므로, 최적통화지역은 바로 고정환율제도의 유지에 가장 적당한 크기의 지역이 된다. 세계적으로 고정환율제도를 시행하자는 것은 전세계를 하나의 최적통화지역으로 보는 것이고, 모든 국가가 변동환율제도를 택하자는 것은 개별국가가 하나의 최적통화지역이라는 것이다.

2) 통화통합의 장점

① 환율변동이 불확실하면 재화가격도 불확실하여 국가 간 거래가 위축되고 투자는 축소된다.
② 최적통화지역을 형성하면, 단일 화폐사용으로 인해 환율 불확실성이 제거되므로 거래비용이 줄어들고 무역이 증가한다(효율성 이득).
③ 단일화폐를 사용하면, 투자수익금이나 임금의 불확실성이 제거되므로 최적통화지역 내 국가들 간에 자본과 노동의 이동이 활발해진다. 경제통합의 정도가 클수록 무역량이 많고, 노동과 자본의 이동이 활발하므로 통화통합으로 인한 이득은 더욱 커진다.

3) 통화통합의 단점

① 통화가 통합되면, 다른 국가와 동일한 통화를 사용하므로 독자적인 통화정책은 불가능하다. 이는 독자적인 정책을 사용할 수 없어 비용이 발생한다(안정화 손실).
② 특히 어떤 충격이 한 국가에게는 긍정적 영향, 다른 국가에게는 부정적 영향을 준다면, 단일 통화정책으로 역내 문제를 해결할 수 없다.
③ 가맹국들 간 경제구조가 유사하거나 충격의 영향이 비슷하면 안정화 손실은 크지 않다.

🗗 **필수예제**

주요 국제통화제도 또는 협정에 대한 설명으로 옳은 것은?   ▶ 2020년 지방직 7급

① 1960년대 미국의 경상수지 흑자는 국제유동성 공급을 줄여 브레튼우즈(Bretton Woods) 체제를 무너뜨리는 요인이었다.
② 1970년대 초 금 태환을 정지시키고 동시에 미 달러화를 평가절상하면서 브레튼우즈 체제는 종식되었다.
③ 1970년대 중반 킹스턴(Kingston) 체제는 통화로서 금의 역할을 다시 확대하여 고정환율체제로의 복귀를 시도하였다.
④ 1980년대 중반 플라자(Plaza) 협정으로 미 달러화의 평가절하가 추진되었다.

출제이슈 국제통화제도의 역사
핵심해설 **정답** ④

① 틀린 내용이다.

1930년대 대공황과 금본위제도의 붕괴로 인해서 전후 새로운 국제통화제도 마련을 위해 종전을 목전에 둔 1944년 미국, 영국 등 45개국 대표들이 미국 뉴햄프셔주 브레튼우즈에 모여 새 제도에 합의하였는데, 새로운 환율제도는 영국의 케인즈와 미국의 화이트가 제안한 것으로 조정가능한 고정환율제였다. 이것이 브레튼우즈 체제이다. 브레튼우즈 체제는 미국의 달러화를 기축통화로 한 고정환율제도인 금환본위제도를 채택하였다. 금과 미국달러 간에 고정된 교환비율을 설정하고, 가맹국가들의 통화는 미국달러와 고정교환비율을 설정하는 고정환율제도이다. 금과 태환되는 미국달러가 국제준비자산이므로 금환본위제도라고 한다.

1945년 이후 미국의 국제수지는 흑자였으나 이후 유럽과 일본경제가 회복하면서 1950년부터 적자로 전환되었고 그 규모는 갈수록 커졌다. 계속되는 국제수지 적자로 인해서 외국으로 달러가 계속 유출되었고 결국 외국의 달러보유고는 미국의 금준비고를 초과하였다(4배 이상 초과). 이런 상황에서 국제수지 적자문제를 해결하기 위해 미국은 평가절하를 해야 하나, 달러에 대한 국제신뢰도 문제로 인해서 쉽게 할 수 없었다. 평가절하를 하게 되면, 미국을 신뢰하여 달러를 보유한 국가는 손실을 입게 되고, 미국을 불신하여 금으로 보유한 국가는 이득을 얻게 되기 때문이다. 그러나 결국 1971년 미국은 금과 달러의 태환 중지를 선언함으로 브레튼우즈 체제는 붕괴되었다.

기축통화의 발행국인 미국의 국제수지가 늘어나게 되면 세계적으로 국제유동성 공급이 증가한다. 그러나 계속되는 국제수지 적자로 인해서 외국으로 달러가 계속 유출되었고, 외국의 달러보유고가 미국의 금준비고를 초과하여 신뢰성 하락이라는 문제가 발생하였다. 이렇게 기축통화에 의한 국제유동성의 증가와 이와 동반된 신뢰성 하락의 문제를 유동성 딜레마라고 한다. 브레튼우즈 체제하에서 미국의 달러화가 유동성 딜레마의 대표적인 사례이다.

② 틀린 내용이다.

1971년 미국은 금과 달러의 태환 중지를 선언함으로 브레튼우즈 체제는 붕괴되고, 이후 스미스니온 협정을 통해 달러의 평가절하가 단행되었음에도 여전히 미국의 국제수지 적자는 계속되었다.

③ 틀린 내용이다.

스미소니언 체제 이후 1975년 프랑스 람부에서 선진국 회담을 통해 미국, 영국, 프랑스, 서독, 이탈리아, 일본 6개국은 변동환율제도를 촉구하였다. 1976년 1월 자메이카 킹스턴에서 IMF는 스미소니언 체제를 자유변동환율제도(킹스턴 체제)로 전환하였다. 킹스턴 체제에서는 회원국들에게 독자적으로 환율제도를 선택할 수 있는 재량권을 부여하였다.

④ 옳은 내용이다.

1980년대 초 미국의 불황 상황에서 레이건 행정부의 조세감면정책은 팽창적 재정정책으로서 이자율을 높이고 달러가치를 더욱 상승시켰다. 강한 달러는 미국의 경상수지 적자를 더욱 심화시켰고, 조세감면으로 인한 재정수입 감소는 재정적자로 이어지게 되었다. 미국과 교역하는 다른 선진국들인 독일, 일본 등도 더 이상 국제수지 흑자를 누적시킬 경우 미국과의 무역마찰이 증가할 것을 우려하여 미 달러의 평가절하에 동의하게 되었다. 미국, 영국, 프랑스, 독일, 일본 선진 5개국(Group of Five, G-5)의 재무장관들이 1985년 9월 미국 뉴욕시 플라자호텔에서 플라자 협정을 발표하였다. 플라자 협정은 미달러의 평가절하를 위해서 G-5 중앙은행들이 동시에 외환시장에 개입하여 보유달러를 매각하는 것이었으며 이로 인해 달러가치는 급속히 하락하였다.

THEME 02 환율제도

1 환율제도

환율은 외환의 가격으로서, 기본적으로는 외환시장에서 외환에 대한 수요와 공급에 의해서 결정된다. 그런데 현실에서 외환 수요와 공급이 환율에 반영되는 메커니즘은 제도적으로 차이가 있게 되는데 이를 환율제도라고 한다. 환율제도는 크게 고정환율제도와 변동환율제도로 분류할 수 있다.

2 고정환율제도

1) 의의

자국과 타국 화폐 간 교환비율을 국가 차원에서 정책적으로 일정수준으로 고정시키는 형태로 결정하는 방식을 고정환율제도라고 한다.

2) 고정환율제도 찬성론

① 인플레이션 억제

인플레이션이 높으면 국제수지 적자가 발생하여 외화준비자산이 감소한다. 외화준비자산의 감소는 통화량 감소로 이어져 인플레이션이 억제될 수 있다. 따라서 물가안정이 필요한 경제에서는 고정환율제도를 택하는 것이 유리하다.

② 불확실성 감소

환율의 변동은 수입업자들에게 미래에 지불할 가격에 대한 불확실성을 증대시킨다. 또한 수출업자들에게는 미래에 수취할 가격에 대한 불확실성을 증대시킨다. 결국 환율의 변동은 불확실성에 직면한 수출입업자들 간의 무역을 위축시킬 수 있다. 그러므로 고정환율제도는 환율변동의 불확실성을 제거하여 무역과 투자를 확대시킨다는 장점이 있다.

③ 외환투기의 감소

환율상승 시 더 오를 것이라고 예상하여 외환을 매입하면 실제로 환율은 더욱 상승하며 반대로 환율하락 시 더 내릴 것이라고 예상하여 외환을 매도하면 실제로 환율은 더욱 하락한다. 이렇게 사람들이 환율의 변동을 예상하게 되면 외환에 대한 투기가 나타나는데 고정환율제도는 환율의 변동을 제거하여 외환투기를 감소시킨다.

3 변동환율제도

1) 의의

자국과 타국 화폐 간 교환비율이 시장에서 외환에 대한 수요와 공급에 의하여 자유롭게 결정되고 변경될 수 있도록 하는 방식을 변동환율제도라고 한다.

2) 변동환율제도 찬성론

① 신속한 국제수지의 조정

대외경제의 불균형이 발생하여 국제수지가 불균형일 경우 결국 이는 조정되어야 한다. 만일 고정환율제도에서라면, 환율이 고정되어 있기 때문에 환율 이외 다른 경제변수가 변하여 조정되어야 한다. 특히 가격변수의 조정일 경우 단기에는 어려울 뿐만 아니라 조정되더라도 많은 개별가격들이 변경되어야 하므로 조정비용이 많이 든다고 할 수 있다. 그러나 변동환율제도라면 환율의 변화를 통해서 국제수지 불균형이 신속히 조정될 수 있다.

② 자주적인 통화정책 가능

대내 경제의 문제점, 예를 들어서 실업문제를 해결하기 위하여 통화정책이 필요할 수 있다. 만일 고정환율제도에서라면, 실업 해결을 위한 확장적 통화정책이 시행될 경우 통화가 늘고 이자율이 하락하고 자본이 유출되어 환율이 오르게 되므로 이를 고정시키기 위해서는 다시 통화량을 줄여야만 한다. 그러나 변동환율제도라면, 확장적 통화정책을 실시하는 데 지장없이 자주적으로 가능하다.

③ 대외준비자산 비용 절감

고정환율제도에서는 환율을 일정수준으로 유지하기 위해 외환시장 개입이 필요하다. 중앙은행은 외환시장 개입에 필요한 대외준비자산을 보유해야 한다. 대외준비자산 보유는 이를 다른 곳에 투자하여 얻을 수 있는 이득의 포기로 비용의 성격을 가진다. 그러나 변동환율제도에서는 정부가 외환시장에 개입할 필요가 없기 때문에 준비자산을 비축할 필요가 적어지며, 준비자산 보유액이 고정환율제도보다 더 적다.

4 환율제도의 선택과 삼자택일 딜레마

1) 삼자택일의 딜레마

개방거시경제의 목표를 통화정책의 자주성, 자본이동의 자유성, 환율의 안정성이라고 한다면, 이 목표들을 동시에 달성할 수 있는 환율제도는 존재하지 않는다. 즉, 환율을 안정적으로 유지(고정환율 유지)하고 국가 간 자유로운 사본이동을 허용하며, 자국의 녹자적인 통화정책을 보장하는 환율제도는 없다. 이를 크루그만의 삼자택일의 딜레마(trilemma)라고 한다.

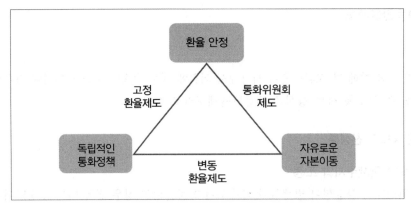

그림 8-1 환율제도 선택의 삼자택일 딜레마

2) 고정환율제도의 채택과 딜레마

고정환율제도를 채택하게 되면 환율을 안정시킬 수 있고 통화정책을 독립적이고 자주적으로 시행할 수 있다. 그러나 환율의 안정과 통화정책의 독립성을 위해서는 자본이동을 엄격히 통제해야만 한다.

3) 변동환율제도의 채택과 딜레마

변동환율제도를 채택하게 되면 통화정책을 독립적으로 시행할 수 있으며 자본의 자유로운 이동도 허용할 수 있다. 그러나 환율이 불안정하게 변동할 우려가 있다.

4) 통화위원회제도의 채택과 딜레마

통화위원회제도는 과거 1990년대 아르헨티나에서 인플레이션 문제를 해결하기 위해 도입한 환율제도로서 엄격한 고정환율제도라고 할 수 있다. 이 제도하에서는 자본의 유출입이 자유로이 허용되어 그에 따라 국내통화량이 변동될 수 있다. 따라서 통화정책의 자주성은 상실하게 된다.

필수예제

다음은 환율제도에 관한 설명이다. 가장 옳지 않은 것은? ▶ 2015년 보험계리사

① 고정환율제도에서 자국통화가 저평가된 환율을 유지하면 인플레이션 압력이 발생할 수 있다.
② 고정환율제도에서 환율이 기초경제여건에서 괴리되면 외환투기가 발생할 수 있다.
③ 고정환율제도에 비해 자유변동환율제도에서 통화정책을 경기조절수단으로 사용하기가 더 어렵다.
④ 자유변동환율제도에서 환율변동에 따른 교역당사자의 환위험 부담이 있다.

출제이슈 환율제도의 비교
핵심해설 정답 ③

설문을 검토하면 다음과 같다.

① 옳은 내용이다.
고정환율제도에서 자국통화가 저평가되도록 하려면 지속적으로 통화를 공급하여 자국통화의 가치를 떨어뜨려야 한다. 이 과정에서 필연적으로 인플레이션이 발생하게 된다.

단, 주의할 점은 고정환율제도에서 자국통화를 설문에서처럼 인위적으로 저평가되도록 유지하는 것이 아니고 적정수준에서 유지하는 정상적인 상황이라면 인플레이션이 낮아지게 된다는 것이다. 만일 인플레이션이 높다면, 국제수지 적자가 발생하기 때문에 통화당국의 외화준비자산이 감소하고 통화량이 환수되어 자연스럽게 인플레이션이 낮아지도록 유도하게 된다.

② 옳은 내용이다.
고정환율제도에서는 현재 고정되어 있는 환율이 기초경제여건을 반영하지 못한 경우 정상적인 환율에서 괴리되어 있기 때문에 이를 이용한 외환을 통한 투기가 발생하게 된다. 기초경제여건상 분명히 환율변동의 요인이 발생했음에도 불구하고 인위적으로 환율을 고정시키는 경우 장기적으로는 결국 환율이 변동할 것으로 예상된다. 이러한 예상을 바탕으로 미리 외환을 매입 혹은 매도하는 투기행위가 발생할 수 있는 것이다.

단, 주의할 점은 변동환율제도에서 환율이 변화할 때, 예를 들어 환율상승 시 환율이 앞으로 더욱 상승할 것으로 예상하게 되면 외환 매입이 늘어나면서 환율은 더욱 상승하게 된다. 반대로 환율하락 시 환율이 앞으로 더욱 하락할 것으로 예상하게 되면 외환 매도가 늘어나면서 환율은 더욱 하락하게 된다. 이렇게 변동환율제도에서는 환율예상에 따라서 외환투기가 나타나면서 환율이 불안정해질 수 있는 반면, 고정환율제도에서는 환율이 안정적이어서 외환투기가 줄어든다고 할 수 있다. 따라서 설문에서 제시된 특정한 상황에서의 고정환율제도하의 외환투기와 구별해야 한다.

③ 틀린 내용이다.

고정환율제도에서는 환율변화 압력이 있더라도 환율을 일정하게 유지하기 위해서 중앙은행이 외환시장에 개입하게 된다. 이 과정에서 외환자산과 국내통화의 교환이 발생하여 통화량이 필연적으로 변하게 된다. 따라서 고정환율제도에서는 통화정책의 자주성이 사라지기 때문에 통화정책을 경기조절수단으로 사용하기가 어렵다. 이하에서 좀 더 자세히 분석해보자.

ⅰ) 먼저 고정환율제도에서 확대통화정책이 실시된 경우를 분석하면 다음과 같다.

확대통화정책으로 국내이자율이 국제이자율보다 하락하는 경우 해외로 자본이 유출되어 환율상승 압력이 나타난다. 중앙은행은 고정환율을 유지하기 위해 외환시장에 개입하여 외환을 매도하고 자국통화를 매입한다. 이로 인해 통화량이 감소한다. 결국 고정환율제도의 유지를 위해서 통화정책의 자주성이 사라지게 된 것이다.

ⅱ) 이제 고정환율제도에서 긴축통화정책이 실시된 경우도 같이 분석하여 보자.

긴축통화정책으로 국내이자율이 국제이자율보다 상승하는 경우 해외로부터 자본이 유입되어 환율하락 압력이 나타난다. 중앙은행은 고정환율을 유지하기 위해 외환시장에 개입하여 외환을 매입하고 자국통화를 매도한다. 이로 인해 통화량이 증가한다. 결국 고정환율제도의 유지를 위해서 통화정책의 자주성이 사라지게 된 것이다.

ⅲ) 반면 변동환율제도에서는 국제수지 적자 혹은 흑자로 인하여 환율의 상승 혹은 하락 압력이 나타나더라도 중앙은행이 외환시장에 개입하지 않기 때문에 환율은 변화하지만, 국내통화량은 불변이므로 통화정책의 독자성이 보장된다.

④ 옳은 내용이다.

국제거래에 있어서는 결제통화로서 많은 경우 기축통화(key currency)인 달러화가 이용될 것이고 특수한 경우 거래당사자 간 합의에 의하게 될 것이다. 문제는 국제거래 시 거래시점 혹은 계약시점과 결제시점이 다른 경우가 대부분인데 변동환율제도에서는 시점 간 환율이 변동할 수 있기 때문에 거래당사자들은 불측의 환위험에 노출되어 있다. 이때 선물환거래, 환율변동보험, 상계(netting) 등을 활용하여 환위험을 헷징할 수 있다.

고정환율제를 채택하고 있는 정부가 시장균형환율보다 높은 수준의 환율을 설정했다고 할 때, 즉 자국통화가치를 균형수준보다 낮게 설정한 경우, 옳은 것을 모두 고른 것은? ▸ 2024년 감정평가사

ㄱ. 투기적 공격이 발생하면 국내 통화공급이 감소한다.
ㄴ. 투기적 공격이 발생하면 외환보유고가 감소한다.
ㄷ. 자본이동이 완전히 자유로운 경우, 중앙은행은 독립적으로 통화공급을 결정할 수 없다.
ㄹ. 투자자들이 국내통화의 평가절상을 기대하게 되면, 국내통화로 계산된 외국채권의 기대수익률이 하락한다.

① ㄱ, ㄴ   ② ㄱ, ㄹ   ③ ㄴ, ㄷ
④ ㄷ, ㄹ   ⑤ ㄴ, ㄷ, ㄹ

출제이슈 고정환율제도
핵심해설 정답 ④

개방거시경제의 목표를 통화정책의 자주성, 자본이동의 자유성, 환율의 안정성이라고 한다면, 개방거시경제의 목표를 모두 달성하는 환율제도는 없다는 것으로서 크루그만의 삼자택일의 딜레마(trilemma) 혹은 불가능한 삼위일체라고 한다. 이는 환율을 안정적으로 유지(고정환율유지)하고 국가 간 자유로운 자본이동을 허용하며, 자국의 독자적인 통화정책을 보장하는 환율제도는 없다는 의미이다.

외국채권의 기대수익률은 외국채권의 자체의 수익률뿐만 아니라 환율 특히 예상환율에 의하여 결정된다. 만일 국내통화가 절상될 것으로 기대된다면, 환율이 하락할 것으로 예상되어 외국채권의 기대수익률은 하락한다.

참고로, 외국채권의 기대수익률 혹은 외화예금의 기대수익률은 다음과 같이 도출할 수 있다.

1원을 외국에 외화로 예금할 경우 먼저 1원을 외화로 환전하는 과정이 필요하다. 즉, 환율이 e라고 하면 1원을 $\frac{1}{e}$ 달러로 환전하여 외국에 예금할 경우 1년 후 원리합계가 $\frac{1}{e}(1+r^*)$ 달러라고 하자. 이제 달러를 다시 원화로 환전하면 $\frac{1}{e}(1+r^*) \times e^e$ 원이 된다. 이때 e^e는 미래의 예상환율이 된다.

따라서 수익률은 $\frac{e^e}{e}(1+r^*) - 1 + r^* - r^* = r^* + \frac{e^e}{e} - 1 + (\frac{e^e}{e}r^* - r^*)$이 된다.

이때 $(\frac{e^e}{e}r^* - r^*) = r^*(\frac{e^e - e}{e})$은 작은 값이므로 무시하면, $r^* + \frac{e^e - e}{e}$가 된다. 따라서 외국의 외화예금 기대수익률은 $r^* + \frac{e^e - e}{e}$이 된다. 이때 환율하락이 예상되면, e^e가 작아지므로 외화예금의 기대수익률 $r^* + \frac{e^e - e}{e}$가 하락한다.

박문각
감정평가사

조경국
경제학원론

[1차 | 기본서]

[#3 국제편]

제4판 인쇄 2024. 7. 25. | **제4판 발행** 2024. 7. 30. | **편저자** 조경국

발행인 박 용 | **발행처** (주)박문각출판 | **등록** 2015년 4월 29일 제2019-0000137호

주소 06654 서울시 서초구 효령로 283 서경 B/D 4층 | **팩스** (02)584-2927

전화 교재 문의 (02)6466-7202

저자와의
협의하에
인지생략

정가 15,000원
ISBN 979-11-7262-061-5(3권)
ISBN 979-11-7262-058-5(세트)